제4판

유아문학교육

서정숙 · 남규

창지사

머리말

그림책은 유아에게 실재하지 않는 세상을 글과 그림으로 내보이고, 유아는 상상을 통해 그것을 마음껏 누린다. 상상의 즐거움을 비롯하여 아름다운 말과 그림을 선사받고, 정서적 위안과 힘을 부여받으며 세상 곳곳의 사람을 만난다. 이 과정에서 유아는 그림책에 사용된 코드를 익히기도 하고, 그것에 자신의 느낌과 생각과 경험을 더하여 의미를 재구성하면서 성장해 나간다. 이때 유아교사는 유아와 그림책의 만남이 더욱 깊고 풍요로워지게 하는 역할을 해야 한다.

이 책은 대학의 유아교육과, 아동학과, 보육학과, 아동복지학과 및 관련 전공 대학원의 예비교사, 현장교사, 유아교육 전문가들이 이런 역할을 적절하게 할 수 있게 할 목적에서 집필되었다. 그림책을 예술작품으로 감상하기보다 다른 교과 내용을 위한 교수자료로만 활용하는 데 그치는 것에 대한 문제의식에서 출발하여 2005년에 『그림책으로 하는 유아문학교육』을 출판하였고, 5년이 지난 2010년에 『유아문학교육』으로 개정판을 낸 이후, 다시 10년이 흘렀다. 이번 개정판의 전체 구성은 큰 틀에서는 이전 것들과 다르지 않아 '그림책에 대한 지식', '유아에 대한 지식', '유아문학 교수법에 대한 지식'으로 구성되어 있다.

그러나 이번 책은 예비 유아교사나 유아교사가 실제로 그림책을 선정하고, 읽어주고, 문학활동을 할 때 좀 더 바로 활용할 수 있는 내용과 방식으로 구성되었다. 이는 오랜 시간 대학과 대학원, 교육대학원, 연구소 등에서 강의를 하면서 만난 수강자들로부터의 요구에서 비롯되었다. 또한, 이번 책은 제3판의 2019년에 개정된 누리과정에 이어 2020년에 개정된 표준보육과정이 지향하는 방향에 맞추어 능동적 학습자로서의 유아, 놀이 중심의 교육과정, 교사의 자율성과 전문성에 기초한 문학수업을 수행하는 능력을 키우는 데 초점을 두었다. 이를 위해 교사 자신이 그림책을 세세하게 감상 · 이해 · 해석하여 그림책에 대한 안목을 키우고, 그림책 활용 아이디어를 습득하며, 유아와 교육적으로 적절한 상호작용을 하기 위해 필요한 지식을 제공하고자 하였다.

구체적으로, 책의 구성은 크게 이론편과 실제편으로 나뉜다. 먼저, 1부 이론편의 1장에서는 유아문학, 유아문학교육의 정의와 의미, 필요성, 방향 등에 대해 다루었는데, 이전보다 간결하지만 명료하게 정리하고자 하였다. 2장에서는 그림책의 정의 및 구성을 다루었다. 그림책의 구성에 대한 이해는 유아교사가 그림책을 평가 · 선정 · 읽어주는 데 꼭 필요한 지식이다. 여기에 이전에 없던 그림책의 문학적 요소에 관한 내용을 추가하였고, 주변텍스트 각각에 대한 설명도 추가하였다. 그림책의 구성에 대해서는 이론을 기술하는 데 그치지 않고 이에 대한 이해를 근간으로 유아와 상호작용을 어떻게 하면 좋을지에 대한 방향도 함께 제시하여 교사에게 이 내용이 왜 필요한지 알 수 있게 하였다. 3장에서는 한국과 서양에서 그림책 고전으로 평가받아 온 그림책을 중심으로 유아문학의 역사를 살펴봄으로써 그림책을 보는 안목을 높이고자 하였고, 4장에서는 그림책의 장르를 살펴보았다. 장르별 그림책에 대한 이해는 그림책의 성격을 파악하는 데 또 하나의 등불이 된다. 5장은 유아의 욕구와 연령별 발달 특징, 이에 적합한 그림책의 예시를 제시하여 그림책을 실제 선정하거나 읽어주는 데 도움이 되도록 하였다. 이 장에는 이전에 없던 '유아의 문학에 대한 반응'을 추가하여 유아교사가 유아에게 그림책을 읽어주거나 선정할 때 유아의 요구를 고려할 수 있는 근거가 되도록 하였다. 1부에서 예로 든 그림책은 가능한 한 해당 그림책 이미지를 많이 실어 수강생들의 이해를 돕고자 한 것도 이번 판의 특징이다.

다음으로, 2부 실제편은 그림책의 선정, 그림책 읽어주기를 위한 계획, 읽어준 후 문학활동을 하는 과정에 도움이 되는 내용을 담았다. 1장에서는 2020년부터 새로 실시된 개정 누리과정과 표준보육과정에서 유아문학교육과 관련되는 부분을 살펴보았고, 유아문학을 위한 교육목표, 교육내용, 교육활동을 구체적으로 제시하였다. 2장에서는 유아문학교육을 위한 교수방법을 제시하였다. 유아문학교육을 실행하기 위해 독자반응이론을 근간으로 교수원리, 교사의 역할, 상호작용 유형, 환경 구성, 평가에 이르는 일련의 과정을 일관된 맥락에서 제시하여 문학수업의 실행 방향을 이해하는 데 도움을 주고자 하였다. 3장에서는 그림책 선정 시 실제로 활용할 수 있는 포맷을 제공하고, 영 · 유아기 그림책 읽어주기 방법, 단계별 그림책 읽어주기 방법, 글 없는 그림책 읽어주기 방법, 교수계획안 짜기 등 그림책 읽어주기를 실행에 옮기는 데 도움이 되는 내용을 담았다. 4장은 그림책이 아닌 매체로 동화를 들려주는 방법을 제시하였다. 유아는 그림책이 아닌 매체를 통해 동화 내용을 들음으로써 색다른 문학적 감흥을 느낄 수 있다. 5장에서는 3장의 교수계획안에 아이디어로만 포함된 문학활동을 개별 계획안을 통해 구체화하는 방법을 제시하였다. 6장은 그림책의 선정으로부터 교수계획안 짜기, 그림책의 특성을 숙지하여 어떻게 읽어줄지 구상하기, 그림책 읽어주기, 문학활동하기까지의 일련의 실제 문학수업의 전체 과정을 담았다. 이번 책에서 제시하는, 실제 현장에서 유아교사가 행한 일련의 문학수업 예시는 기관마다 다를 수밖에 없는 교육 상황에서 유아교사 개개인이 자신의 전문성에 기초하여 각자 창의적으로 수업을 계획하고 실행하는 데 도움이 될 것이다. 그리고 이 책은 매 장의 마지막에 '정리 및 탐구' 활동을 제시하여 해당 장에서 배운 지식을 정리하게 할 뿐만 아니라, 활용하거나 실천하게 함으로써 수강생이 배운 내용을 좀 더 체화할 수 있게 하였다. '정리 및 탐구' 활동이 아니더라도 여건상 미처 싣지 못한 이미지의 그림책은 직접 수업 때 가져와서 같이 보면서 교과서의 설명을 확인해 보거나 그림책에 대한 감상을 서로 나눈다면 더욱 즐겁고 심도 있는 수업이 될 것이므로 이 방법을 추천한다.

마지막으로 이 책이 출판되기까지 도움을 주신 분들께 감사의 말씀을 전한다. 우선, 책에 그림책 이미지가 많아 여러 가지 어려움과 수고로움이 있음에도 불구하고 기꺼이 출판에 응해 주신 창지사와 편집에 애써 주신 이윤미 편집장, 이혜란 씨, 황윤경 씨께 감사드린다. 다음으로, 저자가 제안하는 수업을 할 수 있도록 승낙해 주신 국회 제2어린이집 김지현 원장과 저자의 교육철학과 방향에 따라 수업을 수행해 준 이순배 원감께 감사드린다. 그리고 그림책 이미지 사용을 허락해 준 출판사 관계자들께 감사의 마음을 전한다.

2020년 가을을 맞이하며

저자를 대표하여 서 정 숙

차 례

PART 02. 실제편

PART 01

이론편

CHAPTER 1.

유아문학교육의 기초

I 유아문학의 정의

문학은 상상의 힘을 빌려 인간의 정서와 사상을 언어로 형상화한 예술작품이다. 아동문학가들은 이에 기초하여 아동문학을 정의한다. 이원수(2001)는 아동을 대상으로 한 문학으로서, 시인이나 작가가 아동이 이해할 수 있는 형식과 내용으로 제작한 동시, 동화, 소년소설, 동극 등을 문학작품이라고 정의하였고, 석용원(1982)은 작가가 아동이나 동심의 고향으로 돌아가고 싶어 하는 어른에게 읽힐 목적으로 창조한 시, 동화, 소설, 희곡 등의 총칭이라고 하였다. 이재철(1983)은 아동문학이란 동요, 동시, 동화, 아동소설, 아동극 등의 장르를 총칭한 것으로, 동심을 지닌 성인도 독자에 포함되기는 하지만 아동과 동심에 특별히 초점을 맞추는 문학이며, 예술성과 더불어 교육성을 고려하는 문학이라고 하였다. 이상현(1987)은 작가가 동심을 가지거나 이를 의식하면서 어린이가 이해할 수 있는 문장으로 세계를 조명하거나 묘사하는 문학이며, 동심을 잃어버린 어린이 이외의 모든 사람의 동심을 회복시키거나 그들에게 동심의 충격을 주기 위해 쓰는 문학이라고 하였다. 서덜랜드(Sutherland, 1997)는 아동문학이란 아동을 위해 쓴 책으로, 아동이 읽고 즐길 수 있는 책이며, 고도의 문학적 · 예술적 기준을 만족시키는 책이라고 하였고, 글레이저(Glazer, 1997)는 아동에게 미학적 경험을 제공하는 상상적 글이라고 하였다. 이들 학자의 견해를 종합하면, 대상 독자를 아동에 제한시키느냐 어른까지 포함하느냐, 교육성을 구체적으로 언급하느냐 하지 않느냐 등에 차이가 있기는 하지만, '동심'에 초점을 맞춘 점은 공통적이다.

다음으로, 유아교육자들의 유아문학에 대한 정의를 살펴보면, 이상금과 장영희(2001)는 유아문학은 아동문학의 개념 속에 포함될 수 있으며, 그 대상에 있어서 출생부터 8세까지의 유아를 대상으로 유아의 발달 특성을 고려한 내용과 형식을 갖춘 문학이라고 하였다. 김현희와 박상희(2016)는 갓 태어나서부터 초등학교 2학년까지의 유아를 위한 문학이며, 형식과 내용 면에서도 문학적 · 예술적 기준을 만족시켜, 유아의 인지 · 정서 · 창의성 · 도덕성 · 사회성 등의 발달에 좋은 영향을 주며, 유아의 욕구를 충족시켜 주어서 유아가 즐겨 읽는 책이라고 하였다. 그리고 심성경, 이선경, 김경의, 이효숙, 김나림, 허은주(2013)는 출생에서 8세(초등학교 저학년)에 이르기까지의 유아를 위한 문학으로, 형식과 내용에 있어서 흥미성, 발달적 적절성, 문학성, 예술성, 교육성을 갖춘 문학이라고 하였다.

이들 견해에 기초하여 서정숙과 남규(2010)는 "유아문학은 출생부터 8세까지의 유아를 대상으로 내용과 표현과 형식을 갖추어 예술적으로 형상화한 문학이다."라고 정의하고 이를 대상, 내용, 표현, 형식의 4가지 측면에서 다음과 같이 구체적으로 설명한 바 있다.

A. 대상

유아문학은 유아를 대상으로 한 문학이다. 이것은 유아가 이해할 수 있고, 동일시할 수 있는 인물이 등장하고, 그것을 통해 욕구 충족을 할 수 있거나 위로를 받을 수 있는 등, 독자로서의 유아를 고려한 문학이라는 의미다. 앞서 살펴보았듯이, 아동문학이 다루고 있는 세계는 동심의 세계이므로, 작가가 아동뿐만 아니라 "동심의 고향으로 돌아가고 싶어 하는 어른에게 읽힐 것을 목적으로 한 것"도 아동문학이라고(석용원, 1982) 정의하기도 한다. 물론, 훌륭한 유아문학 작품에 대해서는 어른 역시 감동하는 것이 사실이다. 그러나 아동문학은 어디까지나 아동을 독자로 한 문학이고, 유아문학은 어디까지나 유아를 독자로 하는 문학이다.

그렇다면 유아를 대상으로 창작된 문학은 아니지만, 유아가 즐기는 문학은 유아문학인가? 아동문학의 역사에서 볼 때, 『걸리버 여행기』나 『로빈슨 크루소』는 어른을 대상으로 써진 작품들이다. 그러나 종교적이고 교훈적인 내용이 주를 이루었던 18세기 당시, 이것들은 어린이가 매우 즐기던 아동문학으로, 지금까지도 아동문학 역사에 남는 고전이 되었다. 그러므로 유아문학은 일차적으로 유아를 독자로 고려한 문학이고, 넓은 의미에서는 문학 중 유아도 즐길 수 있는 문학이라고 정의할 수 있다.

B. 내용

아동문학의 대상에 대해서는 아동에 제한시켜 보는 학자도 있고(이재철, 1983), 어른도 포함시키는 학자(석용원, 1982; 이상현, 1987)도 있지만, 그것의 내용이 동심의 세계에 기초한다는 데에는 대체로 학자들의 의견이 일치한다. 그러나 동심을 바라보는 관점은 시대에 따라, 작가의 아동관에 따라 여전히 서로 의견을 달리 할 수 있다. 한국 아동문학사를 볼 때, 아동은 현실 생활과는 동떨어진 천사 같은 존재로 인식되던 시대도 있었고, 이와 반대로 어른과 같은 계급적 존재로 인식되던 시대도 있었다(이원수, 2011).

유아문학 또한 독자인 유아의 동심을 담는 문학으로, 무엇을 동심으로 보느냐에 따라 그 내용은 달라질 수 있다. 유아는 비록 어리지만 아무런 어려움이나 고통 없이 성장하는 존재가 아니다. 유아는 어른들의 삶 또는 현실의 문제로부터 분리된 존재도 아니고 어른들의 문제를 일격에 해결할 만큼 완전무결한 존재도 아니다. 유아는 기쁨, 슬픔, 즐거움, 화, 질투, 외로움 등 긍정적 정서와 함께 부정적 정서도 느끼는 존재고, 어른이 겪는 문제로 인한 고통을 함께 겪는 현실적 존재다. 그러므로 유아문학에서 다루는 동심의 내용은 유아가 실제로 느끼고, 생각하고, 고민하고, 상상하고, 즐거워하고, 희망하는 세계에 대한 것인 동시에 모든 인간이 동경하는, 어른도 다시금 찾고 싶어 하는 인간성의 원형에 대한 것이라 할 수 있다.

C. 표현

문학은 통상 언어에 의한 형상적 표현(동서문화편집부, 1991)이라 정의한다. 이것은 문학이 예술에 속하되 다른 예술과 다르게 언어로 표현된 예술임을 의미하는 것이다. 언어는 우선 말 언어와 글 언어가 있다. 인간은 일찌감치 말 언어에 의한 구비문학(구전문학 또는 전승문학이라 함)을 갖고 있었다. 구비문학의 포함 범위는 문화권마다 조금씩 다른데, 우리나라 구비문학에는 말로 된 속담, 수수께끼, 노래로 된 민요, 이야기로 된 설화, 이야기나 노래, 몸짓으로 나타내는 판소리, 무가, 민속극 등이 포함된다. 말 언어에 의한 문학을 구비문학이라 한다면, 글 언어에 의한 문학을 기록문학이라 한다. 글에 의한 기록문학은 세대에 걸쳐, 여러 사람의 입을 거쳐 전해지는 구비문학과는 다르게 글을 매개로 자신의 사상을 정서적이고 미적으로 표현하는 일을 업으로 하는 작가라는 사람에 의해 형상화된다. 근래에는 라디오, 텔레비전, 컴퓨터의 대중적인 보급으로 낭독 시, 방송극, 텔레비전 소설, 전자책 등의 새로운 언어예술이 성립되고 있다고 보기도 한다.

그러면 어떤 언어로 된 형상적 표현이 유아문학의 정의에 포함되는가? 일반적으로는 말에 의한 구비문학과 글에 의한 기록문학, 책 형태의 문학으로 제한시켜 정의하지만, 개념상으로 볼 때는 이보다 더 넓은 범위에서의 정의가 가능해진다. 즉, 유아문학은 구비문학에 더하여 글 언어를 비롯한 그림 언어, 영상 언어 등 다양한 언어로 형상화된 기록문학이라 할 수 있다.

D. 형식

일반적으로 아동문학의 형식은 장르로 그 특성을 구분하고 있다. 석용원(1982)은 서정시, 서사시, 극시로 나누고 그것을 동요(전래동요, 창작동요), 동시, 동화(전래동화, 창작동화), 아동소설, 아동극, 아동 시나리오로 나누었다. 원종찬(2001)은 낮은 연령 대상의 동화(공상동화, 사실동화), 높은 연령 대상의 소설(판타지, 소년소설)로 나누었다. 김상욱(2009)은 아동문학의 장르를 서정(동시, 동요), 서사[동화(판타지 동화, 현실주의 동화]), 극(동극), 교술(동수필, 아동문학평론)로 나누고, 기타에 그림책(이야기 그림책, 시 그림책)을 포함시켰다.

그러나 유아문학은 출생부터 8세의 유아를 대상으로 하므로 이 중에서 극과 시나리오, 교술, 소년소설은 제외되고 동화와 동시로 제한된다. 이것을 전래된 텍스트냐 창작된 텍스트냐에 따라 구분하면, 유아문학은 전래동화와 전래동요, 창작동화, 동시(동요 포함)로 나뉘고, 창작동화는 다시 환상동화와 사실동화로 나뉠 수 있다.

유아문학의 장르를 이처럼 나눌 때, 그림 언어가 결부된 그림책은 유아문학에서 어떻게 보아야 하는가? 그림책은 '글과 그림 언어', 또는 '그림 언어'로 이루어진 언어예술 차원의 책이다. 그러므로 유아문학으로서의 그림책은 앞서 언급한 기준에 따라 옛이야기(전래동화) 그림책, 전래동요 그림책, 동시(동요 포함) 그림책, 환상 그림책, 사실 그림책으로 나눌 수 있고, 여기에 그림 언어로 이야기를 전개하는 글 없는 그림책이 포함될 수 있다. 그리고 유아문학의 대상 특성상, 여기에 주로 영아기에 많이 보는 그림책의 종류들, 즉 사물 이름 명명하기 그림책, 글자책(alphabet book), 수 세기 책(counting book), 개념 그림책(concept book) 등이 넓은 의미에서 유아문학에 포함된다.

Ⅱ 유아기 문학의 중요성

유아기 문학의 중요성은 다음과 같다(서정숙 외, 2010).

첫째, 이야기의 재미와 그림의 아름다움으로 책의 즐거움을 알게 된다.

둘째, 문학의 세계는 일상으로부터 일정한 정도 벗어나 있으므로, 유아는 문학 세계를 경험함으로써 긴장 상태의 심리가 이완된다.

셋째, 등장인물이 겪는 갈등과 문제를 보면서 자신이 겪는 문제가 자신만의 문제가 아님을 알고 정서적 안정감을 느끼며, 자신의 문제를 객관화시켜 볼 수 있다.

넷째, 등장인물과의 공감을 통해 정서적 순화 또는 욕구의 충족을 경험하게 된다.

다섯째, 이야기를 듣고 책에 관해 이야기를 나누는 과정에서 구어가 발달하고, 어휘 습득이 자연스럽게 이루어지며, 이야기 스키마의 습득이나 글을 읽고 쓰는 능력이 발달한다.

여섯째, 상상력과 창의력을 기를 수 있다. 작품에 나타난 문학적 상상력을 감상하는 과정에서 유아 자신만의 상상력과 창의력이 자극받는다.

일곱째, 다양한 나라, 다양한 상황의 사람들에 대한 간접 경험을 통해 그들에 대한 이해 능력을 키울 수 있다.

여덟째, 책 속 다양한 인물을 경험하면서 유아는 그들의 행동과 태도, 도덕적 기준에 대해 누구의 어떤 행동이 어떤 점에서 올바른지 도덕적 판단 능력 또는 도덕적 추론 능력을 기르게 된다.

아홉째, 우리나라의 말과 글, 문화, 민족에 대해 이해를 높이고 자긍심을 기를 수 있다.

열째, 그림의 아름다움을 감상하는 심미안을 길러 주고, 글과 그림을 통합적으로 감상하는 능력을 길러 준다.

Ⅲ 유아문학교육의 의미와 필요성

A. 의미

일반적으로 유아문학은 언어발달, 상상력 발달, 다른 사람이나 다른 세계에 대한 간접 경험을 통한 문제해결 능력 또는 감정이입 능력, 도덕성 발달 등에 도움이 된다고 보고 있다. 유아기에 문학이 중요한 이유이다. 그러나 이러한 유아문학의 긍정적 혜택이 저절로 이루어지는 것은 아니다(서정숙 외, 2005; 2010).

또한, 유아문학을 유아의 수학이나 과학적 개념 형성을 위해, 생활지도를 위해, 바람직한 사회적 기술이나 태도 형성을 위해, 어휘력 증진을 위해, 모든 특정 교과의 내용이나 개념, 태도, 기술을 교육하기 위해 활용하는 경우가 많지만, 이것이 곧 유아문학교육은 아니다.

유아에게 문학교육을 한다는 것은 무엇을 의미하는가? 서정숙 외(2005; 2010)는 이에 대해 유아문학교육이란, 마치 유아 수학교육이 유아에게 수학을 교육하는 것이고, 유아 미술교육이 유아에게 미술을 교육하는 것과 같이, '유아에게 문학을 교육하는 것'으로, '유아에게 문학작품을 경험하게 하는 일련의 교육 체계'를 의미한다고 하였다. 여기서 '문학작품'이란 대표적으로 그림책을 비롯하여 다양한 장르의 동화, 동시를 포함한다. '경험'이란 유아가 문학작품을 듣고 보고 읽는 과정에서 문학작품의 내용과 형식, 구성 등을 경험하며 의미를 구성하는 것을 말하는데, 이런 일련의 과정에서 유아는 문학의 즐거움을 알게 된다. 여기서 경험이란 우발적 또는 우연한 경험을 배제하지는 않지만, 기본적으로 교사가 유아에게 기대하는 교육목표를 성취하기 위해 마련한 일련의 의도된 교육적 경험을 말하는 것으로, 여기에는 구체적인 목표, 내용, 방법, 평가가 포함된다.

다른 교육내용을 교육하기 위해 그림책을 자료로 활용하는 것이나 유아기 문학의 중요성을 강조하는 것만으로는 유아에게 문학교육을 한다고 할 수 없다(서정숙 외, 2005;

2010). 간혹 유아문학교육 교과서에서 그림책을 중심으로 다른 교육내용을 통합시킨 활동을 유아문학교육인 것처럼 서술하기도 한다. 그러나 유아문학이나 그림책의 사용이 곧 유아문학교육을 의미하는 것은 아니다. 유아문학교육은 유아문학교육만의 고유한 성격, 교육목표와 내용, 교수방법을 갖추고 있을 때만 가능하다.

여기서 한 가지 분명히 해야 할 것은, 그림책이 다른 교육내용을 위한 자료로 사용되는 것 자체를 문제로 삼는 것은 아니라는 것이다(서정숙 외, 2005; 2010). 그림책은 매우 훌륭한 유아기 교육자원이기 때문에 여러 가지 교육내용을 위해, 유아의 다양한 발달을 위해 활용될 가치가 있다. 그러나 체계적이고 구체적인 유아문학교육이 존재하지 않는 가운데 그렇게 다른 교육내용의 자료로만 그림책을 활용한다면, 유아는 다른 교육내용과 관련된 그림책의 일부 특성만 피상적으로 접하게 됨으로써 그림책이 지닌 더 많은 특성을 경험하는 즐거움을 얻지 못하게 될 것이다. 이것은 바로 유아기 문학교육의 부재를 의미하는 것이고, 교육적 효용성의 측면에서 볼 때 그림책을 비효율적으로 사용하는 것이 되므로 문제라는 것이다.

다른 한 편에서 문학교육의 의미를 살펴보면, 문학교육은 '문학에 대한 교육'이 될 수도 있고, '문학을 통한 교육'이 될 수도 있으며, '문학교육'이 될 수도 있다(서정숙 외, 2005; 2010). '문학에 대한 교육'은 문학을 하나의 학문으로 보고, 문학이라는 학문 영역에서 누적된 지식을 가르치는 것을 주 내용으로 하는 것이고, '문학을 통한 교육'은 문학의 효용성을 강조하면서 문학작품을 다양한 교과 내용을 가르치기 위한 자료로 활용하는 데 초점을 두는 것이다. 이에 비하면, '문학교육'은 문학작품의 내용과 형식을 경험함으로써 문학이라는 고유한 예술 영역을 경험하게 하는 것이다. 이 세 가지 모두 유아에게 문학교육을 하는 데 부분적으로는 필요한 접근 방법이 될 수 있겠지만, 이 책은 기본적으로 '문학교육'의 입장이며, 유아가 그림책이라는 예술 양식을 풍부한 문화자원으로 경험할 수 있도록 하는 데 초점을 맞춘다.

B. 필요성

그동안 유아문학교육은 별도의 가치를 지닌 교과로 취급되지 않았기에 그림책이나 동화는 언어교육이나 수학교육, 미술교육 같은 다른 교과 내용에서 목표로 하는 교육내용의 학습을 위한 자료로 활용되었다. 그러나 유아문학교육은 유아언어교육이나 유아수학교육과 마찬가지로 별도의 교육목표와 교육내용, 교육방법, 교육평가 같은 체계를 갖추어 교사가 가르치거나 안내할 필요가 있는 독립 교과다. 서정숙 외(2010)는 이에 대한 이유를 다음의 세 가지로 제시한 바 있다.

첫째, 그림책을 비롯하여 문학작품은 문화적 산물로, 작품을 구성하는 내용과 형식은 '사회적 지식'으로 이루어져 있기 때문이다. 문학을 교육한다는 말은 사회적 지식으로서의 문학을 교육한다는 의미다. 사회적 지식은 사람들이 만든 여러 종류의 약속에 대한 지식이다. 그러므로 이것은 직접적인 행위를 통해 습득되기보다는 이미 이것을 알고 있는 다른 사람, 즉 교사나 부모 등을 통해 습득된다. 작가에 의해 만들어지는 문학작품은 사회적 약속인 언어로 이루어져 있다. 심미적으로 형상화된 언어적 구성물인 문학작품의 특성은 유아 혼자 가지고 놀면서 그것에 행하는 행위를 통해 습득되는 물리적 성질의 지식이 아니다. 그러므로 교사는 유아가 문학의 세계에서 펼쳐지는 언어와 가치, 아름다움 등을 경험하며 자신이 속한 사회 속으로, 문화 속으로 자연스럽게 영입될 수 있게 안내할 필요가 있다.

둘째, 문학작품에는 유아가 습득할 가치가 있는 고유의 교육내용이 담겨 있기 때문이다. 그 고유의 교육내용이란 바로 '문학의 즐거움'이다. 그런데 문학이 주는 즐거움은 똥이나 오줌처럼 유아가 듣기만 해도 좋아하는 단어나 그림 그 자체가 주는, 쾌락 차원의 문학적 즐거움을 말하는 것이 아니다. 문학의 즐거움이란 감각의 즉각적 자극으로 인한 즐거움이라기보다 시간을 두고 전해지는 정서적 순화, 언어적 향상, 감동의 경험으로 인한 즐거움을 말한다. 여기에는 구체적으로, 일상에서 벗어남의 즐거움, 카타르시스의 즐거움, 이야기 자체의 즐거움, 새로운 인물이나 세계와의 만남에 대한 즐거움, 등장인물과 동일시 경험의 즐거움, 글과 그림으로 구현된 언어예술 작품을 독자가 되어 참여하면서 의미를 만들고 이야기를 완성하는 즐거움, 말의 운율이나 어감처럼 언어 자체가 주는 즐거움, 자신에 대한 이해의 즐거움 등의 즐거움이다. 이런 다차원의 문학적 즐거움은 교사의 안내와 지도, 협조가 있을 때 가능하다.

셋째, 문학은 '의미 예술'(우한용, 1997a)이기 때문이다. 여기서 '의미'란 작가가 세상에 전달하고 싶어 하는 의미, 독자와 소통하고 싶은 의미가 문학에 담겨 있으므로 그것을 찾아내는 것이 독자가 할 일이라는 의도에서 사용한 용어가 아니다. 독자가 할 일은 오히려 작가가 제공한 문학작품을 온전히 경험하기 위해 자신의 감각과 경험을 활성화하여 작품 속 언어와 인물에 깊이 관여함으로써 새로운 경험으로서의 의미를 개별적으로 구성하는 것이다. 교사는 이를 위해 유아가 문학작품을 읽는 중이나 읽은 후에 그것으로부터 느끼고 생각하고 떠오른 것들을 편하게 표현할 수 있게 해 주고, 유아가 작품을 통해 구성한 의미를 존중하며, 그것들을 유아 간에 자유롭게 나눌 수 있는 분위기를 조성해 주어 유아가 작품에 대한 감상을 더욱 풍성하게 재구성할 수 있게 도와줄 필요가 있다.

Ⅳ 유아문학교육의 성격

A. 다른 교과와의 차이

유아문학을 다른 교과 교육을 위해 활용하는 일이 많아서 유아문학교육은 종종 유아언어교육이나 유아사회교육 등의 다른 교과 교육과 동일시되거나 혼동되곤 하는데, 서정숙 외(2005; 2010)는 이것들과의 차이를 다음과 같이 설명하고 있다.

우선, 문학교육을 언어교육과 동일시하기도 하는데, 이것은 둘 다 언어를 매개로 한다는 점 때문이다(우한용, 1997a; 구인환, 박대호, 박인기, 우한용, 최병우, 1998). 물론, 문학이 언어적인 작업의 결과인 이상 언어적인 논리가 참조의 틀이 되어야 하지만,

문학은 일반적인 언어가 아니라 예술적으로 형상화된 언어 현상의 한 분야이므로 문학교육이 언어교육과 같을 수는 없다.

그리고 문학은 언어를 매개로 한 '형상적 사유'(우한용, 1997b)라는 점, 의미의 예술이고 의미의 해석이 필요하다는 점에서 유아문학은 유아의 철학교육, 가치교육을 위해 활용되곤 한다. 이런 경우, 유아문학교육은 유아사회교육의 내용에서 다루어지고 있는 도덕교육, 철학교육, 가치교육 등으로 치환될 소지도 있다. 문학을 실천의 측면에서 이데올로기적으로 보는 것은 의의 있는 일이지만, 그렇다고 문학의 내적 특성은 무시하고 문학을 아예 이데올로기적으로만 본다면 그것은 문학의 '문학다움'을 잃는 일이다. 즉, 형상적 사유의 양식인 문학에서 '형상성'은 고려하지 않고 '사유'의 측면만을 고려하는 오류를 범하게 된다(우한용, 1997b). 다시 말하면, 유아문학은 유아를 위한 도덕교육, 철학교육, 사회교육을 위한 자료로 활용될 수도 있고, 유아문학 중에는 이런 교육에서 중요시하는 사유의 측면을 포함하는 작품이 많이 있는 것이 사실이지만, 그렇다고 이런 교육이 유아문학교육을 대신할 수 있는 것은 아니다.

B. 유아기 그림책 읽어주기의 의미

서정숙 외(2005; 2010)는 그림책이 유아문학의 내용이자 자료인 점에 비추어 유아기에 교사가 그림책을 읽어주는 의미에 대해 다음의 네 가지를 제시하였다.

1. 책에 대한 첫 인식이 만들어지는 경험

그림책은 유아기에 처음으로 경험하는 책이다. 무엇이든 첫 경험은 중요한 의미를 지닌다. 처음 접하는 그림책에 대한 경험이 긍정적이라면, 이후 책에 대한 태도가 긍정적일 수 있다. 학교에 입학하고 나면 교과서나 참고서와 같은 책들을 전격적으로 접하게 되는데, 이런 책들은 학습이라는 외적인 목적을 갖기 때문에 어린이에게 자칫 책에 대한 무미건조한 경험을 생성시킬 수 있다. 이와는 달리, 유아기에 읽은 그림책은 그 자체로 즐거움을 주는 책이다. 유아기에 그림책의 즐거움을 알게 된다면, 유아는 책에 대한 긍정적 태도의 기초를 갖추게 되는 것이다.

유아교사는 이 점에 유의하여 그림책을 자주, 정기적으로 읽어주어 유아에게 그림책을 보는 습관이 생기도록 해 주어야 하고, 유아가 그림책 읽는 시간을 마치 자발적인 놀이 시간처럼 즐겁게 받아들이도록 노력해야 한다.

2. 듣는 문학으로서의 경험

유아기는 일반적으로 읽기 문학의 시대가 아닌 듣기 문학의 시대라고 한다. 유아기는 아직 책을 유창하게 읽지 못하므로 누군가 읽어주는 책이나 누군가 들려주는 이야기에 귀 기울이면서 문학적 감성을 키우는 시기기 때문이다. 유아는 교사가 읽어주는 이야기를 들으면서 등장인물이나 배경에 대해 마음껏 상상하고 생각하고, 언어적 또는 소리의 리듬감을 즐기는 등 이후 읽기 문학의 시대에 필요한 지식과 기술, 그리고 태도의 기초를 익히게 된다.

그러므로 교사는 유아가 그림책의 내용을 더 잘 이해하고 문학적 감수성이나 문학적 상상력을 더욱 잘 키울 수 있도록 읽어주어야 한다. 이를 위해 교사는 등장인물의 성격이나 심리를 비롯하여 책의 내용이나 분위기가 잘 드러나게 목소리의 크기나 높낮이, 읽어주는 속도 등을 조절하여 읽어준다.

3. 글 언어와 그림 언어의 통합적 경험

'글 없는 그림책'도 있지만, 그림책은 주로 글과 그림으로 이루어져 있다. 그림책이 글과 그림으로 이루어져 있다는 것은 글과 그림의 단순한 합을 의미하는 것이 아니라 글이나 그림 중 어느 하나가 없으면 그림책의 내용이나 분위기가 제대로 전달될 수 없음을 의미하는 것이다. 그러므로 그림책을 제대로 감상하기 위해서는 글 언어와 그림 언어를 각각 또는 그것들 간의 유기적 관계를 읽어 낼 수 있어야 한다.

이것은 유아교육에서 중요한 의미가 있다. 유아교육은 다양한 종류의 소양을 기초적으로 마련하는 일이다. 이런 관점에서 볼 때, 어려서부터 글 언어, 그림 언어를 통합적으로 발달시킬 기회를 주는 그림책과의 만남은 유아에게 중요하다. 그런데 아직 글을 혼자 유창하게 읽지 못하는 유아는 누군가 글을 읽어주지 않으면 두 언어가 만드는 이야기 세계를 능숙하게 구성해내기 어렵다. 그러므로 교사는 유아가 그림책의 글 언어와 그림 언어를 함께 구성하여 내용을 이해할 수 있게 적절한 상호작용을 하며 읽어주어야 한다.

4. 교사를 매개자로 한 경험

그림책은 유아의 발달 정도나 사전 경험, 그리고 읽고 있는 상황에 따라 이해와 감상 정도가 달라지는 책이다. 따라서 유아교사가 그림책을 읽어줄 때 어떻게 읽어주느냐는 유아의 그림책에 대한 반응에 영향을 미친다. 다시 말해서 그림책 읽어주기는 교사의 비계설정 역할이 매우 중요한 교육활동이라고 할 수 있다.

유아교사는 유아들의 개별 반응을 경청하고 수용해 주어야 한다. 그림책의 이야기나 그림은 유아의 상상력을 자극하는 경우가 많아 때때로 유아의 엉뚱한 반응을 유발하기도 한다. 이때 교사는 유아의 반응을 긍정적으로 받아들이고 격려해야 한다. 유아들이 자신의 반응을 더욱 명료하게 표현할 수 있도록 도와주어야 하며, 자기 생각을 좀 더 확장하도록 새로운 정보나 지식을 제공해야 한다. 또한, 유아가 그림책의 내용과 이전 경험을 연결해 보게 하고, 책에 대한 생각이나 느낌을 함께 나누기도 하고, 다른 그림책과 연결 짓게 하면서 유아에게 그림책과의 경험을 다양하게 안내해야 한다.

C. 유아문학교육의 방향

서정숙 외(2010)는 유아문학교육의 바람직한 방향으로 다음의 세 가지를 제시한 바 있다.

1. 의사소통으로서의 문학교육

교사는 유아가 그림책을 매개로 세 가지 측면에서 의사소통을 원활하게 할 수 있게 해 주어야 한다. 우선, 작품 속 세계와의 의사소통이다. 그림책은 시대적 또는 사회적 경험을 담고 있는 문화물이다. 그러므로 유아가 그림책을 감상하면서 그림책에 대해 나누는 이야기는 그림책 속 문화와 소통하는 것이다. 교사는 유아가 그림책 속의 인물이나 배경, 주제, 언어, 가치 등에 대해 어떻게 생각하는지, 자기 생각을 다른 유아와 많이 나눌 수 있도록 해 주어야 한다. 이 과정에서 유아는 그림책 속 문화를 전달받는 동시에 새로운 문화를 꿈꾸고 창조할 수 있게 된다.

두 번째로, 작가와의 의사소통이다. 그림책은 작가의 작품이다. 그러므로 유아가 그림책을 감상하면서 그림책에 대해 나누는 이야기는 그 그림책을 만든 작가의 느낌과 생각, 메시지 등과 맞닿아 있다. 교사는 유아가 작가의 이야기에, 또는 그림에 공감하는지 아니면 다르게 생각하는지, 더 나아가 어떤 점에서 공감하고 어떤 점에서 다르게 생각하는지를 다른 유아와 의견을 많이 나눌 수 있도록 해 주어야 한다. 이 과정에서 유아는 작품 너머의 작가와 의사소통을 하게 되고, 때로는 유아의 작품에 대한 반응과 평가는 작가의 다음 작품에 영향을 미치게 된다.

세 번째로, 또래와의 의사소통이다. 그림책은 작품을 함께 보는 독자 간의 의사소통을 통해 그 의미가 재구성되고 풍성해진다. 유아는 작품이나 작가에 대해, 작품 속 인물이나 내용, 그 외의 특징에 대해 서로의 느낌과 생각을 나눔으로써 작품에 대해 더 깊이 이해하게 되기도 하고, 작품에 대한 해석을 새롭게 하기도 하며, 작품의 의미를 창의적으로 구성할 수도 있다. 교사는 독자인 유아의 문학적 반응 내용이 또 다른 텍스트가 되어 서로에게 더 깊은 이해, 향상된 해석, 의미의 재구성에 영향을 미칠 수 있게 해 주어야 한다. 이를 위해 유아 간 문학적 상호작용이 빈번하고 자유롭게 일어날 수 있는 분위기를 만들어주어야 한다.

2. 생활로서의 문학교육

유아에게 문학은 학문의 대상이라기보다 생활 전반에서 누려야 할 일상이다. 유아가 문학작품에서 경험한 요소들을 놀이나 대화, 활동 등 일상생활에서 자주 재현할 수 있게 해 줌으로써 해당 작품을 다시 한번 떠올리고 의미를 확장할 수 있게 해 주어야 한다. 실제로 유아에게 그림책을 자주 읽어주고 그림책에 대한 반응을 자유롭게 할 수 있도록 허용하고 격려하는 문학교육을 실행한 결과, 유아는 그림책을 정해진 시간과 공간에서만 읽기보다는 일상적인 생활이나 놀이와 연관시킴으로써 그림책 읽기를 자신의 문화로 즐겼다. 산책을 갈 때도 그림책을 가지고 나가서 보았고, 자유놀이 시간에도 그림책을 즐겨 보았으며, 놀이 중에도 그림책을 참조하였고, 그림책 내용을 놀이 상황에 끌어들임으로써 더욱 풍부한 놀이를 하였다(서정숙, 김정원, 남규, 2008). 문학이 일상적 경험이 되기 위해서는 정해진 시간에만 유아에게 책을 읽어주는 것이 아니라 자유선택활동 시간이나 그 외에 유아가 원하는 때 수시로 읽어주어야 한다. 또한, 교사와 유아 또는 유아끼리 읽은 그림책의 내용이나 장면을 수시로 화제에 올려 함께 이야기를 나눌 수 있어야 한다.

3. 성장으로서의 문학교육

유아는 놀이를 통해 성장한다. 놀이에서는 '결과'보다는 '과정'이 중시되고 유아의 자발적이고 능동적인 참여가 강조되며, 즐거움과 몰입의 상태에서 행하는 다양한 역할, 다양한 문제해결 과정이 포함된다. 유아는 이런 놀이의 과정을 통해 성장한다. 문학 역시 놀이나 마찬가지로 '결과'보다는 '과정'이 중시된다. 독자는 문학의 세계를 경험하는 과정에 자발적이고 능동적으로 참여하여 몰입하는 가운데 즐거움을 느낀다. 그리고 상상의 문학 공간에서 등장인물과 함께 기뻐하고 슬퍼하면서 문제에 맞서기도 하고 갈등을 해소하기도 하며, 현실에서 경험하지 못한 역할을 해 보거나 현실에서 채울 수 없었던 욕구를 충족시키기도 하면서 감동도 받는다. 독자는 문학이 주는 이런 즐거움과 내면의 울림을 통해 성장한다. 놀이가 유아를 성장시키는 원동력이듯이 문학 역시 유아를 성장시키는 원동력인 것이다.

특히, 유아처럼 어린 독자는 등장인물이 겪는 사건과 감정을 비롯한 문학의 세계로부터 더 많은 영향을 받는다. 그러므로 유아를 위한 문학교육은 놀이의 속성이 유지되는 가운데 유아가 지나치게 정해진 기준이나 규범, 훈육을 요구하는 내용의 책보다는 자율성이나 주도성, 그 외 원활한 성장을 도모하는 내용의 책을 읽고, 이에 대해 자유롭게 의견을 개진 · 수정 · 발전시키면서 마음과 생각과 의지를 키워 나갈 수 있는 분위기에서 이루어져야 한다.

정리 및 탐구

1. 자신에게 문학은 어떤 의미인지, 이제까지 자신의 삶에 가장 영향을 미친 문학작품은 무엇인지, 어떤 영향을 미쳤는지 이야기해 봅시다.
2. 어린 시절에 접한 문학작품 중 기억나는 것이 있으면 이야기해 봅시다.
3. 유아문학은 동심에 기초한다고 보는데, 각자 동심을 무엇이라고 생각하는지 이야기해 봅시다.
4. 『책 먹는 여우』, 『와작와작 꿀꺽 책 먹는 아이』, 『아름다운 책』, 『브루노를 위한 책』, 『그래, 책이야!』 등 책 읽기를 내용으로 한 그림책을 읽고 문학(또는 책) 읽기의 가치, 방법, 이유 등에 대해 의견을 나누어 봅시다.

CHAPTER 2.

그림책의 정의 및 구성

I 그림책의 정의

그림책에 대한 학자들의 정의를 살펴보면, 레치너(Lechner)(Stewig, 1995)는 그림책은 갖고 다닐 수 있는 미술관이라고 할 만큼 심미적으로 만족스러운 것이라고 하였고, 에고프(Egoff)(Stewig, 1995)는 그림책은 어린이와 성인, 두 개 층의 독자를 끌어들이기 위해 글텍스트와 그림텍스트라는 두 개의 예술 형태, 즉 문학적 형태와 예술적 형태가 동시에 전개되기 때문에 결과적으로 가장 복잡한 문학 장르라고 하였다. 페리 노들먼(Nodelman, 2011)은 그림책을 일련의 그림과 상대적으로 적은 양의 글의 결합 또는 글이 전혀 없이 그림만으로 이야기를 하는 책이라고 하였다.

니콜라예바와 스콧(Nikolajeva & Scott, 2011)은 그림책은 글과 그림이라는 두 개의 의사소통 방식으로 조화를 이루어 내는 독특한 예술형식이라고 하였고, 삽화가 들어가 있는 이야기책(illustrated book)과 달리 글과 그림이 서로 불가분의 관계를 이룬다는 의미에서 '아이코노텍스트(iconotext)'라고 하였다. 아이코노텍스트라는 용어는 1982년 스웨덴 학자인 크리스틴 할베르(Kristine Hallberg)가 사용하기 시작했는데, 최근에는 더 넓은 의미에서 글텍스트, 그림텍스트에 주변텍스트(표지, 면지 등이 대표적인 예. 2장 II절, B 부분에서 다룸)까지 포함하여 이들의 삼중적 상호작용이 의미 효과를 만들어내는 그림책을 일컫게 되었다(이성엽, 2014).

실비아 마란츠(Marantz, 1977) 역시 글 내용에 그림을 곁들인 삽화가 있는 책과 구분 지으면서 그림책이란 그것을 이루는 모든 요소의 통합체라고 하였다. 마이클 헌(Hearn, 1996)은 그림책을 앞표지부터 뒤표지에 이르는 모든 디자인 요소가 전체 작품에 도움이 되도록 만들어진 독특한 예술 형태라고 하였다. 워드(Ward)는 그림책은 외형적으로나 정서적으로 독자적 특성이 있는 물건이며, 전체적으로 조화로운 오케스트라처럼 본텍스트와 함께 글자체, 그림, 레이아웃, 표지 디자인 같은 세부 주변텍스트(paratext)들을 독자에게 미칠 영향까지 미리 계산하여 하나로 묶어 낸 통합적인 생산물이라고 하였다(Hearn, 1996). 또한, 그림책은 순서가 있는 작품으로, 그림의 배치와 진행 속도는 아주 중요한 원리라고 하면서 일러스트레이터는 다른 예술가와 다르게 매 페이지에 담길 이미지의 순서를 정할 줄 알아야 한다고 하였다. 그림책에서 뒤에 오는 이미지의 의미는 앞서 있었던 이미지에 의해 만들어지는 것으로, 독자에게 미치는 영향은 단순히 어떤 이미지가 보이느냐가 아니라 축적된 이미지들의 결과이기 때문이다.

종합하면, 그림책은 글과 그림 또는 그림으로 이야기를 하거나 정보를 주는 책으로, 본텍스트와 주변텍스트로 구성되며, 표지를 포함한 모든 장면이 유기적이고 예술적으로 구성된 책이다.

Ⅱ 그림책의 구성

그림책의 구성은 문학적 요소, 본텍스트와 주변텍스트의 관계, 글텍스트와 그림텍스트의 관계, 내용과 예술적 요소의 관계를 통해 살펴볼 수 있다. 이에 대한 지식은 유아교사가 문학교육을 위해 그림책을 선정하거나 읽어줄 때 필요한 실천적 지식을 이룬다.

A. 문학적 요소

서사 구조를 갖춘 그림책의 경우, 그림책의 문학적 요소는 주제, 등장인물, 배경, 플롯, 문체로 나눌 수 있다. 유아 대상의 동화를 선택하거나 평가할 때도 다음의 문학적 요소를 적용할 수 있다.

1. 주제

주제는 그림책 전체를 아우르면서 중심이 되는 아이디어라고 할 수 있다. 작가가 보여 주고자 하는 의도를 의미하기도 한다. 여러 개의 주제가 섞여 있는 경우, 독자에 따라 다르게 해석할 여지가 있다. 그림책에는 유아의 생활, 생각, 느낌, 정서, 문제, 갈등, 상상, 소망 등을 소재로 유아의 세계와 동심이 담긴다. 유아의 세계가 진실하게 담겨 있고, 유아의 기본 욕구를 충족시킬 수 있으며, 보편적이고 유아가 이해할 만하고 유아에게 긍정적인 영향을 미칠 수 있는 주제의 그림책이 바람직하다. 직접 교훈을 전달하기보다 이야기 전반에 유아의 성장에 도움이 되는 주제를 담고 있어야 한다. 그림책에는 대체로 다음과 같은 주제가 담기며, 해당 그림책의 예는 다음과 같다.

〈표 1-2-1〉 그림책의 주제와 그림책의 예

주제	그림책의 예
유아의 일상생활이나 놀이의 즐거움	『오늘은 무슨 옷을 입을까?』, 『숲 속에서』
심리적 과업이나 문제의 해결을 통한 긍정적 자아개념, 용기, 절제, 카타르시스 등	『앨피가 일등이에요』, 『구룬파 유치원』
가족과의 관계: 가족 간의 사랑, 우애	『오른발, 왼발』, 『터널』
가족 외 생명과의 관계: 우정, 배려, 보살핌, 나눔 등	『뒷집 준범이』, 『애너벨과 신기한 털실』
자연과의 관계: 자연의 아름다움, 자연(생태) 보호 및 존중	『모두 행복한 날』, 『야, 우리 기차에서 내려!』
다문화, 반편견	『이모의 결혼식』, 『돼지책』
위기(정서 불안, 가정 내 문제, 일시적 변화, 사회적 불안으로 인한 위기)의 극복	『한 아이의 정원』, 『나비 엄마의 손길』
찾기 놀이나 상상의 즐거움, 유머	『앵무새 열 마리』, 『마녀 위니』

2. 등장인물

유아는 그림책에 등장하는 인물, 특히 주인공의 사정이나 마음에 공감하면서 그의 경험을 공유하는 한편, 그의 말과 행동에 비추어 자신을 살피는 반성적 사고를 하기도 한다. 보편적이면서도 개성 있는 인물이 현실감과 생동감을 갖춰 등장할 때 공감이 되면서도 기억에 오래 남는다. 그림책에는 인간뿐 아니라 의인화된 동물, 식물, 사물, 추상물, 부호, 색깔, 가상의 인물 등이 등장하는데(Nikolajeva et al., 2011), 대표적으로 맥스, 피터 토끼, 코듀로이, 페르디난드, 바바빠빠 등은 여러 세대에 걸쳐 사랑받는 그림책 속 매력적인 인물들이다.

그림책 인물의 내면과 외면은 대화나 이름, 사건, 배경, 화자의 서술, 그림을 통해 표현된다. 인물은 이야기 진행에 따라 변하느냐 변하지 않느냐를 기준으로 정적 인물, 동적 인물로 나누기도 하고, 선하냐 악하냐의 전형적 특성으로 구분되는 평면적(또는 이차원적) 인물, 현실의 인물처럼 긍정적이면서 부정적 특성을 함께 지닌 입체적(또는 다면적) 인물로 나누기도 한다(Nikolajeva, 2005). 그림의 크기나 위치, 시선은 인물 간 관계를 나타내곤 하는데, 크기가 큰 인물은 주인공, 작은 인물은 주변인을 나타내며, 중앙이나 위쪽에 배치된 인물은 행복하거나 힘이 우세한 인물이고, 구석이나 뒤쪽에 배치된 인물은 불행하거나 외롭거나 무서워서 위축된 인물을 나타낸다.

3. 배경

이야기가 진행되는 시간과 공간을 말한다. 시간으로는 현재 또는 과거나 미래가 배경일 수 있고, 공간으로는 현실 세계나 환상 세계가 배경으로 펼쳐질 수 있다. 그림책에서 인물 또는 배경을 강조하기 위해, 또는 얼마나 멀리서 보이는지를 기준으로 소극적 공간(배경의 디테일을 생략하여 인물에 집중하게 함), 파노라마, 원거리 · 중거리 · 근접(close up) 장면, 중다 장면(다른 시간이나 다른 공간에서 일어난 일을 같은 페이지에 배치하여 보여 줌) 등의 방식을 다양하게 사용하는데, 이것들은 연극이나 영화에서 종종 사용되는 기법들(Nikolajeva et al., 2011)이다.

그림책에서 배경 그림은 다음과 같은 기능을 한다.

- 인물이 느끼는 불안, 행복과 같은 심리 상태를 배경 그림의 색이나 분위기로 표현
- 인물 간 지위(왕과 사냥꾼)나 성향(사치스러운 성향과 검소한 성향)을 배경에 담아 비교하여 보여 줌으로써 인물들의 성격을 묘사
- 목가적, 평온함, 어수선함과 같은 이야기의 분위기를 표현
- 낮에서 밤, 밤에서 낮으로의 시간 변화를 나타냄
- 비문명 사회에서 문명사회, 시골에서 도시, 옛날에서 현대, 현실에서 환상으로의 전환
- 옛이야기, 사실 이야기, 환상 이야기 같은 장르의 특성을 담아냄

4. 플롯

어떤 사건들이 일어났는가를 시간순으로 나열한 것이 스토리라면, 플롯은 인과를 비롯하여 그 이야기에 담긴 외적인 것과 내적인 것 간의 관계나 질서가 개입된 이야기 구조를 말한다. '왕이 죽고 왕비가 죽었다'는 스토리지만 '왕이 죽자 왕비도 슬퍼서 죽었다'는 플롯이라 할 수 있다(구인환 외, 1998). 같은 이야기라도 어떤 플롯으로 전개되느냐에 따라 흥미도나 몰입도는 달라질 수 있다. 플롯은 갈등을 중심으로 전개되고 해결되는데, 갈등의 종류로는 자신과의 내적 갈등으로부터 타인과의 갈등, 사회의 억압이나 규준과의 갈등, 자연의 힘과의 갈등이 대표적이다.

유아문학에서 가장 일반적인 플롯은 시간의 흐름에 따라 발단, 전개, 위기, 절정, 결말의 과정이 점진적으로 전개되는 단선적(linear plot) 또는 연대적 플롯(chronological plot)이고, 그중에서도 집을 떠나 새로운 세계로 모험을 한 후, 집으로 안전하게 돌아오는 패턴이 가장 전형적이라 할 수 있다. 『피터 토끼 이야기』와 같은 고전 그림책부터 현대의 많은 그림책이 이에 속한다. 그리고 결말의 경우, 유아문학에서는 안전하고 행복한 결말, 그리고 더 이상의 의심이나 미진함을 남기지 않는 완전한 결말이 일반적이다. 그러나 현대 그림책 중에는 그림책 속 이야기를 그대로 받아들여도 될까, 또는 그림책

속 이야기가 일어나긴 했던 것일까, 라며 이야기의 진실성을 의심하게 하는 것도 있다(『야, 우리 기차에서 내려!』의 마지막을 보면, 아이의 기차 여행이 꿈으로 밝혀지는 한편 꿈속 동물들이 다시 현실에 등장). 또는 이야기가 더 이어질 듯 끝나기도 함(『이상한 화요일』의 마지막은 개구리에 이어 돼지가 하늘로 떠오르기 시작)으로써 독자인 유아에게 뒷이야기를 짓는 역할을 부여하는 '열린 결말'도 있다.

다음으로, 여러 인물이나 사건이 추가되면서 비슷한 에피소드가 되풀이되는 반복 플롯이 있다. 그중에서 누적적(cumulative) 플롯은 앞에 등장한 인물의 행위나 사건이 원인이 되거나 그것의 영향을 받아 뒤의 에피소드가 전개되는 플롯으로, 추가되는 인물이나 사건의 순서가 중요하다. 『아기 돼지 삼 형제』의 경우, 엄마 돼지로부터의 자립이라는 이야기 주제가 설득력을 갖추려면 어리석은 돼지가 먼저 등장하고 점점 더 지혜로운 돼지가 등장해야 한다. 다음으로, 연쇄(chain) 플롯 역시 인물과 사건이 더해지면서 비슷한 에피소드가 반복되는데, 누적 플롯과 달리 뒤의 에피소드가 앞의 인물이나 사건의 영향을 받지 않는다. 『커다란 순무』의 경우, 순무를 함께 뽑기 위해 여러 인물이 계속 추가되지만 그들의 등장 순서나 인물의 수는 내용이나 주제에 큰 영향을 미치지 않는다. 또 다른 반복 플롯 유형으로 회귀적(recursive) 플롯이 있다. 인물이 더해지고 비슷한 사건이 반복되다가 이야기가 시작한 원래 자리로 돌아오는 유형으로 『사윗감 찾아 나선 두더지』가 이에 해당한다. 이런 반복 플롯은 옛이야기에 많이 등장하며, 거의 어린이문학에서만 전용되는 플롯이라 할 수 있다.

삽화적(episodic) 플롯은 각각은 분리된 사건이거나 에피소드지만 전체적으로는 인물, 배경, 주제가 연관되는 유형이다. 『개구리와 두꺼비는 친구』가 이에 해당한다. 액자식 또는 내포(embedded) 플롯은 외화 안에 내화가 들어 있는 유형으로, 『위니를 찾아서』를 예로 들 수 있다. 거울(mirror) 플롯 또는 미장아빔(mise en abyme)은 마주 보는 거울에 담긴 이미지처럼 서로 반사된 이미지로 혼란을 유발하는 플롯이다. 겉으로 보기에 그림 속에 그림, 이야기 속에 이야기가 담겨 있다는 점에서는 액자식 플롯과 유사하다. 그러나 벨라스케스(Velázquez)의 「시녀들」(1656)에서 보듯 거울에 비친 왕과 왕비 모습을 담은 그림이 화가 자신과 공주, 시녀, 광대 등을 담은 전체 그림과 경계가 없어 서로 영향을 받는다는 점에서 액자식 구성과는 다르다. 그림책의 예로는 『빨강 책: 우연한 만남』을 들 수 있다. 다중(multiple) 플롯은 여러 개의 에피소드가 동시에 진행되는데 여기 포함된 주제, 배경, 인물이 직접 연결되지 않으면서 서로 지원하는 방식으로 전개되는 플롯으로, 『공원에서』를 들 수 있다. 내포 플롯이나 거울 플롯, 다중 플롯은 다른 플롯보다 대체로 이해하기 어려울 수 있으므로 선정이나 지도에 유념해야 한다.

5. 문체

문체는 작가가 사용하는 어휘와 이야기를 만드는 구문을 말하는 것으로(Cullinan & Galda, 1998), 문장의 길이, 리듬, 속도, 표현법, 낱말의 선택 등을 통해 작가의 개성이 드러난다고 할 수 있다. 문장의 길이에 따라 간결체와 만연체, 부드러운가 강한가에 따라 우유체와 강건체, 꾸미는 말이 적은가 많은가에 따라 건조체와 화려체로 나눈다.

문학에서 일반적으로 사용하는 문체의 요소는 서술, 묘사, 대화다(구인환 외, 1998). 서술(narration)은 인물, 사건, 배경 등을 직접 설명하는 방법이고, 묘사(description)는 이것들을 이미지화 할 수 있게 구체적으로 그려 내는 표현 기법이다. 그림책의 경우 그림이 묘사를 맡는 경우가 많다. 대화는 인물의 말인데, 사건 전개와 인물 묘사를 위해 사용된다.

시점도 문체의 일부다(Cullinan et al., 1998). 시점은 작품에서 이야기를 들려주는 서술자가 작품 속 인물이냐 아니냐, 서술자가 인물의 속마음을 아느냐 모르느냐에 따라 나뉠 수 있다. 작품 속 인물이 자신의 이야기를 하면 1인칭 주인공 시점, 작품 속 인물이 다른 인물의 이야기를 객관적으로 들려주면 1인칭 관찰자 시점, 작품 밖 인물이 인물들의 마음을 모두 아는 가운데 서술하면 전지적 작가 시점, 작품 밖 인물이 인물들의 마음을 제한적으로 아는 가운데 객관적으로 서술하면 3인칭 관찰자 시점이다. 1인칭 주인공 시점은 주인공이 직접 독자에게 자신의 이야기를 들려주므로 독자와 주인공의 거리가 가깝지만, 3인칭 시점은 이야기 밖에 있는 서술자가 이야기를 들려주므로 독자와 주인공의 거리가 상대적으로 멀다. 그림책의 경우, 글텍스트와 그림텍스트의 시점이 서로 같을 수도 있고 서로 다를 수도 있는데(이에 대해서는 2장 Ⅱ의 C. 시점 대위법을 참고), 이는 글의 시점과 더불어 독자의 이야기 감상에 영향을 미칠 수 있다(Gressnich & Meibauer, 2010).

B. 본텍스트와 주변텍스트

본텍스트(main text)는 대체로 속표지 다음 장에서 시작하는 글텍스트와 그림텍스트를 일컫는 반면, 주변텍스트(paratext)[1)]는 그 외 공간에 있는 글과 그림텍스트를 말한다. 주변텍스트에는 '내적 주변텍스트(peritext)'와 '외적 주변텍스트(epitext)'가 있다(이성엽, 2014). '내적 주변텍스트'는 표지, 면지, 속표지, 판형 등과 같이 물리적으로 책 내부에 있는 텍스트로, 이야기와 밀접한 관련이 있는 경우가 많다. '외적 주변텍스트'는 책 외부에 있는 주변텍스트로, 저자나 출판사에서 '대중'을 상대로 말이나 글로 작품에 대해 언급한 것, 저자 인터뷰, 저자 강연, 그리고 저자가 '사적'으로 누군가에게 말이나 글로 표현했거나 일기, 메모 형식으로 작품에 대해 적은 것으로 나뉠 수 있으며, 이것들 역시 내용 해석에 영향을 미친다(Pantaleo, 2018).

주변텍스트는 제라드 주네트(Gerard Genette)가 처음 사용한 용어로, 그는 이것을 문지방(threshold)에 비유하였다. 문지방은 방 안이라 할 수도, 방 밖이라 할 수도 있는 지대로, 전체적으로 보면 방과 통합된 지대다. 즉, 주변텍스트에는 본텍스트와 하나가 되어 그것의 의미를 더 확장하고, 더 실감 나게 표현하는 텍스트라는 의미가 담겨 있다. 이런 주변텍스트의 개념을 그림책에 적용하여 시각적 의미구성에 대한 논의를 한 사람은 히고넷(Higonnet)이다. 그는 그림책의 면지를 비롯한 주변텍스트가 19세기 예술공예운동(Arts and Crsfts movement) 때 이미 책을 물리적으로 묶어 주는 실용적 역할을 넘어 책 디자인을 전체적으로 통합하는 역할을 시작했다고 하였다(Higonnet, 1990).

1) 박선희(2015)는 paratext를 곁텍스트, peritext를 주변텍스트, epitext를 바깥텍스트로 번역하였음.

현대 그림책에서 주변텍스트(주로 내적 주변텍스트인 페리텍스트를 의미함)의 역할이 점차 다양해지고 중요해짐에 따라 본텍스트와의 시너지 효과에 관한 관심이 높아지면서 그림책을 글텍스트와 그림텍스트에 주변텍스트도 포함한 아이코노텍스트로 보는 시각도 있다(이성엽, 2014). 또한, 칼데콧상을 받은 그림책의 내적 주변텍스트를 대상으로 연구한 결과, 최근에는 본텍스트에는 없는 주요 이야기 구성요소가 오로지 내적 주변텍스트에만 담긴 그림책이 많아지는 추세다(Martinez, Stier, & Falcon, 2016).

그림책의 표지, 면지 등 주변텍스트에 대한 탐색은 유아의 이야기 이해력, 읽기 흥미도, 언어표현력, 읽기 태도에 긍정적인 영향을 미친다(조승민, 2006; 서정숙, 박경자, 현정희, 2010; 정혜연, 2011; 남아름, 이시자, 2018). 이에 근거하여, 교사는 각 그림책의 주변텍스트에 대해서도 잘 이해하여 유아에게 그림책을 읽어줄 때, 유아가 주변텍스트를 그림책의 내용과 관련지으며 감상하도록 지도해야 한다. 그림책에서 주변텍스트로 자주 언급되는 부분은 대체로 다음과 같다.

1. 표지(covers)

그림책 표지는 그림책을 감싸는 역할을 하며, 크게는 앞표지, 뒤표지로 나눌 수 있고 두 영역 사이에 책등이 있으며, 대개 제목은 앞표지에 위치한다. 어떤 그림책에는 표지를 감싸는 겉싸개와 띠지가 있다. 교사는 그림책을 읽어주기에 앞서 앞표지의 그림과 제목을 보여 주면서 어떤 이야기가 담겨 있을지 유아가 예측해 보게 하거나 관련 경험이 있는지 이야기해 보게 할 수 있다.

1) 제목

그림책 제목은 그림책에 누가 나오는지, 언제 일어난 일인지, 어디서 일어난 일인지, 어떤 일이 생긴 건지, 이야기의 소재는 무엇인지 등에 대해 직접적 또는 간접적으로, 때로는 반어적으로 담아낸다. 각각의 예는 다음과 같다.

〈표 1-2-2〉 그림책 제목과 발문의 예

제목에 담기는 정보의 종류	제목의 예	발문의 예
등장인물에 대한 정보 (주인공 이름이나 성품 등의 특징)를 담은 제목	『알도』, 『무지개 물고기』, 『에드와르도 세상에서 가장 못된 아이』, 『눈썹 올라간 철이』, 『책 청소부 소소』, 『멍멍 의사 선생님』, 『도서관에 간 사자』	『알도』: 어깨동무를 한 두 친구 중 누가 알도일까? 『눈썹 올라간 철이』: 너희도 이렇게 눈썹이 올라간 적이 있니?
배경(때, 장소)에 대한 정보를 담은 제목	『눈 오는 날』, 『비가 오는 날에…』, 『괴물들이 사는 나라』, 『구름 나라』	『눈 오는 날』: 눈 오는 날 어떤 놀이를 하면 재미있을까?
사건(어떤 일이 생긴 건지, 어떤 일이 생길 건지)에 대한 정보를 담은 제목	『도둑을 잡아라!』, 『고 녀석 맛있겠다』, 『바람이 불었어』, 『로지의 산책』	『고 녀석 맛있겠다』: 어떤 이야기일까?
소재를 알려 주는 제목	『알사탕』, 『노란 우산』, 『엄마의 의자』	『노란 우산』: 너희들 우산은 무슨 색이야?

2) 앞표지

앞표지에는 제목과 함께, 본텍스트에 나오는 그림 중 한 장면이 담기기도 하고, 별도의 그림이 들어가기도 한다. 앞표지 그림이 본텍스트에 없는 것일 경우, 그것이 서사에서 차지하는 비중은 더 클 수도 있다. 앞표지 그림에는 인물, 배경, 사건 등과 관련되는 것들이 담겨 있어서 제목과 마찬가지로 또는 제목과 관련지어 그림책의 내용을 예측하거나 관련되는 독자의 경험을 떠올리게 한다. 그리고 드물기는 하지만 앞표지에서 글텍스트가 시작되는 경우(예: 『어제저녁』의 앞표지에서 "6시 정각, 얼룩말은 외출 준비를 하고 있었다."라는 글텍스트 있음)도 있으므로 앞표지도 포함하여 감상하도록 한다.

어떤 그림책은 앞표지와 뒤표지의 그림이 하나로 연결되어 있으므로 앞, 뒤표지가 하나로 이어지게 펼쳐서 감상하는 것이 좋다. 예를 들면, 『검피 아저씨의 뱃놀이』, 『괴물들이 사는 나라』, 『달 사람』, 『도서관』, 『모자 사세요!』, 『크리스마스 선물』, 『힐드리드 할머니와 밤』 등이 그러하다.

[그림 1-2-1] 『도서관』
사라 스튜어트 글 · 데이비드 스몰 그림/지혜연 역/시공주니어/1998

[그림 1-2-2] 『크리스마스 선물』
존 버닝햄 글 · 그림/이주령 역/시공주니어/1996

그러나 앞, 뒤표지 그림이 하나로 이어지는 장면이라 할지라도 내용을 예측하는 즐거움, 반전의 즐거움 등 문학의 즐거움을 느끼는 데 도움이 된다면, 앞표지와 뒤표지를 처음부터 펼쳐서 보여 주기보다 앞표지부터 보게 한 후 뒤표지를 보여 줄 수도 있다. 예를 들면, 『누가 따라오는 걸까?』, 『앗, 그림책이 살아 있어!』, 『커다란 방귀』가 그러하다. 『누가 따라오는 걸까?』의 앞, 뒤표지는 이어져 한 장면으로 되어있지만, 우선 앞표지의 눈 쌓인 숲속에서 발자국만 보이는 길을 걷고 있는 사람의 그림을 보여 주며 "누군가 숲속을 걷고 있네. 누가 따라오는 걸까?" 하면서 내용에 대한 기대를 높여 준다. 이어서 뒤표지의 큰 짐승(늑대로 보이지만 글 없는 그림책이라 정확히 명명되지 않아 유아는 큰 개로 이해하면서 이야기를 꾸미기도 함)을 보는 순간, 심상치 않은 이야기가 펼쳐질 것을 기대하며 듣게 된다. 『앗, 그림책이 살아 있어!』의 경우, 앞표지의 아이가 줄을 잡고 있는 그림이 있는데, 우선 앞표지만 보여 주며 "아이가 줄을 잡고 있는데 이게 무슨 줄일까?" 예측하게 한 후, 뒤표지를 펼쳐 보여 주며 그 줄은 개의 목줄이었음을 확인하게 할 수 있다. 『커다란 방귀』 또한 처음에는 제목 글씨가 크게 적힌 앞표지와 일부 그림만 보여 주며 무슨 그림일지, 어떤 이야기일지 예측해 보게 한 후 뒤표지까지 펼쳐 보이며 그림의 동물은 어떤 동물일지 또는 어떤 이야기일지, 내용에 대한 수정된 예측을 해 보게 할 수 있다.

[그림 1-2-3]『커다란 방귀』
강경수 글 · 그림/시공주니어/2014

3) 뒤표지

뒤표지에는 이야기가 끝났음을 알리기 위해, 또는 책을 덮었을 때의 여운을 위해 본텍스트에 있던 장면이나 그림책 내용과 관련되는 작은 그림을 곁들이는 게 보통이다. 예를 들면,『잘잘잘 123』의 뒤표지에는 본텍스트에 등장했던 인물인 두더지 두 마리가 그려져 있다.

때로는 본텍스트에 없던 새로운 이미지를 넣어 해석의 여지를 남긴다.『와작와작 꿀꺽 책 먹는 아이』의 뒤표지는 귀퉁이 일부가 없는 상태인데, 이에 대해 책을 먹는 주인공 아이가 베어 먹은 이 자국으로 해석할 수 있다.『알사탕』의 뒤표지에는 본텍스트의 내용을 이어갈 수 있는 실마리가 되는 새로운 이미지가 담겨 있다. 본텍스트에는 없는,

[그림 1-2-4]『와작와작 꿀꺽 책 먹는 아이』 뒤표지
올리버 제퍼스 글 · 그림/유경희 역/주니어김영사/2007

[그림 1-2-5]『알사탕』 뒤표지
백희나 글 · 그림/책읽는곰/2017

집 앞에 세워둔 킥보드와 스케이트보드 그림이 뒤표지에 있으므로 새로 사귄 두 아이가 이제 집에 들어가서 놀이를 하면서 더욱 친하게 지내게 되리라는 기대를 하게 된다.

『비가 오는 날에...』의 경우, 아이가 '비가 오는 날에...'라는 제목이 적힌 책을 쥔 채 엄마 무릎을 베고 소파에 누워 있는 그림이 있다. 이는 본텍스트에 담긴 이야기, 즉 비 오는 날 동물들이 어떻게 지낼지를 보여 주는 책 내용은 아직 귀가하지 않은 아빠를 기다리며 엄마랑 상상으로 나눈 이야기일 수도 있지만, 아이가 들고 있는 '비가 오는 날에...' 책 내용일 수도 있다는 해석을 가능하게 한다.

[그림 1-2-6] 『비가 오는 날에...』 뒤표지
이혜리 글 · 정병규 그림/보림/2001

어떤 그림책은 앞표지와 뒤표지의 그림을 비교하며 이야기 나누기에 좋다. 『나무는 변신쟁이』의 앞표지에는 푸른 잎의 나무가, 뒤표지에는 빨간 꽃들이 핀 나무가 그려져 있다. 이는 주인공인 동백나무가 봄에는 푸른 잎만 있더니 여름, 가을을 거쳐 눈이 오는 겨울이 되니 결국 꽃을 피웠다는 내용을 앞, 뒤표지에서 대조를 이루면서 간단하게 요약하여 보여 준다. 『아씨방 일곱 동무』의 앞표지에는 마치 연극배우들이 관객들에게 무대 인사를 하듯이 일곱 동무가 방안에서 얼굴을 내민 모습이 담겨 있고, 뒤표지에는 앞표지에서 밖을 내다보고 있던 일곱 동무의 뒷모습이 방 안쪽 관점에서 그려져 있어 이 둘을 비교하며 감상할 수 있다.

[그림 1-2-7] 『아씨방 일곱 동무』
이영경 글 · 그림/비룡소/1998

[그림 1-2-8] 『일곱 마리 눈먼 생쥐』
에드 영 글 · 그림/최순희 역/시공주니어/1999

『일곱 마리 눈먼 생쥐』의 앞표지에는 생쥐 여섯 마리와 다른 한 마리의 꼬리가 보인다. 그 한 마리는 어디를 보고 있는지, 무엇을 하고 있는지, 무슨 색 쥐일지 알 수 없다. 그러나 책을 모두 읽은 후 뒤표지를 보면, 앞표지에서 꼬리만 보이던 한 마리의 쥐는 흰색 쥐일 가능성이 짙다는 것을 알 수 있다. 본텍스트를 읽은 후 앞표지와 뒤표지를 펼치며 앞표지에서 꼬리만 보이던 쥐는 무슨 색 쥐일지, 그 쥐는 무엇을 하고 있는지 또는 나머지 쥐들에게 어떤 이야기를 하고 있는지, 왜 그렇게 생각하는지에 대해 서로 이야기 나누게 할 수 있다.

뒤표지에 서사를 이루는 글텍스트가 있는 경우는 거의 없다. 대신 간단한 내용 요약, 발췌된 비평 글, 같은 작가의 다른 작품 소개, 작품의 교육적 유익성, 읽어주는 방법 같은 교육적 제안 등의 글이 적혀 있다. 이것은 그림책 내용을 이해하고 감상하는 데 직접 영향을 미치지는 않지만, 책을 선택하고 읽어주는 데 영향을 미친다고 할 수 있다(Nikolajeva et al., 2011).

4) 책등(spine)

책의 앞표지와 뒤표지 사이에 있는 부분으로, 그림책을 책꽂이에 꽂았을 때 보이는 부분을 말한다. 책등에는 대개 책 제목과 작가명, 출판사명이 적혀 있다. 『수박 수영장』의 책등에는 이 외에 수박씨가 그려져 있고, 『달 샤베트』의 책등에는 날이 더워 녹아내리는 달물과 그것을 받기 위해 받쳐 놓은 그릇 그림이 있다. 『똥벼락』은 옛이야기 형식의 그림책으로, 내용과 같은 맥락의 형식을 취할 의도에서 실로 묶어 만든 책처럼 디자인하였다.

5) 겉싸개(dust jacket)

겉싸개는 그림책을 둘러싸고 있는 종이 싸개를 말한다. 표지 그림과 표지를 둘러싼 겉싸개의 그림이 같은 그림책도 있지만, 다른 그림책도 있다. 『사자와 생쥐』는 앞표지와 겉싸개의 그림이 달라 별도의 감상이 필요하다. 앞표지에는 제목 글씨와 함께 사자와 생쥐의 모습이 들어가 있지만, 겉싸개에는 제목 글씨가 없이 사자 얼굴만 크게 그려져 있다. 『쓰레기통 요정』의 겉싸개는 반투명 용지의 종량제 봉투 디자인으로 연출하여 내용과의 관련성을 의도하고 있다. 겉싸개의 날개에는 대체로 작가 소개가 담긴다.

6) 띠지(banding paper)

띠지는 표지나 겉싸개를 두른 긴 종이를 말한다. 여기에는 대개 수상 내역이나 책을 칭찬하는 서평처럼 책을 홍보하는 문구들이 담기지만, 간혹 이것을 그림책의 내용과 관련지어 활용하는 그림책도 있다. 『나의 엄마』의 세로 띠지는 아이가 성장하여 엄마가 되고 엄마는 할머니가 되는 삶의 순환을 표현함으로써 이 책의 주제를 집약적으로 담고 있다고 할 수 있다.

2. 면지(end papers)

면지는 앞표지를 열었을 때 나타나는 양쪽 펼침면과 뒤표지 전의 양쪽 펼침면을 말하며, 전자를 앞면지, 후자를 뒷면지라고 부른다. 면지에도 주제, 인물, 때나 장소 등 내용과 관련되는 요소들이 담기는 경우가 많고, 어떤 그림책은 앞면지에서 이야기가 전격 시작되기도 하고, 뒷면지에서 이야기가 끝나기도 한다. 『달 샤베트』는 앞면지에서 글텍스트와 그림텍스트로 된 이야기가 시작되고, 『리디아의 정원』은 앞면지와 뒷면지에 이야기의 시작과 마지막 내용이 각각 담겨 있다. 흔하지는 않지만 『오소리네 집 꽃밭』의 면지에는 작가가 오소리에 대한 정보를 모으는 과정에서 스케치한 오소리 그림과 메모가 담겨 있다.

이처럼 면지에는 그림책의 내용을 구성하는 요소들이 담겨 있어서 그림책의 내용에 대한 이해나 감상을 위한 상호작용, 또는 그림책의 내용과 상관없이 작가의 창작 과정에 대한 상호작용이 가능하다. 앞, 뒷면지의 이미지가 같은지 다른지, 왜 그런 이미지가 담겨 있는지, 그것이 마음에 드는지 등 유아의 관심과 발달에 적합한 상호작용을 하면, 유아는 면지에 관심을 두고 그림책의 내용과 관련지어 감상할 수 있게 되어 읽기 흥미도와 언어표현력에도 긍정적 영향을 미칠 수 있다(서정숙 외, 2010).

면지는 그림 없이 색지로 된 경우, 같은 무늬가 반복해서 들어가 패턴을 이룬 경우, 그림이 들어간 경우가 있으며, 앞, 뒷면지가 같은 그림책도 있지만 다른 그림책도 있다. 면지의 색이나 그림(또는 패턴)이 그림책의 내용과 밀접한 관련이 있는 그림책의 예는 다음과 같다.

〈표 1-2-3〉 면지 유형과 그림책의 예

면지 유형	그림책의 예
앞, 뒷면지가 같은 색	『지하 100층짜리 집』, 『헤엄이』, 『줄무늬가 생겼어요』, 『숲 속에서』(김재홍)
앞, 뒷면지가 다른 색	『크리스마스 선물』, 『겁쟁이 빌리』, 『태양의 악사들』
앞, 뒷면지가 같은 이미지	『강아지똥』, 『아기 늑대 삼형제와 못된 돼지』, 『아씨방 일곱 동무』, 『내 토끼 어딨어?』, 『괴물들이 사는 나라』
앞, 뒷면지가 다른 이미지	『구름빵』, 『파도야 놀자』, 『터널』, 『뒷집 준범이』, 『곰 사냥을 떠나자』, 『훨훨 간다』

3. 속표지(title page)

속표지는 앞면지의 책장을 넘겼을 때 나오는, 제목과 작가명, 출판사명이 있는 지면을 말한다. 간혹 속표지 전에 작가명과 출판사명 없이 제목만 있는 지면이 하나 더 있다면, 이것은 약표제지(약식 속표지)라 한다(예: 『솔이의 추석 이야기』). 그리고 속표지의 왼쪽 페이지나 속표지 앞 또는 뒤의 책장에는 저작권 및 출판 사항, 헌사 등이 담기는데, 저작권 및 출판 사항이 담긴 페이지를 저작권 페이지(또는 간기면), 헌사가 담긴 페이지를 헌사 페이지라 한다([그림 1-2-9]의 왼쪽 페이지는 저작권 페이지이자 헌사 페이지임).

속표지나 약표제지에는 작은 그림, 특히 등장인물의 그림이 들어가는 경우가 많은데, 『제가 잡아먹어도 될까요?』의 속표지에는 코에 나비가 앉아 있는 늑대 그림이 있다. 이 그림책에서 늑대는 생명에 대해 연민을 느낄 줄 아는 늑대로, 속표지 그림은 이런 늑대의 성품을 암시한다고 할 수 있다. 『도대체 그 동안 무슨 일이 일어났을까?』의 속표지 제목은 특이하게도 두 개의 펼침면 각각에 "도대체 그 동안..."과 "무슨 일이 일어났을까?"라고 나뉘어 쓰여 있고, 토끼가 껑충껑충 뛰는 모습 또한 두 펼침면 각각에 나뉘어 그려져 있다. 『로지의 산책』의 속표지에는 본텍스트에서 로지가 지나게 될 장소가 그려져 있다. 『난 토마토 절대 안 먹어』의 속표지에는 이 책의 소재가 되는 토마토 그림이 그려져 있다. 이처럼 속표지의 그림은 이야기 속에 나오는 인물, 사건, 장소, 소재 등에 대한 기본 이해를 돕는다.

그림책 중에는 속표지부터 이야기가 시작되는 경우도 있다. 『파도야 놀자』의 속표지에는 주인공 아이가 '바다 놀이'를 위해 바다를 향해 달려가는 그림이 담겨 있고, 『아슬아슬한 여행』은 속표지에서부터 아이의 등교 준비가 시작된다. 『도둑을 잡아라!』의 속표지에는 어느 집에선가 "도둑이야!!" 소리가 터져 나오고, 그 집으로부터 찍힌 발자국과 함께 누군가 번쩍이는 귀중품을 들고 도망가는 모습이 반쯤 그려져 있다. 이후 범인을 잡기 위한 경찰들의 추격이 시작된다. 이 책의 속표지 그림은 이야기의 시작일 뿐 아니라 범인이 누군지 찾을 수 있는 실마리도 제공하는 중요한 장면이다.

[그림 1-2-9] 『도둑을 잡아라』 속표지
박정섭 글 · 그림/시공주니어/2010

4. 판형(format)

판형이란 그림책의 크기와 모양을 말하는데, 그림책 판형은 책꽂이에 가지런히 정리가 안 될 정도로 다양하다. 판형 또한 그림책의 내용과 분위기에 영향을 미치는 경우가 꽤 많다. 『백두산 이야기』나 『곰』은 그림책 속에 등장하는 백두 거인의 웅장함이나 곰의 믿음직스러움에 아주 걸맞게 크다. 『100층짜리 집』 시리즈는 지하로, 하늘로, 바다로 지어진 100층짜리 집에 누가 살며 무엇을 하고 있는지에 대한 이야기를 담고 있다. 세로로 긴 판형은 100층까지 위로 올라가거나 또는 100층까지 아래로 내려가는 이야기 진행을 돕는다. 『구덩이에서 어떻게 나가지?』는 세 마리의 쥐를 뒤쫓던 고양이 세 마리가 구덩이에 함께 빠지면서 일어난 이야기인데, 세로로 긴 이 책의 판형은 이들이 위치한 땅속 깊은 구덩이와 지상 세계를 구분 짓기에 효과적이다. 『배고픈 애벌레』는 애벌레가 요일별로 갖가지 음식을 먹은 후 마지막에는 아름다운 나비가 되는 내용의 그림책이다. 가로로 긴 판형은 날이 갈수록 애벌레가 먹는 음식의 숫자가 점차 늘어나는 것을 시각적으로 보여 주기에 적합하다.

5. 타이포그래피(typography)

타이포그래피는 글자체, 글자 크기, 글자 배열 등을 일컫는데, 이것은 미학적 요소일 뿐만 아니라 서사 요소로도 작용한다. 『우리 할아버지』는 할아버지와 손녀의 대화로만 이어지는데, 두 인물이 하는 말의 글자체를 다르게 하여 누가 한 말인지 이해를 돕는다. 『곰 사냥을 떠나자』에는 곰 사냥을 떠나는 가족이 풀밭, 강물, 진흙탕과 숲 등을 헤치고 가는 소리가 점점 큰 글자로 써져서 가족들이 점점 힘을 더해 곰을 향해 가고 있음을 보여 준다. 『꿀!』은 글자 크기의 변화로 엄마 돼지의 감정 변화 및 감정 상태를 표현한다. 이처럼 타이포그래피는 인물의 감정이나 사건이나 상황 등 이야기의 분위기를 조율하는 역할을 하므로 읽어줄 때 목소리의 크기나 음조, 속도에 반영하여 읽어주도록 한다.

[그림 1-2-10] 『꿀!』
아서 가이서트 글 · 그림/편집부 역/사계절/2011

6. 재질

일반적으로 광택이 나는 재질은 시간이나 거리상 멀리 떨어져 경험하는 듯한 느낌을 주고, 거친 질감의 재질은 직접 경험하는 듯한 느낌을 준다. 『이건 상자가 아니야』는 책의 재질이 크라프트지라 상자로 놀이하는 내용을 더욱 실감하게 해 준다.

7. 제본선(gutter)

양쪽 펼침면의 한가운데 책이 접히는 부분을 제본선이라 한다. 이 부분 역시 그림책의 내용 전개에 영향을 미치는 경우가 있다. 『앗, 그림책이 살아 있어!』에서 제본선은 이야기 속 인물, 사물들이 사라지는 별도 공간의 기능을 한다. 같이 산책하던 개, 무슨 일인지 알아봐 준다던 친구, 응급차, 소방차, 경찰차, 급기야 주인공까지 제본선 안으로 들어갔다가 다시 나타난다.

이수지는 제본선을 이야기 내용과 밀접하게 관련시킨 그림책을 여럿 선보였다. 『파도야 놀자』는 제본선을 중심으로 왼쪽에는 아이, 오른쪽에는 파도를 배치하여 마치 서로 밀고 당기는 놀이를 하듯 제본선을 중심으로 양쪽을 오가다 하나가 되는 모습을 담았고, 『거울 속으로』는 제본선을 거울로 설정한 상태에서 양쪽에 두 아이의 모습을 배치

[그림 1-2-11]『그림자 놀이』
이수지 글 · 그림/비룡소/2010

하여 실제와 거울상 이미지 간의 관계를 보여 준다.『그림자 놀이』는 제본선을 중심으로 위 페이지에 아이의 놀이 모습을, 아래 페이지에 그것의 그림자 이미지를 각각 담아 현실 세계와 그림자 세계 또는 놀이 세계를 표상한다. 이수지가 그림을 그린『이 작은 책을 펼쳐 봐』의 제본선은 이 책의 제본선인 동시에 책에 등장하는 여러 크기의 책들의 제본선 역할을 한다.

C. 글텍스트와 그림텍스트

최근 20여 년 동안 글텍스트와 그림텍스트의 관계 연구가 다각도에서 이루어지고 있다. 이 연구들의 성격을 보면, 대체로 예술이나 과학에서 사용하는 용어를 중심으로 비유적으로 그 관계를 규명하거나 그림책 고유의 이론 정립을 위해 시너지, 불확정성, 다중체계 등 새로운 용어를 도입하거나 글텍스트와 그림텍스트의 관계에 대한 유형을 분류하는 방식으로 이루어졌다(Sipe, 2012). 이 중 그림책의 글텍스트와 그림텍스트에 대한 유형 분류는 각 그림책의 이야기 방식을 규명함으로써 유아에게 다양한 유형의 그림책을 선정하거나 읽어주는 방식에 시사점을 제공할 수 있다.

서정숙(2004)은 글텍스트와 그림텍스트의 관계에 대한 많은 연구(Nikolajeva & Scott, 2000; Agosto, 1999; Cullinan et al., 1998; Glazer, 1997; Schwartz, 1982; 변윤희, 현은자, 2002)에 기초하여 그림책에 나타난 글텍스트와 그림텍스트의 유기적 관계를 유형화하였다. 먼저, 글텍스트와 그림텍스트가 서로 같은 방향의 이야기인가 아닌가를 분석 기준으로 삼아 글텍스트와 그림텍스트가 같은 방향의 이야기일 경우를 동행 관계, 그렇지 않은 경우를 비동행 관계로 보았다. 그리고 동행 관계를 다시 결합적 동행 관계와 보완적 동행 관계로 나누었다. 이로써 글텍스트와 그림텍스트의 관계는 크게 둘로 나누면 '동행 관계'와 '비동행 관계'로, 셋으로 나누면 '결합 관계', '보완 관계', '비동행 관계'로 구분될 수 있다. 이것을 그림으로 제시하면 다음과 같다.

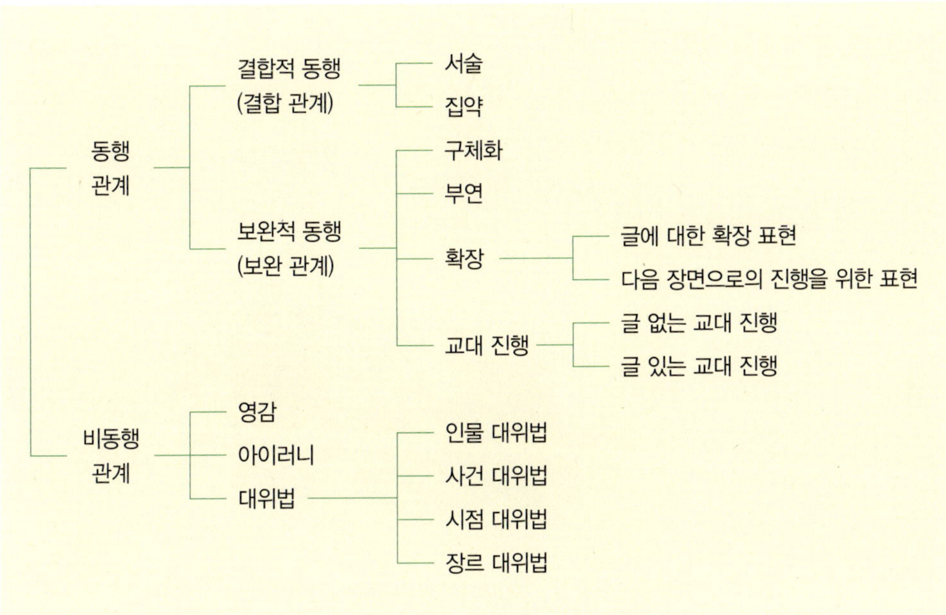

[그림 1-2-12] 이야기 진행을 위한 글텍스트와 그림텍스트의 관계

1. 동행 관계

1) 결합적 동행(결합 관계)

결합적 동행은 글이 주요 서사를 이끌고 그림은 분위기를 돋운다. 많은 옛이야기 그림책, 이미 완성된 글에 그림이 그려진 그림책 중에 이런 종류가 많다. 여기에는 서술적 표현과 집약적 표현의 그림책이 포함된다. 이런 종류의 그림책은 교사가 글을 읽어 주는 동안 유아는 그림을 보며 이야기를 이해할 수 있고, 글이 어떻게 그림으로 표현되었는지 살펴보게 할 수 있다. 또는 그림만 먼저 차례로 보여 주며 이야기를 예측하게 한 후 읽어줄 수도 있다.

(1) 서술

글텍스트가 하는 이야기를 그림이 하나하나 묘사하는 것을 서술이라 한다. 『커다란 순무』는 할아버지가 키운 순무가 아주 커서 할아버지, 할머니, 손녀, 개, 고양이, 쥐까지 힘을 합쳐서야 겨우 뽑을 수 있었다는 내용의 그림책이다. [그림 1-2-13]은 손녀가 할머니를 붙들고 할머니는 할아버지를, 할아버지는 순무를 붙들고 순무를 잡아당긴다는 글 내용 그대로 그림으로 묘사하여 이야기하는 서술 장면이다.

[그림 1-2-13] 『커다란 순무』
헬린 옥슨버리 글 · 그림/박향주 역/시공주니어/1996

(2) 집약

집약은 글텍스트 중 대표적 이미지만을 택하여 그림이 보여 주는 것으로, 배경을 생략하고 초점화하는 사물이나 인물만 그리는 방식이다. 영아 그림책에서 많이 사용된다. 대표적으로 미피 시리즈로 유명한 딕 브루너(Dick Bruna)의 그림책들을 들 수 있다. [그림 1-2-14]는 미피의 탄생 이야기를 담은 그림책인데, 세세한 글 내용과 비교할 때, 그림은 표정 없는 인물 중심으로 담았다. [그림 1-2-15]는 『해님달님』의 한 장면이다. “떡 하나 주면 안 잡아먹지!”, “이젠 떡이 하나도 없어.”, “어흥! 떡이 없으면 널 잡아먹을 거야.”, “호랑이는 엄마를 꿀꺽 삼켜 버렸어요.”라는 글텍스트에 대해 무서운 호랑이의 표정이나 거대한 몸집, 또는 그 앞에서 잔뜩 겁먹은 채 주눅 들어 있는 엄마의 모습을 보여 주는 대신, 입을 크게 벌린 호랑이의 입만 그려 유아가 호랑이나 엄마 편에서 자유롭게 상상할 수 있게 한다.

[그림 1-2-14]『안녕, 미피』
딕 브루너 글 · 그림/이상희 역/비룡소/2018

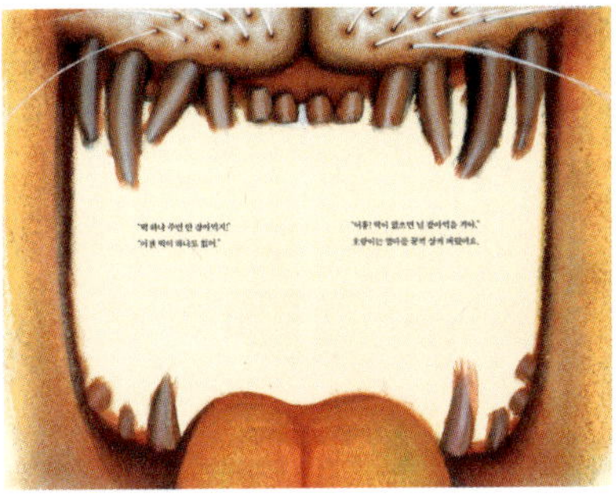

[그림 1-2-15]『해님달님』
송재찬 글 · 이종미 그림/국민서관/2004

2) 보완적 동행(보완 관계)

보완적 동행은 글 또는 그림만으로는 완성된 이야기가 되지 않는 경우다. 글과 그림이 모종의 역할을 하여 서로 도와주어야 이야기가 완성된다. 여기에는 '구체화', '부연', '확장', '교대 진행'의 표현 방식이 포함된다. 이런 종류의 그림책을 유아에게 읽어줄 때는, 글텍스트에는 없으나 그림텍스트에 있는 내용을 유아가 이해하는지, 그리고 글텍스트와 그림텍스트를 통합하여 이해하거나 감상하는지를 살피며 읽어준다. 이를 위해 교사는 글텍스트에는 없지만 그림텍스트에 보완되어 포함된 내용을 유아가 읽도록 그림에 주의를 기울이게 하거나 필요하다면 내용 확인 및 감상을 위한 질문을 할 수 있다. 그림만으로 또는 그림이 주가 되어 이야기를 진행하는 교대 진행 장면의 경우, 이전 내용에 기초하여 그림의 이야기를 만들어 갈 수 있게 도우며 읽어 준다.

(1) 구체화

구체화는 그림이 글텍스트 내용에 대한 이유나 글텍스트의 상황을 구체적으로 보여주는 것을 말한다. [그림 1-2-16]은『아빠! 머리 묶어 주세요』의 첫 장면이다. 왼쪽 페이지를 보면, "은수야, 엄마 없는 동안 아빠랑 잘 지내고 있어."라는 글이 적혀 있고, 오른쪽 페이지에는 여러 가지 신생아 용품과 가방 그림이 있어서 엄마가 은수를 아빠에게 맡기고 아기를 낳으러 가는 상황임을 알게 해 준다. 그러므로 오른쪽 그림을 미처 읽지 않았거나 이해하지 못하면 엄마는 어디를 가기에 은수를 아빠에게 맡기는지 알 수 없으므로 유아가 글과 더불어 그림도 살펴 읽을 수 있게 해 주고, 필요하다면 아기용품에 대한 설명도 해 준다.

[그림 1-2-16]『아빠! 머리 묶어 주세요』
유진희 글 · 그림/한울림어린이/2013

(2) 부연

등장인물이 어떤 행동을 했을 때, 그 행동을 어떤 방식으로 했는지를 구체적으로 보여 주는 그림이 있다면 그것은 부연이다.『장화 쓴 공주님』의 공주님은 절대로 옷차림에 신경 쓰지 말라는 벌거숭이 임금님의 말씀대로 옷에는 신경을 안 쓰지만, 머리 모양에는 매우 신경을 쓴다. [그림 1-2-17]의 글텍스트는 "공주님은 하루에도 몇 번씩 머리 모양을 바꾸었어."이고, 그림은 공주님이 머리 모양을 어떻게 바꾸었는지 그 실례를 보여 준다. 유아는 그림을 보며 공주님이 어떤 머리 모양을 했는지, 또 다르게 할 수 있는 기발한 머리 모양은 어떤 것이 있는지 표현하거나 제안할 수 있다.

[그림 1-2-17]『장화 쓴 공주님』
심미아 글 · 그림/느림보/2003

(3) 확장

확장은 글텍스트의 내용으로부터 진전된 내용을 그림이 보여 주는 것이다. [그림 1-2-18a]는 『만희네 집』의 한 장면으로, 이곳은 안방이다. 그런데 오른쪽 가장자리 부분은 흑백 그림이다. 이곳은 식탁, 싱크대, 바가지 등이 있는 부엌으로, 책장을 한 장 넘기면 나타날 [그림 1-2-18b]의 부분이다. 이 그림책은, 매 장면에 있는 흑백 부분의 장소가 다음 장의 주요 장소가 되는 형식을 취한다. 이때 흑백 부분의 그림은 다음 장면을 암시하여 이야기를 다음으로 진전시키고 확장해 나갈 수 있게 돕는 역할을 한다.

(a) (b)

[그림 1-2-18] 『만희네 집』
권윤덕 글 · 그림/길벗어린이/1995

(4) 교대 진행

교대 진행은 이야기의 내용을 이끄는 주체가 글에서 그림으로 전환되는 것을 말한다. 『넉 점 반』은 엄마 심부름으로 시간을 알아보러 나갔던 아이가 자연에 한눈을 팔며 돌아다니다가 해가 져서야 돌아온 이야기다. [그림 1-2-19]는 『넉 점 반』의 마지막 장면으로, 글텍스트 없이 그림으로만 이야기한다. 그러므로 앞의 내용에 기초하여 그림을 읽고 이야기를 완성할 수 있는데, 그 내용은 유아마다 좀 다를 수 있다.

[그림 1-2-19] 『넉 점 반』
윤석중 글 · 이영경 그림/창비/2004

『엄마 마중』은 외출한 엄마를 기다리는 아이의 모습을 담고 있다. 끝내 엄마를 만나지 못한 글텍스트와 달리, 마지막 장면에서 아이는 기다리던 엄마를 만나 손을 잡고 집으로 가고 있다. 유아는 글텍스트의 결말과는 다른, 반전의 그림 이야기를 스스로 채워야 한다.

손 잡고 가는 아이 모습

[그림 1-2-20] 『엄마 마중』
이태준 글 · 김동성 그림/보림/2013

2. 비동행 관계

비동행 관계는 글텍스트와 그림텍스트가 다른 방향으로 진행되는 것을 의미하고, 여기에는 영감, 아이러니, 대위법이 포함된다. 영감이나 아이러니 그림책의 경우, 읽어주는 글 내용과 차이가 있는 그림에 주의를 기울이게 함으로써 이야기에 대한 다층적 이해를 도우면서 읽어 준다. 대위법 그림책의 경우, 글만 먼저 읽어주거나 그림만 먼저 읽게 한 뒤, 글과 그림을 함께 읽어주어 읽어주기 방식의 차이(어느 하나를 먼저 읽기와 둘을 함께 읽기의 차이)로 인해 생기는 이야기의 차이가 주는 문학적 즐거움을 알게 해 준다.

1) 영감(inspiration)

영감은 인물의 마음, 정서를 작가의 영감으로 표현한 것으로, 글텍스트와 그림텍스트 간 간격이 매우 커서 둘의 조화가 일면 엉뚱해 보이기까지 한다. 『비 오는 날 집 보기』는 비 오는 날 혼자 집을 보는 여자아이가 느끼는 정서를 작가의 영감으로 표현하고 있다. 앞서 살펴본 결합 관계나 보완 관계에서처럼 글텍스트를 충실하게 옮기거나 그것을 보충하는 차원을 벗어나서 글텍스트로부터 느껴지는 정서나 기분을 그림으로 전환하는 데 주력한 것이라고 할 수 있다. "방에는 아무도 없고..."라는 글(아이의 혼잣말)에 대응하는 그림에는 엄마나 다른 사람이 없는 방의 그림이 있는 게 아니라, 여러 색이 서로 섞인 채 번져서 만들어 내는 집의 이미지가 있을 뿐이다. 이 그림을 보면 마치 아이가 혼자 집을 보며 느끼는 마음속 두려움, 기다림, 그리움이 느껴지는 듯하다. 이 같은 그림책은 글텍스트와 그림텍스트의 불일치 정도가 크므로 이에 대한 유아의 해석은 매우 다양할 것이다.

2) 아이러니(irony)

아이러니는 글텍스트와 그림텍스트가 불일치를 보임으로써 독자에게 유머를 주거나 풍자를 느끼게 한다. 『알도』의 주인공 아이는 "가끔은 엄마랑 놀이터에도 가고, 어쩌다

[그림 1-2-21] 『알도』
존 버닝햄 글 · 그림/이주령 역/시공주니어/1996

가는 외식도 해. 그럴 때는 정말 신이 나지."라고 말하지만, 그림에 나타난 아이의 표정이나 몸짓은 전혀 신나 보이지 않는다. 시선은 그네를 타거나 식사하고 있는 다른 아이들에게 고정되어 있다. 말로는 엄마랑 있는 것이 좋다고 하지만 속마음은 친구들 틈에 끼어 그들과 함께 놀고 밥도 함께 먹고 싶은 것 같다.

3) 대위법(counterpoint)

대위법은 글텍스트와 그림텍스트가 별개의 이야기를 하지만 전체적으로는 서로 관련 또는 의존하는 구조다. 아이러니는 일부 장면에 한해서 글과 그림의 불일치가 있지만 대위법은 전체 이야기 구조상 글과 그림의 불일치가 있으므로 대위법의 경우, 두 텍스트가 만드는 전체 이야기를 통합적으로 이해해야 한다. 글텍스트를 읽어주며 그림에 주의를 기울이게 하여 이 둘의 차이가 빚어내는 이야기를 감상하거나, 글텍스트와 그림텍스트 중 어느 하나만 먼저 감상한 후 둘을 함께 읽으면서 두 텍스트의 차이로부터 느껴지는 문학적 즐거움을 느끼게 할 수 있다.

대위법의 종류에 대해 니콜라예바 외(Nikolajeva et al., 2011)는 8가지를 제시했지만, 문학 요소나 장르와 관련지어 네 가지만 살펴보면 다음과 같다. 첫 번째로, 인물 대위법이다. 『로지의 산책』의 글에는 로지라는 암탉이 동네 여기저기를 돌고 저녁 먹으러 닭장으로 돌아오는 내용이 담겨 있다. 그런데 그림에는 글에 전혀 등장하지 않은 인물, 여우가 로지를 뒤쫓는 장면들이 있다. 글텍스트와 그림텍스트가 주는 이런 정보의 차이로 인해 '로지는 여우가 따라오는 줄 아는지', '여우는 왜 로지 뒤를 따라가는지' 등, 두 인물의 관계에 대해서는 유아가 채울 여지가 생긴다.

두 번째로, 사건 대위법이다. 『도대체 그 동안 무슨 일이 일어났을까?』의 글에는 식구들이 없는 사이, 베란다에 있던 토끼가 문을 열고 집 안으로 들어와 집 안 여기저기를 돌아다니며 혼자 노는 이야기가 담겨 있다. 그런데 그림에는 이에 덧붙여 또 하나의 사건이 담겨 있다. 토끼가 놀이만 한 게 아니라 집 안 여기저기에 똥을 누고 돌아다닌 것이다. 속표지에서부터 토끼가 집 안 곳곳에 똥을 누면서 돌아다니는 모습이 그림에 담겨 있는데, 이에 대해 글텍스트는 계속 언급하지 않다가 마지막 장에서 '왜 이렇게 집안 여기저기에 토끼 똥이 많은지' 독자들에게 묻는다. 이후 교사는 유아와 책을 처음부터 다시 보며 그림에서 토끼가 눈 똥을 확인할 수 있다([그림 1-2-22]는 토끼가 똥을 누는 장면 중 하나임).

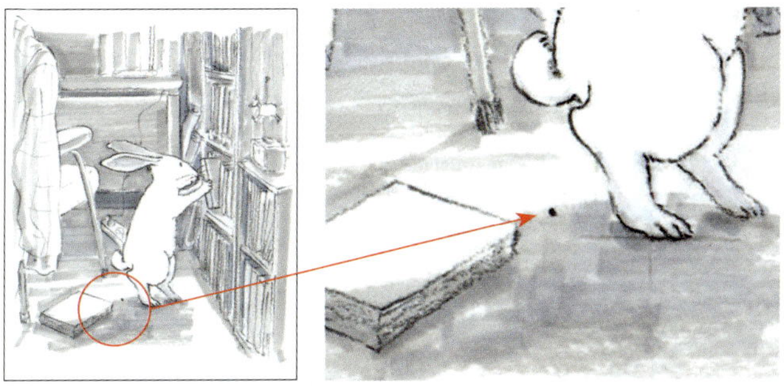

[그림 1-2-22]『도대체 그 동안 무슨 일이 일어났을까?』
이호백 글 · 그림/재미마주/2001

세 번째로, 시점 대위법이다. 『안 돼!』는 개의 1인칭 주인공 시점의 글이다. 자신의 이름이 '안 돼'라고 소개한 개는 자신이 얼마나 가족을 위하는지 여러 상황에 대해 말한다. 그러나 대부분의 그림은 그가 가족을 위해 하는 행동이 가족을 성가시게 하거나 화나게 할만한 일임을 3인칭 관찰자 시점에서 보여 주어 독자는 글텍스트와 그림텍스트가 전하는 두 이야기 간의 차이로 인해 미소짓게 된다.

[그림 1-2-23]『안 돼!』
마르타 알테스 글 · 그림/이순영 역/북극곰/2012

『동물원』도 주인공 아이의 1인칭 주인공 시점의 글이다. 그러나 엄마, 아빠와 동물원에 가서 여러 동물을 차례로 잘 보고 와서 즐거웠다는 글 내용과는 달리, 그림에는 동물원에서 있었던 또 다른 이야기, 즉 엄마, 아빠가 동물원에서 아이를 잠시 잃어버려 허둥대며 아이를 찾으러 다닌 일이라든지, 상상의 세계로 고릴라를 불러냈다가 다시 우리 안으로 밀어 넣는 원숭이의 이야기, 그리고 고릴라나 곰 우리 앞에서 왜 동물들이 없는지 의아해하거나 뚱해 있는 관람객 등, 다양한 등장인물의 편에서 그들의 마음까지 알려 주는 전지적 작가 시점의 이야기가 펼쳐진다.

[그림 1-2-24]『앵무새 열 마리』
퀸텐 블레이크 글 · 그림/장혜린 역/시공주니어/1996

『앵무새 열 마리』는 전지적 작가 시점의 글에 3인칭 관찰자 시점의 그림이다. 뒤퐁 교수가 키우는 앵무새들이 어느 날 모두 사라졌다. 글텍스트는 교수가 집 안 곳곳을 찾아다니지만, 교수는 그들을 찾을 수 없어 난감해 하며 잠을 이룰 수 없다고 말한다. 그러나 그림텍스트는 앵무새들이 어디에 숨었는지를 보여 준다. 독자는 교수가 찾지 못하는 앵무새들을 책장을 넘길 때마다 한 마리씩 더 찾으면서 희열을 느낀다.

네 번째는 장르 대위법이다. 『셜리야, 목욕은 이제 그만!』의 본텍스트 첫 장면은 아이가 목욕을 시작하는 장면으로, 여기에는 엄마와 아이가 함께 등장한다. 그러나 이후 엄마는 왼쪽 페이지에서 계속 목욕에 대한 구체적 지침 또는 잔소리를 하고, 오른쪽 페이지에서는 목욕하는 동안 아이가 하는 상상이 그림으로만 전개된다. 그림 양식에도 차이가 있다. 왼쪽의 현실 세계의 그림은 연필 스케치에 색연필로 채색되어 있고, 오른쪽의 환상 세계 그림은 불투명 물감으로 채색되어 있다. 즉, 글이 있는 왼쪽 페이지는 현실 세계, 그림만 있는 오른쪽 페이지는 환상 세계로 두 장르가 각각 펼쳐진다.

D. 내용과 그림의 예술적 요소

그림책은 글과 그림이 하나로 어우러져 의미와 효과를 만드므로 독자는 글텍스트만 아니라 그림텍스트도 읽을 줄 알아야 한다. 그런데 곰브리치(Gombrich)는 시각 언어는 자연이나 실제 세계를 거울처럼 그대로 보여 주는 이미지가 아니라고 하였다(이성엽, 2014). 시각 언어는 글 언어만큼 체계적이지는 않지만 글 언어나 마찬가지로 규범적 특성, 즉 특정 사회나 문화, 시대에 따라 다른 상징성을 갖는 '기호'로 봐야 한다. 그러므로 시각 이미지를 이해하기 위해서는 적절한 배경지식이 필요하다.

브롬리(Bromley, 1991)는 그림책의 예술적 요소를 색, 선, 모양, 질감, 배치, 전체적 효과로 보았고, 러셀(Russell, 1991)은 선, 공간, 모양, 색, 질감, 구성과 원근법으로 보았으며, 서덜랜드와 아버스노트(Sutherland & Arbuthnot, 1986)는 색, 선, 모양, 질감, 배치로 보았다. 또한, 그림텍스트를 분석한 학자들(Stewig, 1995; Nodelman, 2011)은 여기에 그림틀(frame)의 기능을 꼽는다. 이 책에서는 색, 선, 배치, 그림틀, 모양과 형태가 내용이나 메시지에 어떤 영향을 미치는지에 대해 살펴보았다.

1. 색

색은 사회문화적 · 심리적 · 관습적으로 정해진 표현 방식이 있어서 작가의 상상력이 다른 예술적 요소와 비교해 덜 발휘되는 요소다(Russell, 1991). 문화권별 특정 의미를 나타내는 색도 있고, 짙으면서 밝은색은 즐거움이나 희망, 흐리면서 어두운색은 슬픔이나 두려움, 빨간색은 분노나 열정, 파란색과 초록색은 시원함, 차가움, 검은색은 고통이나 괴로움 등, 색으로부터 느껴지는 일반적인 느낌이 있기 때문이다. 그러나 그림책에서 색은 그림책의 내용과 유기적 관계를 이루면서 이전의 관습적 사용에서 벗어나 새로운 의미를 만들기도 한다.

이 책에서는 내용에 영향을 미치는 색의 기능을 인물에 개성 부여, 인물의 대조, 인물의 정서 변화, 인물의 영향력, 시간 변화, 내용의 극화, 모드 전환으로 보고 이를 기준으로 해당 그림책을 제시하였다.

1) 인물에 개성 부여

『일곱 마리 눈먼 생쥐』의 표지에서는 앞이 안 보이는 일곱 마리 생쥐를 모두 검은색 실루엣으로 보여 주지만, 면지부터 꼬리에 색깔이 얹어지고 일곱 마리의 생쥐에게 빨간색 쥐, 주황색 쥐, 노란색 쥐 같은 색깔 이름이 주어진다. 이름이 주어지면서 각 생쥐에게는 자신의 주관적인 생각을 드러내는 개별 존재로서의 특성이 부여된다. 이때, 빨간색 눈먼 쥐가 탐색한 코끼리 다리는 빨간색 돌기둥으로, 주황색 눈먼 쥐가 탐색한 코끼리 귀는 주황색 부채로, 인식 주체와 인식 대상의 색을 일치시켜 각자 보고 듣고 판단하는 것은 그를 이루는 것의 한계를 벗어나지 못한다는 점을 이야기한다.

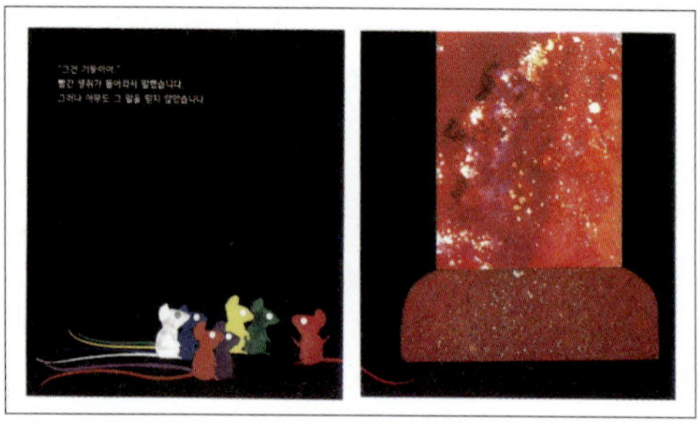

[그림 1-2-25] 『일곱 마리 눈먼 생쥐』
에드 영 글 · 그림/최순희 역/시공주니어/1999

2) 인물의 대조

『태양의 악사들』은 태양에게 잡혀 있는 악사들을 바람이 구하여 세상에 아름다운 악기 소리가 들리게 되었다는 이야기다. 태양은 빨간색, 바람은 파란색으로 두 인물의 적대 관계를 색으로 분명하게 드러낸다.

[그림 1-2-26] 『태양의 악사들』
제럴드 맥더멋 글 · 그림/김현좌 역/봄봄/2009

3) 인물의 정서 변화

『소피가 화나면, 정말 정말 화나면』은 언니 때문에 화가 난 소피에 대한 이야기다. 언니에게 고릴라 인형을 빼앗기면서 넘어지게 되자 소피는 많이 화가 난다. 소피의 화난 상태가 활활 불타오르듯 빨간색의 배경, 글씨, 윤곽선으로 표현되었고, 화를 가라앉히고 평안해진 상태가 파란색으로 표현됨으로써 등장인물의 정서의 변화를 알 수 있다.

[그림 1-2-27] 『소피가 화나면, 정말 정말 화나면』
몰리 뱅 글 · 그림/박수현 역/책읽는곰/2013

4) 인물의 영향력

『애너벨과 신기한 털실』에는 자신을 사랑하고 주변에 있는 생명을 사랑하고 세상을 사랑하는 애너벨이라는 아이가 나온다. 아이는 어느 날 주운 신기한 털실 상자(털실이 한없이 나옴) 속 털실로 자신을 비롯하여 주변에 있는 사람, 동물, 집들에 털옷을 떠 준다. 이후 욕심 많은 귀족이 털실 상자를 훔쳐 갔지만, 상자는 비어 있었다. 그러나 '사랑이 깊은' 이 아이의 손에 다시 돌아온 털실 상자에서는 여전히 털실이 나오고 아이는 차갑고 어두운 동네를 계속 나오는 털실로 따뜻하고 밝게 탈바꿈시킨다. [그림 1-2-28]은 애너벨의 영향력을 색 변화로 보여 준다.

[그림 1-2-28] 『애너벨과 신기한 털실』
맥 바넷 글 · 존 클라센 그림/홍연미 역/길벗어린이/2013

5) 시간 변화

『이상한 화요일』은 글이 거의 없이 밤부터 아침에 일어난 일을 그림텍스트로 표현한 그림책이다. 개구리들이 하늘을 나는 믿기지 않는 사건이 일어난 밤에서 노란색이 첨가된 아침 풍경으로의 변화는 이야기의 시간적 흐름을 가시화할 뿐만 아니라, 컴컴하고 무서우면서도 환상성과 신비감을 주는 밤과 다시 일상으로 돌아온 아침을 대조해서 보여 준다.

6) 내용의 극화

흑백 그림이나 한 가지 색조로 그림을 그림으로써 이야기 주제에 무게를 싣는 그림책도 있지만, 전체적으로 흑백 그림인데 특정 인물이나 사물에만 채색해서 표현하고자 하는 바를 강조하여 내용의 극적 효과를 꾀하는 그림책도 있다.『모두 행복한 날』은 겨울잠에서 깬 동물들이 뭔가를 향해 달려가고 마침내 봄을 알리는 노란 꽃 한 송이를 발견하는 내용이다. 두껍게 쌓인 하얀 눈, 검은색으로 표현된 앙상한 나뭇가지들, 그리고 흑백으로 그려진 동물들, 이렇게 흑백 장면들이 이어지다가 마주한 노란색 꽃 한 송이는 감동이 아닐 수 없다. 나뭇가지가 바싹 마른 추운 겨울, 두껍게 쌓인 눈을 뚫고 올라온 노란 꽃은 봄의 다른 이름이자 신비한 생명력의 다른 이름이기 때문이다.

[그림 1-2-29]『모두 행복한 날』
루스 크라우스 글 · 마크 사이먼트 그림/고진하 역/시공주니어/2017

『그건 내 조끼야』는 주인공 쥐가 입은 조끼의 색만 빨간색이고 다른 대상에는 전혀 색을 칠하지 않았다. 점점 더 큰 동물이 입으면서 조끼는 더 늘어나고, 마지막에 코끼리가 입은 다음에는 바닥에 길게 끌릴 정도로 늘어지고 만다. 이로써 흑백 그림 속에서 점점 더 늘어나는 빨간 조끼는 더욱 눈에 띄는 효과를 발휘하게 되고, 그만큼 낙담하는 쥐의 마음에 쉽게 공감할 수 있게 해 준다.

[그림 1-2-30]『그건 내 조끼야』
나카에 요시오 글 · 우에노 노리코 그림
/박상희 역/비룡소/2008

7) 모드(mode) 전환

『아씨방 일곱 동무』의 모든 장면은 채색되어 있으나 단 한 장면만이 흑백으로 표현되어 있다. 그것은 빨강 두건 아씨가 꿈을 꾸는 장면이다. 꿈속에서 자, 가위, 바늘, 실, 골무, 인두, 다리미가 모두 없어져서 울음을 터뜨리는 장면이다. 일곱 동무가 돌아가며 자신의 공을 치사하는 장면과 아씨와 일곱 동무가 화해하고 함께 즐겁게 바느질하는 장면은 유채색으로, 두건 아씨의 꿈의 세계는 무채색으로 구분 지어 현실에서 꿈, 꿈에서 현실로의 전환을 알려 준다.

『동물원』 또한 유채색과 무채색의 구분으로 현실 세계와 환상 세계를 구분하고 있다. 무채색의 현실 세계에는 동물이 없지만, 유채색의 환상 세계에는 동물들이 많이 있다. 또한, 아이가 동물원에 들어설 때는 볼만 조금 빨갰지만, 환상의 세계에서 동물들과 놀고 난 다음 동물원을 나올 때는 옷과 신발까지 빨갛게 된다. 이것은 그만큼 아이의 마음에 자유롭고 생기발랄한 환상의 에너지가 자라났음을 의미한다.

[그림 1-2-31]『동물원』
이수지 글 · 그림/비룡소/2004

2. 선

선은 형태를 만드는 가장 기본적이고 결정적인 예술적 요소다. 선은 색이나 질감보다 훨씬 직감적이고 강하게 감정을 불러일으키고, 작가의 예술성이나 스타일을 드러내는 데 가장 영향력 있는 요소기도 하다(Sipe, 2011). 예를 들면, 랜돌프 칼데콧의 선은 움직임, 생동감, 에너지를 느끼게 하는 선, 존 버닝햄의 선은 아이가 그린 그림처럼 서툴게 보이는 무심하고 단순한 선으로 특징지을 수 있다.

선의 굵기나 강도에 따른 선의 종류는 매우 다양하다. 곡선은 부드러운 느낌을 주고 직선은 경직된 느낌을 주며, 수평선은 안정감을 주고 수직선은 주인공의 고립 또는 멈추어 서 있는 느낌을 준다. 사선은 강하고 자극적인 효과를 내며 방향이나 운동감을 나타낸다(Sipe, 2011). 다음에서 서로 다른 선으로 이루어진 그림책을 통해 선이 성격 묘사나 내용, 주제, 분위기 등에 미치는 영향을 살펴보자.

1) 직선 대 곡선

『고릴라』에는 바빠서 딸의 요구에 민감하게 반응하지 못하는 아빠가 등장한다. 이 그림책에는 자를 대고 그린 듯 똑바른 수직선이 많이 사용되었는데, 이 선들이 주는 느낌은 딱딱함, 단절감 등이다. 자기 일만 하고 딸의 요구에 대해 무심한 아빠, 자신의 요구가 수용되지 않기에 아빠에게 거리감을 느끼는 딸, 이 둘의 관계로부터 오는 냉랭함이 반듯반듯 그어진 직선들로부터 고스란히 느껴진다. 반면, 『잠이 안 오니, 작은 곰아?』는 컴컴하여 무서워서 잠이 안 온다는 작은 곰의 성가신 투정을 큰 곰이 계속 받아 주는 이야기다. 이 그림책에 사용된 선들은 『고릴라』의 선과는 달리 곡선이 많이 사용되었다. 큰 곰의 몸을 이루는 곡선이나 그림틀의 곡선은 큰 곰의 작은 곰에 대한 따뜻한 배려를 느끼게 한다.

2) 단정한 선 대 산만한 선

『미스 럼피우스』는 주인공 럼피우스가 세상을 좀 더 아름답게 하는 일을 하라는 할아버지의 말씀을 기억하고 있다가 나이 들어서 실천에 옮긴다는 내용의 그림책이다. 선의 흔적이 별도로 있는 것은 아니지만 형태 간의 구분이(edge라고 함) 단정하여 할아버지에서 손녀로 세대에 걸쳐 전해진 가르침이 독자에게까지 차분하고 잔잔하게 전달된다. 『앵무새 열 마리』는 전하고자 하는 주제가 있다기보다는 독자와의 놀이를 시도하는 그림책이라 할 수 있다. 어느 날 뒤퐁 교수가 키우는 앵무새들이 사라지자 교수는 집 안 구석구석을 돌며 앵무새를 찾으러 다닌다. 교수는 앵무새들을 못 찾지만, 독자들은 앵무새가 어디 있는지 지면에서 찾을 수 있게 되어 있다. 쓱쓱 쉽게 그린 듯 다소 산만해 보이는 선으로 된 이 그림책은 '숨은그림찾기' 책이나 게임 북 같은 놀이 성격을 담고 있다.

[그림 1-2-32] 『미스 럼피우스』
바버러 쿠니 글 · 그림/우미경 역/시공주니어/1996

[그림 1-2-33] 『앵무새 열 마리』
퀜틴 블레이크 글 · 그림/장혜린 역/시공주니어/1996

3) 굵고 힘찬 선과 가늘고 약한 선

『뛰어라 메뚜기』는 굵은 붓으로 망설임 없이 단숨에 그은 듯 힘 있는 선들로 이루어진 그림책이다. 주인공 메뚜기는 다른 동물로부터의 공격을 피하면서 살다가 마침내, 미처 자신에게 있는 줄도 몰랐던 날개로 힘차게 날아오른다. 살벌한 약육강식의 동물의 세계, 그 안에서의 생존을 위한 필사의 도약, 메뚜기 자신의 내부에 잠재한 힘의 발견이라는 주제가 굵고 힘찬 선에 담겨 있다고 할 수 있다.

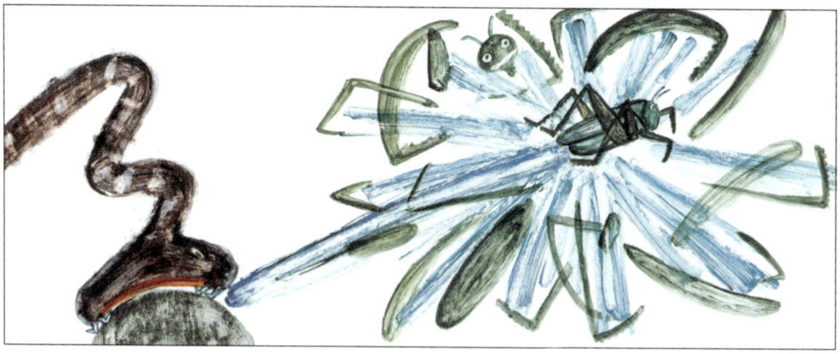

[그림 1-2-34] 『뛰어라 메뚜기』
다시마 세이조 글 · 그림/보림/1996

자신의 한계를 극복하는 메뚜기와 달리 『지각대장 존』의 주인공은 자신의 말을 믿어주지 않는 선생님 때문에 힘이 점점 빠지는 존재다. 등굣길에 악어, 사자를 만났기 때문에 지각을 했다고 하지만 선생님은 거짓말을 한다며 매번 벌을 주신다. 가늘고 약한 선으로 그려진 아이의 모습에서 권위적이고 고집스러운 선생님 앞에서 잔뜩 주눅 들어 있는 아이의 심리를 느낄 수 있다.

[그림 1-2-35] 『지각대장 존』
존 버닝햄 글 · 그림/박상희 역/비룡소/1995

4) 빠른 선과 유연한 선

『달려』는 심심해서 늘어져 있던 동물들이 공룡의 "달려."라는 한 마디에 실컷 뛴 후 '잘 놀았다'며 만족해하는 내용의 그림책이다. 채색 없이 연필로 그려진 그림은 동물들이 점점 빠르게 달리다가 서로 엉켜 넘어지고 부딪는 모습을 생동감 있게 보여 준다. 달리는 속도가 점점 빨라지더니 어느 순간엔 형체 없이 움직임의 방향만 드러낸 선만 있을 뿐이다. 『선』 또한 주인공 아이의 움직임에 초점을 맞춘 그림책이다. 그러나 『달려』가 속도 변화를 중심으로 이야기를 전개한 책이라고 한다면, 『선』은 아이의 유연한 몸동작이 더 두드러진 그림책이다. 작가는 다양한 선과 모양을 그리며 종횡무진 마음껏 스케이트를 타는 아이의 모습을 통해 왼쪽, 오른쪽 페이지를 마음껏 옮겨 다니면서 그리고 싶은 것을 그리는 작가의 자유로움을 환기한다.

[그림 1-2-36] 『달려』
이혜리 글 · 그림/보림/2009

3. 배치

배치는 글자를 어디에 넣고, 그림을 어디에 넣느냐에 대한 것이다(Bromley, 1991). 한 권의 그림책 안에서 글자와 그림을 처음부터 끝까지 같은 방식으로 배치한 그림책도 있고, 다양한 배치 방식을 사용하여 변화를 추구한 그림책도 있다. 글과 그림의 배치 또한 이야기의 내용이나 감상에 영향을 미친다. 글과 그림의 배치와 내용의 관련성을 살펴보면 다음과 같다.

1) 현실 세계와 환상 세계 간 이동

『괴물들이 사는 나라』는 맥스가 엄마에게 꾸중을 듣고 괴물들이 사는 상상의 나라에 다녀오는 이야기다. 맥스가 상상의 세계로 점점 깊이 빠짐에 따라 그림의 크기가 커진다. 한쪽 페이지만을 차지하던 그림이 양쪽 모두를 차지하게 커지면서 글자도 아래로 내려오게 된다. 이후 글자 없이 그림만 양쪽 펼침면 가득 세 장 계속 이어지다 현실로 돌아올 즈음부터는 그림이 작아지고 글자가 다시 아래로 자리를 잡는다. 그리고 그림이 더욱 작아지면서 글자는 한쪽 페이지를 차지하고 결국 마지막 지면에는 그림 없이 글자만 남는다. 그림의 크기와 함께 글자와 그림의 배치가 변하면서 현실 세계에서 환상 세계로, 환상 세계에서 다시 현실 세계로의 이동이 시각적으로 표현되었다.

2) 정적 분위기 조성

『할아버지의 긴 여행』은 손자의 시점에서 할아버지로부터 자신에게 이어지는 삶의 과정을 시간순으로 서술한 그림책으로, 그림을 위에, 글을 아래에 넣어 마치 사진 하나하나에 대한 기억을 적어 둔 사진첩을 보는 듯하다. 처음부터 끝까지 글과 그림의 일정한 배치는 이야기를 극화하기보다 단조로운 어조로 읊조리는 효과를 줌으로써 독자의 활성화된 반응보다는 관조하는 반응을 유발한다.

3) 리듬감

『곰 사냥을 떠나자』는 왼쪽 페이지 윗부분에 "곰 잡으러 간단다. 큰 곰 잡으러 간단다. 정말 날씨도 좋구나! 우린 하나도 안 무서워."라는 글텍스트가 반복해서 들어가고, 오른쪽 페이지의 윗부분에는 "어라! 풀밭이잖아! 넘실대는 기다란 풀잎. 그 위로 넘어갈 수 없네. 그 밑으로도 지나갈 수 없네." 같이 곰 잡으러 가는데 부딪치게 되는 문제가 적혀 있고, 같은 페이지의 아래쪽에는 "아, 아니지! 풀밭을 헤치고 지나가면 되잖아!"처럼 그 문제를 해결하는 말이 적혀 있다. 그리고 다음 장에는 풀밭을 헤치며 지나가는 그림이 양쪽 펼침면에 걸쳐 그려져 있다. 이 그림책은 이렇게 후렴구, 문제 상황,

문제해결 방법이 반복되면서 삼박자의 리듬을 느끼게 한다. 그리고 다음 장에서 실제 그 문제를 해결하는 장면이 의성어로 된 글텍스트(사각서걱, 덤벙텀벙, 처벌철벅 등)와 함께, 채색된 양면 그림으로 네 번째 박자에 강세를 띠면서 펼쳐진다. 한편, 곰을 막상 만나자 식구들은 모두 놀라서 집으로 돌아오는데, 이때 그림은 곰을 잡으러 갈 때 거쳤던 곳들을 역순으로 담고 있다. 집으로 돌아오는 장면들은 한 페이지에 세 개로 나뉘어 들어갔는데, 이런 그림의 배치는 곰을 보고 놀라서 매우 빠른 속도로 뛰어 집으로 돌아왔다는 것을 느끼게 한다.

4. 그림틀(frame)

그림틀은 지면에서 그림과 그림 외 공간의 구분을 말한다. 그림 가장자리에 윤곽선이 있을 수도 있고 윤곽선 없이 그림과 그림 외 공간을 구분 짓기도 한다. 그림틀의 다양한 기능을 살펴보면 다음과 같다.

1) 거리감

노들먼은 그림틀이 그림을 더욱 단정하고 덜 역동적으로 보이게 한다고 하였고, 뫼비우스(Moebius)는, 틀이 있는 그림은 세계를 '밖에서 바라보는' 제한된 눈을 제공하고, 틀이 없는 그림은 '그림 속에서' 총체적으로 경험하게 해 준다고 하였다(Nodelman, 2011). 즉, 그림틀이 있으면 독자는 그림텍스트 안에 나오는 인물과 거리를 두게 된다. 『할아버지의 긴 여행』의 그림틀 안 할아버지의 모습은 '나'의 삶과 심리적 거리를 두고 '그'의 삶을 바라보게 한다.

[그림 1-2-37] 『할아버지의 긴 여행』
앨런 세이 글 · 그림/엄혜숙 역/마루벌/2003

2) 시간의 경과

그림틀은 그림텍스트의 서사 단위이다. 틀로 구분된 그림 하나하나가 일어난 사건을 차례대로 보여 주어 이야기를 이어가면서 의미를 만든다. 『수박 수영장』은 수박씨를 골라내는 할아버지, 수박 수영장으로 달려가는 아이들, 수박 수영장으로 뛰어드는 아이들, 수박 껍질 미끄럼틀을 타는 할머니의 모습이 여러 개의 작은 그림틀로 나뉘어 그려져 있어서 시간 경과에 따라 각 인물에게 어떤 일이 일어났는지 알 수 있다. 『장수탕 선녀님』에서 덕지가 탕에서 혼자 노는 장면도 그림틀을 사용하여 시간 경과에 따른 등장인물의 놀이 종류(발 딛고 개헤엄 치기 등)를 알 수 있게 해 준다.

[그림 1-2-38] 『수박 수영장』
안녕달 글 · 그림/창비/2015

3) 초점화

그림틀을 사용하면 특정 인물이나 사태 등을 강조하거나, 그것들에 주의를 기울이게 함으로써 궁금증을 유발할 수 있다. 『장난꾸러기 개미 두 마리』에서 벽을 타고 올라가는 개미, 설탕통에 들어간 개미, 숟가락에서 떨어져 커피 안으로 들어간 개미, 토스터 안의 개미 등은 모두 그림틀 안의 그림들은 그곳이 어디인지 또는 그곳에서 어떤 일이 벌어지고 있는지 더욱 주의 깊게 보며 추측하게 만든다. 『장수탕 선녀님』에서 덕지는 엄마가 불가마나 얼음방, 게임방도 있는 스파랜드가 아닌 장수탕에 온 데 불만이 있다. 그러나 '한 가지', 때를 민 후 엄마가 건네는 요구르트와 냉탕에서 하는

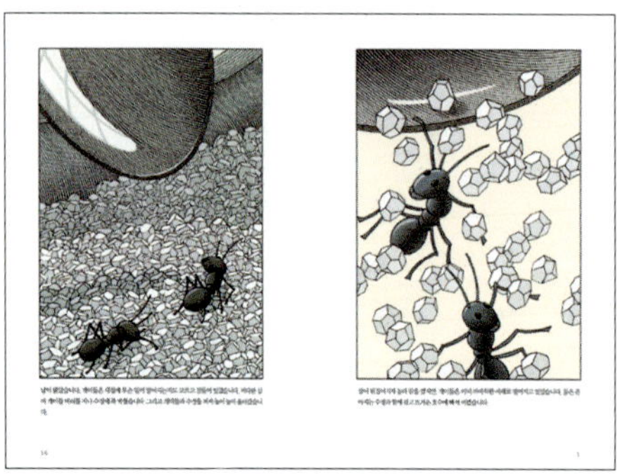

[그림 1-2-39] 『장난꾸러기 개미 두 마리』
크리스 반 알스버그 글 · 그림/이지유 역/국민서관/2004

물놀이가 있어 장수탕이 좋다며 독자 쪽을 바라보며 말을 건네는데, 이 부분의 그림틀은 덕지가 독자에게 하는 은밀한 이야기에 귀를 기울이게 한다.

4) 서사 공간 간의 경계

그림틀은 허구 서사 내의 환상 세계와 현실 세계를 구분 짓는 역할을 한다. 『이상한 자연사 박물관』은 비가 많이 오는 날에 자연사 박물관 안으로 들어온 새가 공룡들과 만나는 경험을 하고 다시 밖으로 나오는 내용의 그림책이다. 그림텍스트는 그림틀이 있는 상태에서 시작된다. 그러나 새가 박물관 안의 공룡 뼈들 사이를 날아다니는 어느 순간부터 그림틀은 차차 없어지고 배경은 어느새 공룡이 살던 시대로 바뀌어 공룡들은 살아서 움직인다. 그러다 다시 그림틀이 생기면서 장면은 다시 현실 세계로 바뀐다. 『머나먼 여행』은 한 장면에만 그림틀이 있다. 주인공 아이가 자신의 방 안에 있는 장면이다. 이 장면의 이전은 현실 세계이고, 이후 빨간 펜으로 그린 문을 열고 들어간 세계는 환상 세계로, 그림틀은 현실에서 환상으로 옮겨가는 관문 역할을 한다.

[그림 1-2-40] 『이상한 자연사 박물관』
에릭 로만 지음/이지유 해설/미래아이/2001

5. 모양과 형태

둥근 모양과 뾰족한 모양, 조화로운 모양과 부조화의 모양에 따라 그림책의 분위기, 느낌, 의미가 달라질 수 있다. 큰 모양일수록 더 중요한 대상으로 느끼게 하고, 모양이 선명한지 흐릿한지, 단순한지 상세하거나 화려한지, 자유롭게 흐르는지 고정되어 있는지 등이 내용과 관련된다. 뱅(Bang, 2000)에 따르면, 수평 모양은 안정감과 조용함, 수직 모양은 흥분, 에너지를 느끼게 한다. 대각선 모양은 움직임이나 긴장감을 불러일으키므로 가장 역동적이고, 뾰족한 모양은 날카로운 대상을 연상시키므로 불안감과 공포감을 조성하며, 둥글고 굽은 모양은 편안함과 안전함을 느끼게 해 준다. 『백만 마리 고양이』는 부드러움, 안정감을 주는데 이는 활달한 '선'이 아닌 둥글고 유연한 '형태'로 되어 있기 때문이다(Nodelman, 2011).

모양(shape)과 형태(form)를 구분하기도 한다. 모양은 평면적이고 이차원적이다. 평면적 모양은 깊이 있는 철학적 주제를 어린이에게 알맞은 방식으로 단순화시켜 표현할 때 사용하는 경우가 많다. 『사랑에 빠진 개구리』는 초록색 개구리와 하얀색 오리가 서로 사랑을 나누는 모습을 보여 줌으로써 서로 다른 존재들도 서로를 인정하고 사랑할 수 있다는 것을 주제로 하고 있다. 『파랑이와 노랑이』 역시 서로 다른 존재 간의 화합을 이야기하는 그림책인데, 친구 사이인 파랑이와 노랑이가 섞여 초록색이 되자 부모가 못 알아본다. 이에 노랑이와 파랑이는 슬퍼서 눈물을 흘리게 되고, 그러자 원래 각자의 색인 파란색과 노란색으로 돌아온다.

[그림 1-2-41] 『사랑에 빠진 개구리』
맥스 벨트하우스 글 · 그림/이명희 역/마루벌/2008

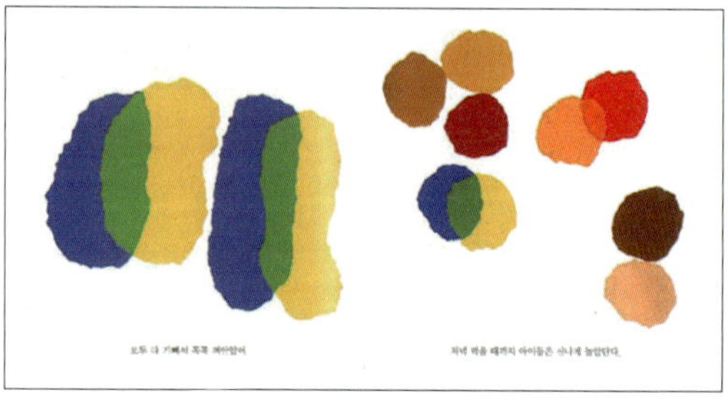

[그림 1-2-42] 『파랑이와 노랑이』
레오 리오니 글 · 그림/이경혜 역/물구나무/2003

형태(form)는 원근법에 기초한 입체적인 모양을 의미한다. 입체적 모양으로 된 그림책은 표현된 인물이나 배경을 사실적으로 느껴지게 한다. 『아기 오리들한테 길을 비켜 주세요』는 오리 부부가 아기 오리를 낳을 곳을 찾는 과정과 아기 오리를 낳아 기르는 과정을 담은 그림책이다. 오리 부부의 모습이나 오리 가족의 모습이 마치 인간 가족처럼 사실적으로 느껴지는 것은 배경이 되는 보스턴의 거리를 원근감을 살려 그림으로써 실제 보스턴 거리를 걷고 있는 오리처럼 보이기 때문이다.

[그림 1-2-43] 『아기 오리들한테 길을 비켜 주세요』
로버트 맥클러스키 글 · 그림/이수연 역/시공주니어/1993

6. 질감(texture)

로이스 피흐너-라투스는 질감에 대해 "여러 가지 물질 표면의 재질적인 특징으로, 예술가들은 작품 표현에서 질감으로 감상자들의 감정과 흥미를 유발한다."라고 하였다(윤민희, 2008, 재인용). 그림책에서 질감은 매체의 종류에 따라 달라질 수 있는데, 곰브리치는 "이미지는 그 이미지를 제시하는 매체보다 더 많은 정보를 우리에게 줄 수 없다."라며 매체의 중요성을 강조하였다(Nodelman, 2011). 그림책의 매체는 이차원의 표면에 거침, 부드러움, 밋밋한, 섬세함, 무름, 견고함, 차가움, 따뜻함 같은 느낌을 부여한다. 현대의 그림책 중에는 한 가지 매체만 사용하지 않고 여러 매체를 함께 사용하는 것들이 많다. 유아와 그림책에서 사용한 매체의 느낌을 감상하거나 같은 매체로 미술활동을 할 수 있다.

1) 목탄

[그림 1-2-44] 『말괄량이 기관차 치치』
버지니아 리 버튼 글 · 그림/홍연미 역
/시공주니어/1993

목탄은 가장 오래된 매체 중의 하나로, 목탄으로 그린 그림책은 『말괄량이 기관차 치치』, 『숲 속에서』(매리 홀 엣츠), 『모두 행복한 날』, 『석굴암』이다. 『그림자 놀이』는 목탄으로 그린 먹선 위에 하얀색, 노란색, 검은색이 들어간 스프레이 기법을 활용하였다.

2) 연필

연필은 밑그림을 그리는 데 사용되기도 하고, 그 자체로 완성된 그림을 그리는 데 사용되기도 한다. 연필만으로 그린 그림책은 필선이 섬세하여 물감 그림과 아주 다른 느낌을 준다. 크리스 반 알스버그와 스티븐 개멀은 각자의 개성이 두드러진 연필그림의 대가라고 할 수 있다. 알스버그는 『마법사 압둘 가사지의 정원』에서 고전적인 데생 그림의 품격을 보여 준다. 그 외에 『무엇이 무엇이 똑같을까?』, 『나랑 같이 놀자』, 『뒷집 준범이』처럼 연필로 그림을 그린 다음 색연필이나 물감으로 색을 칠한 그림책도 있다.

[그림 1-2-45] 『마법사 압둘 가사지의 정원』
크리스 반 알스버그 글 · 그림/정회성 역/비룡소/2019

[그림 1-2-46] 『뒷집 준범이』
이혜란 글 · 그림/보림/2011

3) 펜

『여섯 사람』은 예리한 펜 선으로 전쟁의 원인을 표현하였고, 『별나게 웃음 많은 아줌마』는 지상 세계는 펜으로, 지하 세계는 펜과 잉크로 그려서 현실과 환상의 두 세계에서 벌어지는 일을 비교하며 감상할 수 있게 해 준다.

[그림 1-2-47] 『별나게 웃음 많은 아줌마』
아를린 모젠 글 · 블레어 렌트 그림/이미영 역/물구나무/2003

4) 색연필

『곰』, 『눈사람 아저씨』, 『장화 신은 고양이』는 색연필의 따뜻하면서도 섬세한 특징을 잘 살린 그림책이다.

[그림 1-2-48] 『곰』
레이먼드 브릭스 글 · 그림/박상희 역/비룡소/2000

[그림 1-2-49] 『눈사람 아저씨』
레이먼드 브리그스 지음/마루벌/1997

5) 수채 물감

수채 물감으로 그린 그림책은 『이상한 화요일』, 『구름공항』, 『작은 집 이야기』, 『당나귀 실베스터와 요술 조약돌』, 『엄마의 의자』, 『내가 아빠를 얼마나 사랑하는지 아세요?』, 『토끼 아저씨와 멋진 생일 선물』, 『모기는 왜 귓가에서 앵앵거릴까?』이다. 물감이 번진 흔적이 그대로 드러난 그림책의 경우, 등장인물들의 정서가 더욱 짙게 묻어난다.

[그림 1-2-50] 『엄마의 의자』
베라 윌리엄스 글 · 그림/최순희 역/시공주니어/1999

[그림 1-2-51] 『내가 아빠를 얼마나 사랑하는지 아세요?』
샘 맥브래트니 글 · 그림/김서정 역/베틀북/1997

6) 구아슈

구아슈는 불투명 수성 물감으로, 물에 녹는다는 점에서는 수채화에 가깝고, 밑의 그림을 완전히 덮어 버린다는 점에서는 유화에 가깝다. 『소피가 화나면, 정말 정말 화나면』, 『나무는 좋다』, 『태양으로 날아간 화살』은 구아슈로 그린 그림책이다.

7) 템페라

템페라화는 서양 회화기법 가운데 가장 오래된 것으로 프레스코 기법과 대비된다(백과사전). 프레스코 기법은 안료에 물을 섞어 그리는 데 반해, 템페라화는 안료에 액체 보조제를 섞어 그리는 것이다. 전통적으로 계란을 보조제로 섞어 썼지만, 오늘날에는 수용성 유액, 특히 노른자와 물을 쓴다. 템페라로 그린 그림책은 『괴물들이 사는 나라』이다.

8) 아크릴

아크릴은 수성 물감이지만 불투명 효과를 보여 주는 매체고, 수채화처럼 섬세하면서도 유화 같은 힘을 보여 주는 매체다(Stewig, 1995). 그리고 수용성 물감이므로 기름 보조제를 사용하는 유화와 비교해 빨리 마르고, 덧칠이 가능하다. 『미스 럼피우스』, 『달구지를 끌고』, 『꼬리를 돌려주세요』는 아크릴을 사용하였고, 『안 돼, 데이빗』은 아크릴과 색연필을 사용하였다.

9) 유채 물감

유채 물감으로 그리는 유화는 잘 마르지 않아 그림책에는 별로 사용되지 않는데, 해당 그림책은 『에디에게 잘 해주렴』, 『세상에서 가장 큰 여자 아이 안젤리카』, 『이상한 자연사 박물관』이다.

10) 파스텔

빛깔 있는 가루 원료를 미량의 점착제와 흰 점토 또는 고무 용액으로 걸쭉하게 굳힌 것으로, 굳기에 따라 여러 종류가 있고 색깔 수도 몇백 가지가 된다. 입자가 부드럽고 불투명하며, 점착제가 들어 있어 덧칠할 수 있다는 특색이 있다. 『세상에서 제일 넓은 집』은 펜과 파스텔로 그린 그림책이다.

11) 콜라주

콜라주 기법은 깊이감을 만들기에는 한계가 있고, 크게 세 가지로 나눌 수 있다(Prudhoe, 2003). 그것은 종이를 자르고 찢어 붙이는 방법, 사진 몽타주 방법, 입체 콜라주(texture collages and collage constructions) 방법이다.

종이를 자르고 찢어 붙이는 방법으로 만들어진 그림책은 『눈 오는 날』, 『휘파람을 불어요』 등 에즈라 잭 키츠의 많은 작품과 『프레드릭』, 『알렉산더와 장난감 쥐』 등 레오 리오니의 많은 작품, 그리고 『아빠는 1등만 했대요』, 『일곱 마리 눈먼 생쥐』 등이다. 사진 몽타주 방법은 인쇄 매체에서 사진이나 그림을 옮겨 붙이는 것으로, 『요셉의 작고 낡은 오버코트가…?』가 이에 속한다. 입체 콜라주는 종이뿐 아니라 단추, 헝겊, 곡식, 나무껍질같이 입체적인 것들을 붙이는 기법으로, 『해와 달이 된 오누이』, 『나비 엄마의 손길』 같은 그림책이 이 기법을 사용하였다.

[그림 1-2-52] 『요셉의 작고 낡은 오버코트가…?』
심스 태백 글 · 그림/김정희 역/베틀북/2000

[그림 1-2-53] 『나비 엄마의 손길』
크리스티앙 볼츠 글 · 그림/이경혜 역/한울림어린이/2008

12) 사진

『구름 나라』와 『내 토끼 어딨어?』는 사진을 배경으로 콜라주를 한 그림책이고, 『구름빵』은 작가가 만든 인물과 소품을 세트로 놓고 사진으로 찍어 입체감을 살린 책이다.

[그림 1-2-54] 『구름 나라』
존 버닝햄 글 · 그림/고승희 역/비룡소/1997

[그림 1-2-55] 『구름빵』
백희나 글 · 그림/한솔수북/2004

13) 판화

(1) 목판화

목판화는 양각 인쇄를 한다. 양각은 나중에 찍히지 않을 부분을 파내는 것으로서, 리놀륨도 양각 인쇄를 한다. 찍힐 부분은 불룩 나와 있고 그 부분을 잉크로 민다. 잉크가 묻은 판에 종이를 놓고 종이 뒤를 문지르거나 눌러서 압력을 가한다. 목판화는 굵고 강한 느낌을 주며, 색과 작은 무늬 표현도 가능하다. 목판화 그림책은 『호랑이와 곶감』, 『배나무 할아버지』, 『연못 이야기』, 『모치모치 나무』, 『아기곰의 가을 나들이』, 『이야기 이야기』, 『개구리네 한솥밥』이다. 『아모스 할아버지가 아픈 날』, 『봄이다!』는 연필로 섬세한 그림을 그린 뒤 그 위에 목판화로 색을 덧입힌 그림책이다.

[그림 1-2-56] 『호랑이와 곶감』
위기철 글 · 김환영 그림/국민서관/2004

(2) 동판화(에칭)

동판을 판재로 하는 판화의 총칭이다. 동판화는 목판화를 뒤이은 판화법으로, 목판화는 민중 예술적 정취를 갖는 데 비해 동판화는 기술자의 기술에서 유래되어 귀족들이 좋아했다(신명호, 1994). 『꼬마 돼지의 불끄기 대작전 29』, 『꿀!』, 『아기 쥐가 잠자러 가요』는 동판화 그림책이다.

[그림 1-2-57]『꼬마 돼지의 불끄기 대작전 29』
아서 가이서트 글 · 그림/길미향 역/보림/2007

[그림 1-2-58]『꿀!』
아서 가이서트 글 · 그림/편집부 역/사계절/2011

(3) 석판화

석판화는 기름과 물의 반발 작용을 이용한 것으로서, 종이 위에 그림을 그리는 것과 같은 방식으로 판면에 그림을 그려서 판에 찍는 것이다.『길 아저씨 손 아저씨』가 이에 해당하고, 단색의 석판화 그림책으로『검은 새』, 세피아 느낌의 선이 살아 있는 그림책으로『아기 오리들한테 길을 비켜 주세요』,『수달이 오던 날』을 꼽을 수 있다.

[그림 1-2-59]『길 아저씨 손 아저씨』
권정생 글 · 김용철 그림/국민서관/2006

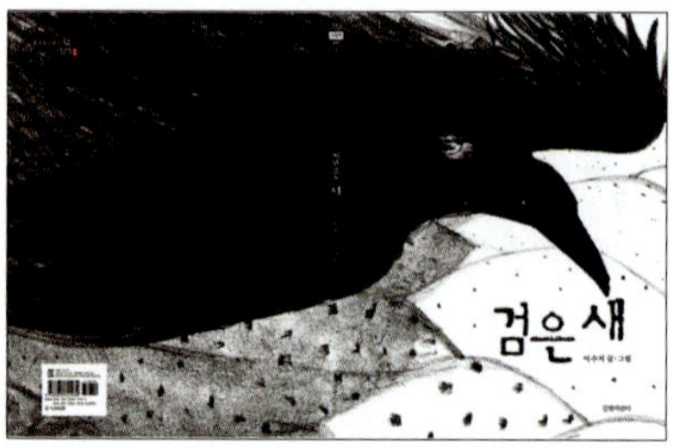

[그림 1-2-60]『검은 새』
이수지 글 · 그림/길벗어린이/2007

정리 및 탐구

1. 각자 좋아하는 그림책을 가져와서 모둠별로 다음과 같은 대화를 차례대로 나누어 봅시다.
   1) 그 그림책을 좋아하는 이유를 자신의 경험과 관련지어 이야기해 봅시다.
   2) 특히 인상 깊거나 감동적인 장면이나 말, 또는 그림은 어떤 것이었는지 이야기해 봅시다. 그것을 이 장에서 배운 문학적 요소, 주변텍스트, 글과 그림의 관계, 예술적 요소에 대한 지식을 활용하여 이야기해 봅시다.
2. 각자 좋아하는 그림책을 가져와서 교과서 내용에 따라 그 특징을 살펴봅시다.
   1) 주제는 무엇인가요?
   2) 등장인물들의 표정, 몸짓, 크기, 말투, 대화 등을 통해 그들은 어떤 성격의 인물인지 알아봅시다. 내가 경험한 인물 중 비슷한 인물이 있나요? 등장인물 간의 관계는 어떤가요? 그것을 어떻게 알 수 있나요?
   3) 배경은 언제 어디인가요? 그것은 어떻게 표현되어 있나요? 어떤 느낌인가요?
   4) 어떤 종류의 플롯인가요? 더 재미있는 다른 방식의 플롯으로 바꾼다면 이야기는 어떻게 달라질까요?
   5) 문체는 어떤가요? 문체가 마음에 드나요?
3. 자신이 소개하는 그림책의 주변텍스트, 글과 그림의 관계, 예술적 요소 중 특별히 잘 표현되었다고 평가하는 부분을 찾아봅시다. 그리고 이에 대해 유아는 어떻게 감상할지, 유아에게 어떻게 읽어주면 좋을지 서로 의견을 나누어 봅시다.
4. 이 장에 소개된 그림책 중 해당 장면이 없는 것을 찾아 교과서의 내용을 확인해 봅시다.

CHAPTER 3.

유아문학의 역사

I 한국의 유아문학 역사

현재 한국 최초의 근대적 의미의 그림책은 김인평의 『창경원』(1962)으로 알려져 있다(류재수, 1985; 조은숙, 2006). 이후 1990년대부터 창작 그림책 출판이 활성화되기 시작하였다. 이에 따라 본서에서는 1960년 이전, 1960~1980년대, 1990년 이후로 시대를 나누고, 이를 기준으로 한국 아동문학 역사를 고찰하면서 그림책의 발전 과정을 중심으로 한국 유아문학의 역사를 살펴보았다.

A. 1960년대 이전

『삼강행실도』(초간본은 1434년, 한글 번역이 달린 언해본은 1489년)는 조선 시대의 아이를 포함하여 전 국민을 대상으로 유교의 삼강윤리를 가르치기 위해 만든 윤리 도덕 교과서로, 효자, 충신, 열녀 각각 110명씩 총 330명의 행적을 기록한 것이다. 강미희

(2003)는 글과 그림의 비중이나 그림의 역할, 글과 그림의 배치, 교육성, 예술성, 문학성 등 9가지를 기준으로 분석한 결과, 삼강행실도가 그림책의 특징에 걸맞다는 평가를 하였다. 조은숙(2006) 또한 『삼강행실도』는 앞 장에 그림이 있고 책장을 넘기면 행적이 나오는 형식으로 되어 있는데, 일반 백성들이 그림을 통해 흥미를 느낀 후에 글을 통해 그림의 설명을 읽게 의도했다는 점에서 그림책으로서의 가치가 있다고 평가하였다.

한국의 초기 아동문학에서 잡지는 매우 중요한 역할을 하였다. 육당 최남선은 최초의 근대적 아동 잡지인 『소년』(1908년)과 이후 『붉은 져고리』(1913, 통권 12호), 『아이들 보이』(1913~1914, 통권 12호), 『새별』(1913~1915, 통권 16호) 등을 창간하였는데, 이는 한국 아동문학의 발판 역할을 하였다(이재철, 1989). 소파 방정환은 1922년 5월 1일에 어린이날을 제정할 것을 주창하고, 그해 최초의 세계 명작동화집 『사랑의 선물』을 출간하였다. 이 책에는 「산드룡의 류리구두」, 「잠자는 왕녀」, 「꽃 속의 작은 이」, 「왕자와 제비」 등의 번안 동화 10편이 실렸으며, 어린이를 위한 최초의 동화책이라는 점에서 의의가 있다. 1923년에는 우리나라 최초의 본격적인 아동 문예지인 『어린이』(1923~1934, 통권 122호)를 창간하여 아동문학사에 본격적인 아동문학 시대의 출발을 알리고 이후 동요 황금시대와 아동 잡지의 전성기를 이루었다(이재철, 1989; 조은숙, 2006). 또한, 1923년에는 우리나라 최초의 순수 창작동화인 마해송의 『바위나리와 아기별』이 출판되었는데, 이것은 1998년 정유정의 그림으로 그림책으로 만들어진 바 있다. 그밖에도 『신소년』, 『새벗』, 『아이생활』, 『별나라』 등 다양한 잡지의 출간으로 근대 아동문학이 형성되기 시작하였다.

1930년대에 접어들면서 프로 아동문학이 극에 이르러 다분히 목적 의식적 정치문학 운동이 일어났지만, 동시에 종래의 주관적 동심주의 사조나 민족의식으로만 기울었던 아동 문학관으로부터 탈피하는 한편, 사회적 현실주의 사조나 프로문학으로부터 탈피하여 비교적 순수한 예술적 문학관을 지향하는 움직임도 있었다. 이재철(1989)은 1930년에서 1940년을 근대적 아동문학이 전개된 시기라면서 이 시기에 아동문학의 전문성 제고의 분위기가 형성되었고, 동시와 동요의 장르 자각에 진전이 있었으며, 유능한 전문 아동문학가들이 태어났다고 하였다. 1931년에는 우리나라 최초의, 아동문학사에서 기념비적인 일로 평가되는 윤석중의 개인 동시집 『잃어버린 댕기』가 나왔지만, 산문 문학은 전래 된 옛이야기를 개작하거나 재구성하는 정도에 머물렀다.

1940년대부터 1960년까지는 해방과 전쟁으로 모든 분야에서 혼란이 있었고, 좌익과 우익의 대립이 심했고, 율문 문학이 쇠퇴하고 산문 문학이 우위를 차지하였으며, 대중적 아동문학이 싹트기 시작했다(이재철, 1989). 특히, 전쟁 이후에는 통속적인 만화와 소설 등이 급격하게 증가함에 따라 아동문학계가 오염되는 한편, 순수 아동문학가들의 활동도 계속되어 강소천, 마해송, 이원수, 김요섭, 신지식 등 동화작가의 작품과 주평의 동극집 『파랑새의 죽음』(1958)이 순수 아동문학의 맥을 이었다(이재철, 1983).

B. 1960~1980년대

1960년대부터 아동문학이 회복되는 과정에서, 아동문학단체가 결속하여 본격 아동문학 문단이 형성되었다. 그리고 비록 난해성의 문제점이 드러나기는 했지만, 순수시를 추구하는 움직임이 있었으며, 다양한 아동문학상이 제정되어 어린이 책 발전에 큰 영향을 미쳤던 시기로 볼 수 있다. 다른 한편으로, 한국 전쟁 이후 경제 성장을 위해 국가가 어린이 책 출판과 독서 활성화 정책을 주도하던 때였기에 강소천, 소파 등 개인 전집 및 세계 명작 시리즈 출판이 활성화되었다(이재철, 1989). 아직 저작권법이 발효되기 전이라 일본의 학습물 위주의 책을 각색, 복제한 그림책이 많이 양산되었던 때이다(류재수, 1985).

현재까지 알려진 자료로 볼 때, 최초의 근대적 의미의 그림책은 김인평이 1962년 그린 『창경원』으로 알려져 있다(류재수, 1985). 이 그림책은 대담하고 간결한 필치의 일러스트레이션으로 일본의 조형 양식을 많이 탈피하고 있다는 평을 받는다. 특히, 실감 나는 일러스트레이션과 함께 내용을 창작한 그림책이라는 점에서 그 의미가 더욱 크다. 1966년 계몽사에서 출판한 『어깨동무 씨동무』는 양쪽 펼침면마다 컬러 그림에 동요 한 편을 소개한 책이고, 1967년에 정일 출판사에서 출간한 『어린이 그림 위인전 시리즈』는 유아까지 염두에 둔 책 꼴의 그림책이다. 『창경원』의 출판사인 진성당은 이후에 한문당으로 이름을 바꾸고, 1968년부터 1974년까지 『창경원』과 같은 형식의 유아용 그림책을 몇 권 더 출간하였다(조은숙, 2006).

1970년대 아동문학사에 나타난 특징을 보면, 1960년대에 있었던 순수시를 추구하고자 했던 경향을 문제라 여기고 '아동을 위한 시'로의 접근이 활발해졌고, 강한 주제 의식을 담은, 특히 전통성을 재창조하고자 하는 의지가 담긴 동화들이 강세를 보였다. 특히, 서민적 바탕 위에서 문학의 본질을 추구하고자 하는 이영호, 권정생의 작품이 두드러진다. 또한, 이오덕, 이상현 등에 의한 비평이 아주 활발하게 이루어진 시기다(김현희 외, 2016). 1973년에 김인평이 그린 『그림 붙은 위인 이야기-성웅 이순신』이 출판되었고, 1974년 어효선 글 · 김희준 그림의 『어린이 대공원』이 출판되었다. 1978년에 출판된 『재미있는 그림동화』는 이 시기 그림책의 전형적 형식으로, 큰 활자체에 그림이 들어가 있다. 1960년대에 전집물이 주를 이루던 경향은 여전하여 이 시기에도 디즈니 캐릭터가 담긴 애니메이션 그림책이 유행하였다(조은숙, 2006).

1980년대에는 유아교육에 관한 관심으로 인지발달을 목표로 하는 유아용 그림책과 학습 위주의 전집물 출판이 매우 활발하게 이루어졌다. 『재미있는 어문각 픽처북스 시리즈』의 하나인 『전래동화 시리즈』(1981)(전 12권)는 국내 최초로 출판사와 그래픽 디자이너가 공동 기획해서 제작한 그림동화집으로, 그림책 제작 과정에 전문 디자이너가 참여함으로써 종래에 글만 중시하던 경향을 탈피하고자 했다는 데에 의의가 있다. 동화출판공사에서 나온 『그림나라 100 시리즈』는 1981년부터 1989년까지 세 차례에 걸쳐 60권이 만들어졌는데, 순수 미술 영역에서 활동하던 화가와 김동리, 최인훈, 이청준, 박완서, 강은교, 윤흥길 등과 같은 우리 문단의 중요한 작가들이 참여함으로써 우리나라 그림책 분야에 신선한 자극이 되었다. 웅진출판사에서 나온 『어린이 마을』은 총 12권으로 구성된 시리즈이며, 당시로는 파격적인 시간과 자본을 투자한 국내 최초의 아동용 종합 창작 도서로, 이 작업에 참여했던 화가, 디자이너, 기획자, 편집자 다수가 이후 각계의 어린이 책 창작 작업에 적극적으로 참여하며 우리나라 창작 그림책 작업에 영향을 끼쳤다. 이 세 가지 전집물은 어린이 책에서 그림을 중시한 움직임이 반영된 결과물로, 우리나라 출판 일러스트레이션을 활성화한 업적으로 평가받고 있다(조은숙, 2006).

어린이 책에 그림을 그리는 그림 작가들이 단체를 만들고, 일러스트레이션을 시각 미술의 하나로 자리매김하기 위해 활동하기 시작한 것도 이즈음이다. 일러스트레이션 관련 전시를 활발하게 진행하고 책에 들어가는 그림을 '삽화'의 개념에서 벗어나 좀 더 전문적인 용어인 '일러스트레이션'으로 바꾸어 부르고자 노력하였다(조은숙, 2006).

『백두산 이야기』(류재수, 1988)는 최초의 단행본 창작 그림책으로, 당시 어린이 그림책 일러스트레이션의 새로운 사례가 되었다. 우리 민족에게 재앙이 있을 때마다 다시 올 것이라는 믿음을 주는 백두 거인의 신화를 담고 있다. 장중하면서도 역동적인 그림, 청룡과 백호, 주작, 수렵도와 같은 전통적 소재의 활용, 이에 더해진 현대적 느낌의 이미지와 대담한 구성이 돋보이는 그림책이다.

[그림 1-3-1] 『백두산 이야기』
류재수 글 · 그림/보림/2009

C. 1990년대~현재

1. 1990년대

1987년 국내 저작권법이 세계저작권 협약을 수용하고 1989년, 1994년, 1995년 세 차례에 걸쳐 개정되면서 국내외 저작물의 무단 복제 출판 관행이 단절되었다(조은숙, 2006). 이에 따라 1990년대에는 주로 영미권과 일본에서 유명 문학상을 받았거나 시장성이 검증된 작가들(존 버닝햄, 브라이언 와일드스미스, 하야시 아키코, 윌리엄 스타이

그, 에즈라 잭 키츠, 레이먼드 브릭스, 버지니아 리 버튼, 바바러 쿠니, 레오 리오니, 가브리엘 뱅상 등)의 작품들이 대거 번역되어 출판되기 시작하였다.

1991년 「방문판매 등에 관한 법률」의 제정으로 전집물 출판이 위축됨에 따라 1990년대부터는 단행본 창작 그림책의 토양이 차차 마련되었고(조은숙, 2006), 1990년대 중반부터 국내 작가의 그림책 창작활동이 활성화되었으며, 어린이 책 전문 출판사와 어린이 책 전문 서점이 생겼고, 그림책에 대한 비평 집단이나 그림책을 연구하는 집단들이 생기기 시작하였고, 그림책 이론서도 나오기 시작하였다.

1994년에 출판된 『까막나라에서 온 삽사리』(정승각, 1994)는 1990년 중반부터 한국 창작 그림책이 활성화되는 데 포문을 연 작품으로, 주인공인 불개가 청룡과 백호와 싸워 이기고 빛이 없는 나라에 해와 달의 빛을 갖고 돌아온다는 이야기다. 흑색, 적색, 백색, 청색, 황색의 다섯 가지 색, 금박가루를 아교풀에 갠 금니로 고구려 벽화의 사신과 전통 문양을 그려 넣은 그림은 유아에게 이제까지와는 다른 미학적 체험을 하게 해 주고, 문화적 정체성을 일깨워 준다(김환희, 2009).

[그림 1-3-2] 『까막나라에서 온 삽사리』
정승각 글 · 그림/초방책방/1994

이듬해 나온 『만희네 집』(권윤덕, 1995)은 아파트 생활을 하는 현대 어린이들에게 마당과 장독대가 있는 주택의 공간을 보여 준다. 이 그림책은 다음 장면에 나올 장소를 앞장에 흑백으로 그려서 다음 장면을 미리 암시하고 있는데, 이것은 장면 간의 유기성을 꾀한 장치라고 할 수 있다(2장의 C. 글과 그림 관계 참조). 『솔이의 추석 이야기』(이억배, 1995)에는 추석 명절 귀경길, 음식 준비, 달맞이, 차례, 성묘 등의 모습이 재현되어 있다. 추석 다음 날 서울로 올라가는 자식들을 위해 컴컴한 새벽에 밥을 지으시는 할머니 모습의 그림은 글로 표현되지 않은 이야기를 감성적인 어조로 이야기한다.

『강아지똥』(권정생 글 · 정승각 그림, 1996)은 스스로 보잘것없는 존재라 여기던 강아지똥이 민들레꽃을 피우는 과정을 담은 감동적인 그림책이다. 원래 동화로 창작되었던 작품을 글 작가인 권정생이 그림책에 맞게 글을 쓰고 정승각이 그림을 그렸다. 이후 애니메이션으로도 만들어지고 뮤지컬이나 인형극으로도 공연되었다.

[그림 1-3-3] 『강아지똥』
권정생 글 · 정승각 그림/길벗어린이/1996

『도토리 계절 그림책 시리즈』(윤구병 글 · 이태수 그림, 1997~2000)는 계절별로 농촌의 풍경을 세밀하게 표현하여 '세밀화'라는 이름으로 불리기도 하였고, 박은영의 『기차 ㄱㄴㄷ』(1997)과 『준영 ㄱㄴㄷ』(1997)은 학습지 형식을 벗어나 그림책으로서의 예술성을 갖춘 첫 번째 한글 글자 그림책이라 할 수 있다. 『아씨방 일곱 동무』(이영경, 1998)는 「규중칠우쟁론기」라는 고대수필을 내용으로 하였는데, 당시로는 드물게 내용과의 관련성을 고려하여 앞표지, 뒤표지, 면지를 연출한 작품이라 할 수 있다.

2. 2000년대

2000년대에는 1990년대에 비해 창작 그림책이 매우 증가하였고 볼로냐 라가치상의 수상을 비롯하여 세계적으로 우리나라 그림책이 인정받기 시작하였다. 번역 그림책의 경우, 1990년대에 비해 훨씬 다양한 국가, 다양한 작가들의 다양한 양식의 그림책들이 소개되었고, 최근에는 외국에서 유명한 상을 받았거나 인기 있는 작가의 그림책의 경우, 해당 국가에서 출판되는 것과 별 시간 차이 없이 국내에 번역되어 소개되는 경향이다.

창작 그림책의 경우를 보면, 작가별로 개성이 돋보이면서도 유아의 흥미를 끌 만한 그림책이 다양하게 나왔다. 『도대체 그 동안 무슨 일이 일어났을까?』(이호백, 2000)는 베란다에 있던 토끼가 집 안으로 들어와 여러 가지 놀이를 즐기는 내용인데, 글 내용에 덧붙여 토끼가 집 안 곳곳에 똥을 싸고 다니는 그림 속 사건이 독자를 즐겁게 한다(2장의 C. 글과 그림 관계 참조). 『동강의 아이들』과 『숲 속에서』는 두 권 모두(김재홍, 2000) 자연 속 아이들을 표현하였다. 이들 그림책 속 동강이나 숲속에 엄마나 아빠의 모습, 또는 동물의 모습이 감춰져 있어 이것들을 찾으면서 보는 재미가 있다. 글 없는 그림책인 『노란 우산』(류재수, 2001)은 비 오는 날에 아이들이 색색의 우산을 들고 학교로 가는 풍경을 담고 있다. CD에 수록된 음악을 함께 들으면 우산의 움직임이 만드는 조형미와 음악의 리듬감이 어우러져 풍부한 상상을 가능하게 한다. 『비가 오는 날에…』(이혜리 지음 · 정병규 꾸밈, 2001)는 비 오는 날, 심심해하던 동물들의 신나는 놀이 모습을 담고 있다. 비 오는 모양이나 비의 세기, 동물의 동작을 몸으로 표현하며 읽을 수 있다. 『으악, 도깨비다!』(손정원 글 · 유애로 그림, 2002)는 장승을 의인화하여 그들의 우정을 그려냈다. 도깨비, 장승, 옹기 등 우리 문화를 이야기와 함께 접할 수 있다. 『감기 걸린 날』(김동수, 2002)은 꿈속에서 오리에게 자신의 오리털 점퍼의 털을 나누어 준 후 감기가 든 이야기다. 아이의 일기 형식의 글로 되어 있어 신선함을 더해 준다.

『시리동동 거미동동』(권윤덕, 2003)은 제주도 배경의 꼬리말 잇기를 선명한 색, 간결한 그림으로 표현하였고, 『훨훨 간다』(권정생 글 · 김용철 그림, 2003)는 소박하고 익살맞은 표정의 인물 그림에 구수하고 해학이 넘치는 내용을 담은 옛이야기 그림책이다. 두 그림책 모두 아이들과 함께 가락을 붙이며 읽거나 동작을 곁들이며 읽기에 좋다. 『구름빵』(백희나, 2004)은 구름으로 만든 빵을 먹은 아이들(고양이를 의인화)이 하늘을 날아오르는 유쾌한 상상을 담고 있으며, 그림의 크기나 배치가 다양하여 시각적 즐거움을 준다. 인형극이나 뮤지컬로도 공연되고 갖가지 캐릭터 상품도 출시되면서 그림책의 대중화를 이끄는 견인차가 되었다.

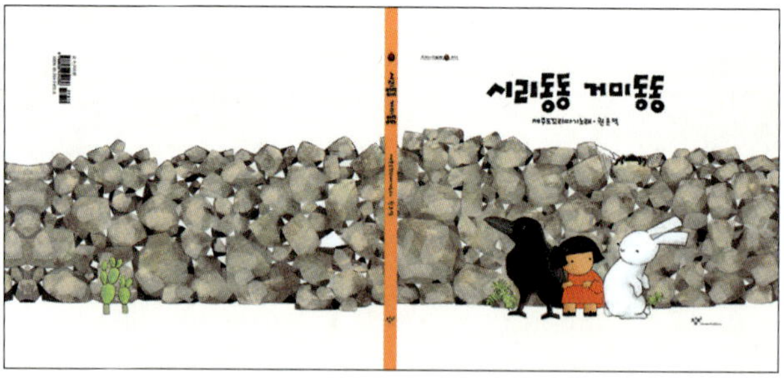

[그림 1-3-4]『시리동동 거미동동』
권윤덕 글 · 그림/창작과비평사/2003

[그림 1-3-5]『구름빵』
백희나 글 · 그림/한솔수북/2004

『엄마 마중』(이태준 시 · 김동성 그림, 2004)[1]은 원래의 시 내용에는 없지만, 엄마와 아이가 만나는 그림 장면을 첨가하여 유아에게 안도감을 주는 그림책으로 재창조되었다.『넉 점 반』(윤석중 시 · 이영경, 2004)은 엄마 심부름에 나선 아이가 주변에 대한 궁금증으로 여기저기 구경하느라 늦게서야 나타나는 내용이다. 두 그림책 모두, 추가된 마지막 그림 장면을 보며 다음 이야기를 지어 읽을 수 있다(2장의 C. 글과 그림 관계 참

1)『엄마 마중』은 2004년에 한길사에서 출판되었으나 2013년부터 보림에서 출판되고 있음.

조). 『동물원』(이수지, 2004)은 부모와 동물원에 놀러 간 아이의 이야기를 담고 있다. 글과 그림이 아이의 환상 세계와 현실 세계를 각각 담고 있어서 이 둘을 통합하며 읽을 수 있다(이에 대해서는 http://cafe.daum.net/picturebookedu의 서평을 참조).

『누구야?』(정순희, 2005)는 천을 바느질하여 만든 그림책으로, 토끼, 강아지, 고양이, 이구아나의 일부 그림을 보고 어떤 동물일지 추측하며 읽을 수 있다. 『괜찮아』(최숙희, 2005)는 스스로 자신의 장점을 발견하는 게 중요하다는 주제를 담고 있다. 묻고 답하는 두 박자 형식으로 구성되어 있어서 "괜찮아." 부분을 유아에게 읽게 하며 감상할 수 있다. 『지하철을 타고서』(고대영 글 · 김영진 그림, 2006)는 장난꾸러기 동생과 동생 때문에 애태우는 누나의 모습을 지하철을 타고 가는 과정에 담아 보여 준다. 이 그림책 이후 이들 남매(지원과 병관)를 중심으로 한 그림책이 계속 출판되고 있다. 『휘리리후 휘리리후』(한태희, 2006)는 바로 보아도 거꾸로 보아도 이야기가 되는 형식의 그림책으로, 놀이하듯 감상할 수 있는 그림책이다. 『행복한 우리 가족』(한성옥, 2006)은 가족의 즐거움과 편의를 위해 공공의 안락함이나 유익을 저해하는 가족 이기주의를 일상에 담아 보여 주고, 그 위험성에 대해 경고한다. 『어처구니 이야기』(박연철, 2006)는 다섯 방위를 상징하는 우리 고유의 색인 청, 백, 적, 흑, 황으로 의인화하여 궁궐 지붕에 붙어 있는 어처구니 이야기를 들려줌으로써 우리 문화에 대해 흥미를 갖게 해 준다(2006년 그림책의 경향에 대해서는 http://cafe.daum.net/picturebookedu의 서평, '2006년 그림책을 돌아보며'를 참조).

[그림 1-3-6] 『괜찮아』
최숙희 글 · 그림/웅진주니어/2005

[그림 1-3-7] 『지하철을 타고서』
고대영 글 · 김영진 그림/길벗어린이/2006

『호랑이 뱃속 잔치』(신동근, 2007)는 커다란 호랑이에게 잡아먹힌 여러 지역 사람들이 호랑이 뱃속에서 살아내는 옛이야기로, 과장되고 유머 담긴 내용과 지역별 사투리의 입말이 재미있다. 『라이카는 말했다』(이민희, 2007)는 처음으로 우주선을 탄 생명체인 라이카라는 개를 기리는 그림책이다. 현대문명에 대한 풍자와 함께 라이카에 대한 감사와 연민이 담겨 있다. 『아빠는 1등만 했대요』(노경실 글 · 김진화 그림, 2008)는 타임머신을 이용하여 환상 세계를 다녀오는 이야기다. 주인공 아이는 타임머신을 타고 아빠의 과거 어린 시절을 다녀온 후 아빠에 대해 동질감을 느끼게 된다. 『눈물바다』(서현, 2009)는 여러 가지 힘들었던 일로 눈물을 쏟은 후 오히려 기분이 좋아진 아이의 이야기를 담고 있다. 주인공 어린이의 마음에 공감하며 비슷한 경험을 나눌 수 있다. 『파도야 놀자』(이수지, 2009)는 바다에 놀러 간 아이가 파도를 놀이 대상으로 삼아 즐겁게 시간을 보내는 모습을 담고 있다. 제본선을 중심으로 아이와 파도가 펼치는 놀이 과정이 긴장과 카타르시스를 유발한다.

[그림 1-3-8] 『파도야 놀자』
이수지 지음/비룡소/2009

3. 2010년대

2010년대에는 2000년대에 비해 주제나 형식이 더욱 다양해졌다. 『도둑을 잡아라!』(박정섭, 2010)는 추리물을 연상시키는 그림책으로, 가정집에 든 도둑을 잡기 위해 유아와 함께 그림책이 제시하는 여러 가지 실마리를 주의 깊게 찾으며 읽을 수 있다. 『뒷집 준범이』(이혜란, 2011)는 이웃에 사는 조손 가정의 준범이에게 관심과 배려를 보여 주는 이웃 친구들의 모습을 담고 있다. 컴컴한 준범이의 방이 환해지는 변화로 이들의 마음이 서로에게 활짝 열렸음을 보여 준다. 『코끼리 아저씨와 100개의 물방울』(노인경, 2012)은 글 없는 그림책으로, 가족들에게 물을 길어다 주기 위해 여러 수난을 겪는 아빠 코끼리의 이야기를 유아와 함께 만들어 가며 읽을 수 있다. 『아빠! 머리 묶어 주세요』(유진희, 2013)에서 아이는 엄마가 동생을 낳느라 집을 비운 사이 아빠와 지내면서 한층 성장하는 모습을 보여 준다. 『위를 봐요!』(정진호, 2014)는 교통사고로 몸이 자유롭지 못한 아이가 다른 사람들의 배려로 웃게 되는 이야기다. 내려다보는 조망과 올려다보는 조망의 변화로 서로의 입장 차를 감각적으로 경험할 수 있게 해 준다.

[그림 1-3-9] 『뒷집 준범이』
이혜란 글 · 그림/보림/2011

[그림 1-3-10] 『코끼리 아저씨와 100개의 물방울』
노인경 글 · 그림/문학동네/2012

『수박 수영장』(안녕달, 2015)은 동네 사람들이 함께 들어가서 놀아도 될 만큼 큰 수박 수영장을 만들어 시원한 여름을 보내는 상상을 담은 그림책이다. 『할머니 엄마』(이지은, 2016)는 할머니가 손녀에게 베푸는 따뜻하고 넉넉한 사랑을 일상생활을 통해 보여 준다. 조부모 손에 자라는 손자녀가 많은 현 세태에 유아와 경험을 나누며 읽기에 좋은 그림책이다. 『알사탕』(백희나, 2017)은 상대방의 속마음을 듣게 해 주는 마법 사탕 덕분에 아이는 마음이 한층 자라고, 친구도 사귀게 된다는 이야기다. 『꽃을 선물할게』(강경수, 2018)는 거미줄에 걸린 무당벌레와 곰의 대화를 통해 그들의 마음이 되어 보고, 누구의 입장에 설 것인가를 생각하게 하는 그림책이다. 『쓰레기통 요정』(안녕달, 2019)은 머리에 장난감 보석 반지를 쓰고 냄새나는 쓰레기통에서 나온 요정이 사람들의 소원을 들어준다.

[그림 1-3-11] 『수박 수영장』
안녕달 글 · 그림/창비/2015

[그림 1-3-12] 『알사탕』
백희나 글 · 그림/책읽는곰/2017

그림책 출판이 본격적으로 활성화된 1990년대부터 현재까지 나타난 한국 창작 그림책의 특징을 살펴보면 다음과 같다.

첫째, 한국 문화 찾기에 대한 열정이다. 『백두산 이야기』(류재수, 1988)와 『까막나라에서 온 삽사리』(정승각, 1994)는 우리의 신화와 전설을 내용으로, 한국적 매체를 활용하여, 즉 명실상부 한국적 이야기자 한국적 이미지로 우리나라 현대 창작 그림책의 새 지평을 열었다. 이어서 한국의 역사와 문화를 소재로 하여 1995년부터 발행된 『솔거나라』나 『우리 문화 그림책』(2001~2017), 『잃어버린 자투리 문화를 찾아서』 시리즈(2003~2013) 등도 그러하다. 또한, 『옛이야기 그림책 까치 호랑이』(1997~2012)나 『두껍아 두껍아 옛날 옛적에』(1998~2013) 등은 전통사회부터 이어오던 우리의 옛이야기를 찾고자 기획된 그림책들이다. 이처럼 많은 그림책이 한국의 전통 이야기와 문화를 담았고, 이것들은 대체로 시리즈로 기획되는 경향이다. 그러나 앞으로 어린이들이 한국 문화에 더욱 친근하게 다가서게 하려면 전통문화를 어린이들에게 알려 줄 목적으로 만들어지는 정보 그림책이나 옛이야기 그림책을 넘어서야 한다. 『으악, 도깨비다!』(2002)나 『어처구니 이야기』(2006), 『한밤중 개미 요정』(2016)처럼 소재만 전통문화에서 가져오고 재미있는 내용과 이미지로 녹여낸 그림책이나 최근 출판된 『겁쟁이 이산』(2018), 『점동아, 어디 가니?』(2018)처럼 한 인간으로서의 굳은 의지와 진실한 마음이 어린이들에게 쉽게 다가갈 수 있게 만들어진 역사 속 인물 그림책도 더 많이 출판되길 기대한다.

둘째, 이미 있던 아동문학 작품이 그림책으로 새롭게 태어났다. 『강아지똥』(권정생 글 · 정승각 그림, 1996)을 비롯하여 『바위나리와 아기별』(마해송 글 · 정유정 그림, 1998), 『만년샤츠』(방정환 글 · 김세현 그림, 1999), 『황소와 도깨비』(이상 글 · 한병호 그림, 1999), 『고양이』(현덕 글 · 이형진 그림, 2000), 『메아리』(이주홍 글 · 김동성 그림, 2001), 『모기와 황소』(현동염 글 · 이억배 그림, 2003) 등이 그러하다. 이야기 그림책 외에 『넉 점 반』(윤석중 시 · 이영경 그림, 2004), 『엄마 마중』(이태준 글 · 김동성 그림, 2004), 『영이의 비닐우산』(윤동재 시 · 김재홍 그림, 2005), 『준치가시』(백석 시 · 김세현 그림, 2006), 『쨍아』(천정철 시 · 이광익 그림, 2008), 『강아지와 염소 새끼』(권정생 시 · 김병하 그림, 2014) 같은 시 그림책도 있다. 그 외에 『새는 새는 나무 자고』(정순희, 2006), 『잘잘잘 123』(이억배, 2006), 『석수장이 아들』(권문희, 2007)처럼 전래동요 텍스트로 그림책을 만든 예도 있다. 최근에는 현대 아동문학가 권정생의 동화를 텍스트로 한 '권정생 문학 그림책'이 2015년부터 출판되고 있다. 물론, 문학성이 있으나 미처 독자들의 관심을 받지 못한 작품을 더욱 폭넓은 독자층에서 감상할 수 있게 그림책으로 창작하는 일은 필요하겠지만, 그림책이 독자적인 표현 장르로 자리 잡은 이상, 그림책으로 표현할 수 있는 다양한 내용과 형식에 대한 고민도 계속 이어져야 할 것이다.

셋째, 그림책 작가군이 생겼다. 어린이 책 분야에서 삽화가로 불리다 1980년대부터 일러스트레이터로 불리던 작가 중, 1990년대가 되면서 그림책의 글과 그림 작업을 모두 하는 작가 그룹이 생긴 것이다. 그들 작품에는 작가만의 개성이 담겨 있어 권윤덕, 이수지, 백희나, 한병호, 박연철 등의 경우, 작가의 작품 세계에 대해서도 연구되고 있다. 그림책 역사가 더 오래된 서양에서는 존 버닝햄, 앤서니 브라운, 모리스 샌닥, 에즈라 잭 키츠, 윌리엄 스타이그 등 각 그림책 작가 고유의 이야기와 화풍이 하나의 아류를 형성할 정도가 된 점에 미루어 볼 때, 꼭 바람직한 현상은 아닐지라도 앞으로 한국 그림책 작가들에게도 같은 현상이 생길 수 있다. 그러므로 더욱 다양하고 개별화된 성격의 그림책 작가의 발굴이 요망되는 시점이다.

넷째, 그림책의 독자층이 넓어졌다. 그림책은 소위 이중독자를 대상으로 하는 매체로, 읽어주는 성인과 그것을 듣는 유아 모두에게 즐거움을 주고자 하는 그림책이 점차 늘고 있다. 여기서 한 걸음 더 나아가 오히려 성인에게 어린 시절에 대한 향수를 불러일으키거나, 성인 독자의 마음에 더 큰 위로를 주고, 더 많은 생각과 감정을 일어나게 하는 그림책이 많아지고 있다. 이에 따라 성인의 그림책 감상문 또는 서평을 담은 책도 지속해서 출판되고 있다. 이런 현상은 독자층이 넓어짐에 따라 그림책 창작의 다변화가 가능하다는 점에서는 바람직한 일이 분명하다. 그러나 현재 어린이들이 겪고 있는 경험과 욕구, 어려움, 소망, 상상 등 어린이의 현실 세계와 상상의 세계가 반영된 그림책이 좀 더 다양하게 창작되어 다양한 연령, 다양한 배경의 어린이가 정서적으로, 감성적으로 누릴 그림책이 창작되어야 할 것이다.

다섯째, 2000년대 초반부터 세계화되고 있다. 현대 한국 그림책은 역사는 짧은데도 불구하고 세계에서 인정하는 상도 여러 번 수상하고, 외국으로 수출되어 다른 나라들로부터 각광받고 있다. 『노란 우산』(류재수, 2001)과 『도대체 그 동안 무슨 일이 일어났을까?』(이호백, 2001)는 2002년과 2003년에 뉴욕타임스의 '올해의 최우수 그림책 10선'으로 각각 선정되는 등 외국의 권위 있는 기관에서 한국 그림책의 우수성을 인정하기 시작하였다. 세계에서 가장 큰 그림책 박람회인 볼로냐 국제 아동도서전에서도 많은 작품이 수상하였다. 2004년에 『지하철은 달려온다』(신동준, 2003)와 『팥죽 할멈과 호랑이』(조호상 글 · 윤미숙 그림, 2003)를 출발로 2019년 현재까지 거의 매년 거르지 않고 픽션, 논픽션 등 전 분야에 걸쳐 고르게 수상하였다. 또한, 한국 그림책이 외국 각지로 번역 출간되고 있다. 『도대체 그 동안 무슨 일이 일어났을까?』, 『설빔: 여자아이 고운 옷』, 『노란 우산』, 『훨훨 간다』, 『감기 걸린 날』, 『강아지똥』, 『넉 점 반』, 『동강의 아이들』, 『솔이의 추석 이야기』, 『고양이는 나만 따라 해』 등이 일본, 중국, 대만, 미국, 프랑스, 독일, 스위스, 벨기에, 멕시코 등 전 세계로 번역되어 나가고 있다. 다른 한편으로는 한국 작가와 외국 작가가 팀을 이루어 그림책을 만드는 등 한국 그림책의 세계화가 이루어지고 있다. 한국적이면서도 보편적인 언어로서의 그림책의 창작이 더욱 기대되는 시점이다.

Ⅱ 서양의 유아문학 역사

A. 19세기 이전

19세기 이전에 아동이 보던 책들은 주로 학습서이거나 예의를 다룬 책이었고, 종교적이거나 도덕적인 색채의 책들이 주류를 이루었다. 반면, 구전되어 오던 이야기들에 대해서는 '헛된' 또는 '쓸데없는' 저질스러운 것이라는 견해가 지배적이었다(Egoff, 1988). 중세 유럽의 초기 서적들을 보면, 성인이나 아동에 구분 없이 문맹률이 높은 당시의 독자들에게 기독교의 교리를 쉽게 알려 주기 위해 그림이 이용되었다. 그러나 이것은 그림이 들어가 있는 책일 뿐, 아직 근대적 의미의 그림책은 아니었다(신명호, 1994). 1484년에는 영국의 인쇄업자, 윌리엄 캑스턴(William Caxton)이 186개의 목판 그림으로 장식된 이솝우화를 출판하였다. 이 책 역시 당시 아동이 즐겨 보던 책이기는 했지만, 아동을 대상으로 한 것은 아니었다(Townsend, 1996).

이 시기에 근대적 의미의 최초의 그림책으로 인정하는 것은 코메니우스(Johann Comenius)가 1658년에 만든 『세계 최초의 그림교과서』(세계의 그림, 세계도회: Orbis Sensualium Pictus)이다. 이 책은 신, 세계, 꽃, 인간, 시계, 악기, 근면 등 150개의 갖가지 주제에 대한 설명과 이해를 돕는 그림을 실은 시각교재로서, 오늘날의 백과사전 성격을 띤다.

『세계 최초의 그림교과서』를 '아동을 위한 최초의 그림책'으로 보는 데는 이유가 있다. 첫째, 그 당시는 아동을 축소된 성인으로 보고 별개의 인격체로 인정하지 않았기 때문에 그들에게 추상적인 주제의 교육내용으로 가르치거나 어른용 도서를 그냥 읽도록 하던 시대였다. 그런데 이 책은 어린이가 기계적 암기의 고통에서 벗어나 즐겁게 배우게 할 목적으로 만들어졌기 때문이다. 둘째, 이전에 그림이 들어간 책의 그림들은 단지 문장을 설명하는 데 그치거나 사실성을 배제한 채 흥미 위주로 그려졌지만, 『세계 최초의 그림교과서』의 그림들은 내용과 연관되어 그려졌기 때문이다(신명호, 2009).

1700년에서 1840년 사이 영국에서는 오늘날의 문고판이라고 할 수 있는 최초의 대중 서적, 챕북(chap books)이 성행했는데, 이것은 이 책을 팔러 다니던 상인들의 명칭, 챕맨(chap man: 상인)에서 유래한 것이다. 싸고 손바닥 크기의 작은 책이었으며, 접혀 있을 뿐 제본 상태는 아니었다. 처음에는 어른이 보는 일반 대중 서적 또는 잡지의 성격을 띠고 있었지만, 차츰 챕북에 아동을 위한 장르가 생기기 시작하였다. 중세의 로맨스, 옛날이야기, 동화, 전설, 교과서적인 지식을 전달하는 내용, 종교적인 내용, 유머, 괴기 이야기 등 다양한 내용을 담고 있다. 챕북은 오늘날의 어린이 그림책과 유사한 점이 많다. 즉, 이야기가 짧고 내용이 단순하여 이해하기 쉽고, 그림이 많으며, 책 크기가 작아서 장난감처럼 가지고 놀기 좋았다. 그러나 대부분의 챕북은 주로 종교적이며 교훈적인 색채의 것들이라서 아동은 오히려 어른을 위해 써진 존 버니언(John Bunyan)의 『천로역정』(1678), 조나단 스위프트(Jonathan Swift)의 『걸리버 여행기』(1726), 다니엘 데포우(Daniel Defoe)의 『로빈슨 크루소』(1719) 같은 근대소설을 즐겨 읽었다(김현희 외, 2016).

영국의 존 뉴베리(John Newbery)는 챕북을 포함하여 어린이 도서를 처음으로 출판하여 그때까지 특권층의 전유물이던 책을 서민층의 어린이도 읽을 수 있게 한 출판인이다. 그는 존 로크(John Locke)의 숭배자로, 어린이에게 좋은 환경인 책을 출판하는 데 적극적이었다. 어린이를 중요한 독자로 여기고 어린이에게 읽을거리를 풍성하게 제공하고자 함으로써 이전의 어린이 도서 제작의 관점을 바꾸어 놓았다. 미국에서는 최초로 아동 도서를 출간한 뉴베리를 기념하여 1922년부터 매해 가장 우수한 아동 도서에 '뉴베리상'을 수여하고 있다(Townsend, 1996).

프랑스에서는 라 퐁테느(La Fontaine)가 17세기 중엽에 이솝우화로 알려진 이야기들을 운문으로 각색하여 우화의 새로운 경지를 열어 교훈과 즐거움을 주었고, 샤를르 빼로(Charles Perrault)는 구전되어 오던 옛날이야기를 모아 『교훈을 곁들인 옛이야기』(1697)를 냈다. 여기에는 「빨간 모자」, 「작은 유리 구두」, 「장화 신은 고양이」, 「잠자는 숲속의 공주」, 「요정들」, 「푸른 수염」, 「고수머리 리케」, 「엄지동자」, 8편의 동화가 포함되어 있다(김현희 외, 2016).

B. 19세기

독일에서는 그림 형제(Jacob Grimm & Wilhelm Grimm)의 『어린이와 가정을 위한 동화집』(1812~1815)이 만들어졌고, 이것은 이후 세계적인 아동문학 고전이 되었으며, 여기에는 『백설공주』, 『헨젤과 그레텔』, 『브레멘의 음악대』, 『늑대와 일곱 마리의 염소』 등이 포함되어 있다. 조지 크뤽생크(George Cruikshank)는 1823년에 그림 형제의 이 옛날이야기를 부식 동판 기법(에칭)으로 그려서 『독일의 옛날이야기』라는 제목으로 책을 냈다. 이 책은 어린이에게 즐거움을 줄 목적으로 출판된 책으로, 이 책의 출판 이후 어린이 책의 일러스트레이션 시대가 되었다(Hearn, 1996).

영국의 빅토리아 시대(1837~1901년)는 종종 '아동문학의 황금기'로 불리는데, 이 시대는 이전의 극단적인 도덕관에서 벗어나 어린이를 좀 더 자유로운 시각에서 보고자 했던 시대이기 때문이다(Knowles & Malmkjar, 1996). 이 시기에 아동문학사에 가장 큰 획을 그은 작품은 1865년 루이스 캐롤(Lewis Carroll)이 출판한 『이상한 나라의 앨리스』이다. 이 책은 이전의 도덕적이고 교훈적인 이야기와는 달리 어린이에게 단순히 기쁨과 즐거움만을 주기 위한 내용이라는 평가를 받는다. 이 책은 그림책의 역사에서도 주목을 받는 작품인데, 이 책의 그림을 그린 존 테니엘(John Tenniel)은 그의 덕분에 새로운 형태의 어린이 그림책이 가능해졌고, 이후 이상한 나라의 앨리스를 그린 그 누구보다도 강렬한 인상의 캐릭터를 만들었다는 평을 받는다.

『이상한 나라의 앨리스』가 출간된 해와 같은 1865년에 토이북(Toy Book)이 출판되었는데, 이것은 당시 챕북의 질적 저하를 개탄한 인쇄업자인 에드먼드 에반스(Edmund Evans)에 의해 이루어진 것이다. 에반스는 어린이가 보기 쉬운 8절지의 커다란 그림책 전체를 색깔 인쇄하면서도 가격이 싼 새로운 스타일의 이상적인 어린이 그림책을 구상하였고, 그의 이상은 월터 크레인(Walter Crane)을 만나면서 실현되었다. 1865년 토이북이라는 이름의 6장(12쪽)짜리 그림책이 실험적으로 출판되었고, 1866년에는 본격적으로 최초의 토이북, 『6펜스의 노래를 부르자』가 출판되었다. 토이북은 이야기 내용보다는 시각적인 표현에 중점을 둠으로써 '예술성을 갖춘 그림책'의 시작이자 환상을 전해 주는 새로운 의미의 그림책이라는 평가를 받았다(신명호, 1994). 에반스의 예술적인 그림책이 성공함에 따라 그림책의 출판이 성행을 이루었고 어른의 관심을 끌게 되었는데, 이런 호응에 힘입어 토이북은 저렴한 책이 아닌 고가의 예술적인 책, 일명 '선물용 책(gift book)'으로까지 발전하였다. '선물용 책'은 화려한 일러스트레이션으로 장식되어 일부 상류층을 상대로 고가로 유통되었다.

그림책이 본격적인 예술작품으로 자리 잡게 된 데는 아르누보 디자인 운동의 역할이 컸다. 아르누보 디자인 운동은 1890년부터 1910년 사이에 서구 여러 나라를 중심으로 한 예술 운동 양식의 총칭인데, 이 운동에 참여한 크레인은 미술을 실용화 · 생활화시키기 위해 노력하였다. 그는 그림책을 통해 자신이 이상화하는 사회의 모습을 시각화시키고자 했으므로 가구, 조명 같은 소품과 그것에 그려진 장식, 등장인물의 의상 디자인, 그림책의 제목, 목차, 그림과 본문의 구성 등 그림책을 구성하는 모든 요소를 일일이 검토하고 다듬어 디자인하였다. 그는 외국 문화를 받아들이는 데에도 매우 적극적이라 동양화에서 사용하는 정적인 묘사 방법도 사용하였다. 그러나 배경까지 꽉 채우는 크레인의 장식적인 그림에 대해 후대의 비평가들은 지나친 양식화와 장식성, 이야기와 무관한 시각화가 오히려 어린이를 이야기로부터 격리한다는 평을 하기도 하였다(신명호, 1994).

크레인 이후에 에반스와 일하게 된 케이트 그린어웨이(Kate Greenaway)는 최초의 여성 직업 일러스트레이터다. 1879년에 출판된 첫 번째 그림책 『창가 아래서』가 큰 인기를 끌었고, 1883년부터 1897년에 걸쳐서 매년 출판된(1886년 제외) 달력 시리즈 또한 대중적 인기를 끌었다. 그리고 『그린어웨이의 알파벳』은 알파벳의 글자 모형과 어우러져 노는 어린이의 모습을 담아냄으로써 놀이라는 개념을 새롭게 제시하였다. 『하멜른의 피리 부는 사나이』는 그녀의 대표작으로서, 우리나라에도 번역, 출판된 그림책이다. 이 그림책에서 그린어웨이는 우아하고 섬세하고 천진한 어린이의 모습을 보여 주었는데, 이런 특징은 크레인의 강하고 세련된 그림책에서는 볼 수 없었던 점들이다. 어린이에 대한 이런 묘사는 '작은 성인', '미숙한 인간'으로서의 어린이가 아니라 어른과는 다른 시각, 다른 생각, 다른 표정을 지닌 주체적인 존재로서의 어린이의 모습을 보여 준

것이다(신명호, 1994). 영국에서는 그린어웨이의 이름을 따서 1956년부터 매년 최고의 그림책에 케이트 그린어웨이상을 수여하고 있다.

[그림 1-3-13]『하멜른의 피리 부는 사나이』
로버트 브라우닝 글 · 케이트 그린어웨이 그림/김기택 역/시공주니어/1995

랜돌프 칼데콧(Randolph Caldecott)(1846~1886)은 회화, 브론즈, 조각 등 다방면에 걸쳐 솜씨가 좋았는데, 『옛날의 크리스마스』(1878)라는 단편집에 그린 삽화가 호평을 받으면서 에반스의 눈에 띄어 토이북을 의뢰받게 되었다. 그는 1878년에 에반스와 일을 시작한 이후 8년간 16권의 그림책을 만들었는데, 그중 한국에 번역된 그림책은 『익살꾸러기 사냥꾼 삼총사』이다. 『익살꾸러기 사냥꾼 삼총사』는 세 명의 사냥꾼들이 말을 타고 다니면서 유쾌한 농담을 주고받는 내용으로 되어 있는데, 말을 타고 달리는 사냥꾼들의 동작과 표정이 매우 활기 넘치고 익살스럽다. 또한, 여백의 미가 있어서 등장인물들의 동작이 더욱 자유롭게 느껴진다. 특히, 간간이 볼 수 있는, 글 없이 그림만 양쪽에 펼쳐져 있는 장면 구성은 현대 그림책에서나 경험할 수 있는 세련미가 느껴진다. 유리 슐레비츠는(Uri Shulevitz, 1985)는 칼데콧이 1878년부터 1886년까지 그린 그림책들은, 그림이 없다면 이야기를 제대로 이해할 수 없는, 진정한 의미에서의 첫 번째 그림책이라고 칭송하였다. 미국에서는 칼데콧의 이름을 따서 1938년부터 매년 최고의 그림책을 선정하여 칼데콧 메달을 수여하고 있다.

[그림 1-3-14] 『익살꾸러기 사냥꾼 삼총사』
에드윈 워 글 · 랜돌프 칼데콧 그림/이종인 역/시공주니어/1995

한편, 19세기 중반 이후, 독일에서는 새로운 스타일의 그림책, '펼친 그림'이 등장하여 인기를 끌었다. 챕북이 소형 인쇄물이었던 데 반해, 펼친 그림은 신문 크기의 대형 인쇄물이다. 커다란 지면에 분할된 컷 그림으로 구성되며, 이러한 펼친 그림책으로 독일을 대표하는 그림책, 하인리히 호프만(Heinrich Hoffmann)의 『더벅머리 아이』(1845)가 있다. 이 그림책은 펼친 그림의 형태뿐 아니라 일반 그림책의 형태로도 전해지는데, 정신과 의사인 호프만이 아들을 위해 쓰고 그린 것을 출판한 그림책이다. 표지에는 손톱이 길고 머리가 긴 아이의 모습이 그려져 있고, 책에는 아홉 가지의 이야기가 석판화 그림과 함께 담겨 있다. 다소 지나친 표현이 포함되어 있어 교육적 관점에서는 비판되곤 하지만, 글텍스트와 그림텍스트 간 아이러니나 과장된 표현을 통해 익살스러움이 주는 즐거움을 의도한 것으로 해석되기도 한다(Wesseling, 2004).

그 밖에 19세기 유럽이나 미국에서 출판된 아동문학 고전을 살펴보면, 프랑스에는 줄 베르느(Jules Verne)의 『해저 2만 리』(1870), 『80일간의 세계일주』(1873), 『15소년 표류기』(1888), 이탈리아에는 까를로 꼴로디(Carlo Collodi)의 『피노키오의 모험』(1881~1883)이 있고, 미국에는 마크 트웨인(Mark Twain)의 『톰 소여의 모험』(1876), 『허클베리 핀의 모험』(1884)이 있다. 특히, 덴마크의 한스 안데르센(Hans C. Andersen)은 근대적 아동문학의 창시자 또는 '창작된 옛이야기'라는 새로운 형식의 동화 창시자라고 불린다. 그림 형제가 전승문학을 집대성했다면 안데르센은 창작문학의 틀을 잡았다고 할 수 있다. 대표 작품으로는 『미운 오리 새끼』, 『인어 공주』, 『눈의 여왕』, 『벌거숭이 임금님』, 『완두콩 위에서 잔 공주님』 등이 있다.

C. 20세기

20세기는 '아동의 세기'라 하여 아동을 위한 연구도 활발해졌고, 아동문학 작품도 풍성해졌다. 먼저 20세기 유럽이나 미국에서 출판된 아동문학 고전을 살펴보면, 영국 제임스 베리(James Barrie)의 『피터 팬』(1904), 앨런 밀른(Alan Milne)의 『곰돌이 푸우』(1926), 프랑스 생텍쥐페리(Antoine De Saint-Exupery)의 『어린 왕자』(1943), 오스트리아 펠릭스 잘텐(Felix Salten)의 『밤비』(1923), 미국 라이먼 바움(Lyman Baum)의 『오즈의 마법사』(1900), 엘윈 화이트(Elwyn White)의 『샬롯의 거미줄』(1952) 등이 있다.

영국 그림책의 고전은 19세기 말 크레인, 그린어웨이, 칼데콧 3인의 그림책 거장에서 베아트릭스 포터(Beatrix Potter)로 이어진다. 앞선 3인은 자신이 만든 이야기를 그림으로 그린 것이 아니었지만, 포터의 『피터 래빗 이야기』(1902)(총 23편의 '피터 래빗' 시리즈의 첫 번째 이야기)는 가정교사의 아픈 아들을 위로하기 위해 포터 자신이 토끼가 등장하는 이야기에 그림을 곁들여 편지로 보냈던 것(1893)을 책으로 출판한 것이다. 포터는 "크레인과 칼데콧은 개척자였다. 그들 이후의 작가들은 단지 그들을 모방하고 있는 것"(Hearn, 1996)이라고 함으로써 자신의 그림책이 그들의 영향권 내에 있음을 암시하고 있지만, 사실상 포터의 그림책은 크레인처럼 장식적이라기보다 서사적이고, 칼데콧처럼 유머나 풍자를 담기보다 진솔하고 충실하다. 그리고 이전의 예술품의 성격을 띤 선물용 책과 달리, 손에 들어갈 정도로 크기가 작아 어린이가 편안하게 즐길 수 있는 책이었다. 포터는 또 "진정 그림책을 만들고 싶다면, 스스로 모든 것을 아주 선명하게 관찰하지 않으면 안 됩니다."(Hearn, 1996)라고 했는데, 이러한 그의 믿음은 그림책을 만드는 일이 작가의 사사로운 세계를 진지하게 담아내는 일임을 알게 해 준다. 또한, 그의 이런 생각은 그림책 분야에서 하나의 전통이 되어 이후 그림책이 아동문학과 예술을 통합하는 독자적인 영역으로 자리매김하는 데 영향을 미쳤다(신명호, 2009).

미국의 아동문학은 멜처(Melcher)가 1919년에 미국 도서관 협회와 함께 연간 어린이 도서주간을 설정하여 "가정에서 이전보다 더 많은 책을"이라는 표어 아래 다양한 행사를 벌이고, 1922년에는 매년 최우수 아동도서에 영국인 출판업자였던 뉴베리의 이름을 따서 뉴베리상을 수여하기 시작하면서 영국보다 빠른 속도로 성장하는 계기가 되었다.

1928년에 출판된 완다 가그(Wanda Gag)의 『백만 마리 고양이』는 외롭게 사는 노부부가 백만 마리나 되는 고양이 중 살아남은 한 마리와 행복하게 살았다는 이야기다. 양쪽 펼침면을 대담하게 가로지르는 그림 구성은 이 그림책을 현대 그림책의 출발점으로 평가(신명호, 1994)하는 이유이다.

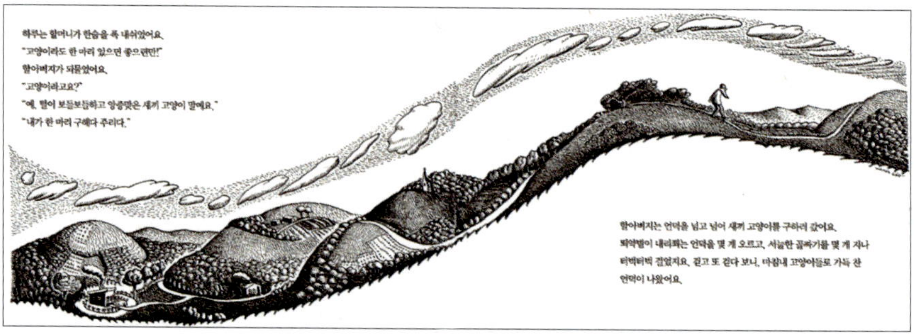

[그림 1-3-15] 『백만 마리 고양이』
완다 가그 글 · 그림/강무환 역/시공주니어/1994

가그의 이러한 구도는 이후 버지니아 리 버튼(Virginia Lee Burton)의 『작은 집 이야기』(1942) 같은 작품에서 그 영향을 엿볼 수 있다. 『작은 집 이야기』는 계절별 자연의 변화를 보여 주는데, 곡선의 유연함과 공간의 미적 활용으로 리듬감을 느끼게 해 준다.

[그림 1-3-16] 『작은 집 이야기』
버지니아 리 버튼 글 · 그림/홍연미 역/시공주니어/1993

1930년대 후반부터 미국 그림책은 세계 그림책의 중심이 되어 수많은 그림책과 유명한 그림책 작가를 배출하게 되었는데, 이것은 1910년대에 시작된 아동도서관의 보급과 유럽 작가들의 대거 진출, 그리고 1938년부터 세계에서 처음으로 그림책에 주기 시작한 칼데콧상의 제정 덕분이었다(신명호, 1994). 1930년대에는 만화책이나 디즈니의 애니메이션이 그림책의 발전에 하나의 도전이 되었지만, 독일 태생의 한스 레이(Hans Rey)가 만화풍의 『호기심 많은 조지』(1941)(한국에는 『아프리카여 안녕!』으로 번역되어 출판)를 시작으로 시리즈를 발표하여 이에 대적하였다. 이 그림책 시리즈의 원숭이 조지는 현대 어린이들에게도 매우 사랑받는 캐릭터이다.

[그림 1-3-17] 『아프리카여 안녕!』
한스 아우구스토 레이 글 · 그림/이선아 역/시공주니어/1993

1940년대와 1950년대에는 제2차 세계대전 후유증으로 대공황 때만큼이나 경제가 위축되었으나 베이비붐 세대에 대한 대응인 동시에 세계 강대국으로서의 면모를 갖추기 위한 방책으로 미국의 어린이 도서 시장은 거대한 사업의 장이 되었고, 아동의 학습을 위한 도서가 많이 생산되었다. 타운젠드(Townsend, 1996)는 이 시기의 그림책 번영의 이유를 오프셋 인쇄의 발달로 꼽으면서 이전 그림책 화가들은 꿈도 꾸지 못했던 시각적인 효과를 낼 수 있게 되었다고 하였다.

로버트 맥클러스키(Robert McCloskey)의 『아기 오리들한테 길을 비켜 주세요』(1941)는 오리 부부의 보금자리 찾기 과정이 담긴 그림책이다. 다양한 각도와 위치의 입체적이고 사실적인 그림으로 원근감, 속도감이 느껴지고, 마치 영화를 보는 듯한 현실감을 준다. 덕분에 이 그림책은 눈으로 읽는 그림책 시대로부터 눈으로 이해하고 온몸으로 느끼게 하는 제2차적 표현의 시대를 열었다고 평가되기도 한다(신명호, 1994).

[그림 1-3-18] 『아기 오리들한테 길을 비켜 주세요』
로버트 맥클러스키 글 · 그림/이수연 역/시공주니어/1993

1962년에 발표된 에즈라 잭 키츠(Ezra Jack Keats)의 『눈 오는 날』과 1963년에 출판된 모리스 샌닥(Maurice Sendak)의 『괴물들이 사는 나라』는 모두 칼데콧 메달을 받은 그림책으로, 이후 다양한 그림책 기법에 영향을 미쳤다고 할 수 있다. 에즈라 잭 키츠는 대체로 어린이의 생활에서 이야기의 소재를 찾는 작가고, 동심의 세계를 콜라주를 통해 간결하면서도 아름답게 표현하는 작가다. 또 다른 작품으로 『휘파람을 불어요』(1964), 『내 친구 루이』(1975) 등이 있다.

[그림 1-3-19] 『눈 오는 날』
에즈라 잭 키츠 글 · 그림/김소희 역/비룡소/1995

모리스 샌닥은 『괴물들이 사는 나라』에서 어린이의 내면 깊은 곳의 심리를 환상 세계를 빌어 절묘하게 표현하였다. 그림의 크기가 점점 커짐에 따라 어린이 마음속에 환상의 세계가 차지하는 비율이 커진다는 것을 표현하였고, 반대로 그림의 크기가 점점 작아짐에 따라 환상의 세계가 차츰 줄어드는 것을 표현하였다. 또한, 환상의 세계를 다녀오는 과정에 어린이가 불만, 욕구 등을 해소하고 현실에 복귀하는 모습을 담아 보여 줌으로써 이 그림책은 환상 그림책의 전범이 되었다. 그의 또 다른 작품 『깊은 밤 부엌에서』(1970) 역시 어린이의 환상 세계를 표현하였다.

[그림 1-3-20] 『괴물들이 사는 나라』
모리스 샌닥 글 · 그림/강무홍 역/시공주니어/1994

이후 그림책의 세계는 훨씬 다양해졌다고 할 수 있는데, 한국에도 잘 알려진 그림책 작가 중 미국에서 활동하는 작가들로는 『이상한 화요일』과 『구름공항』의 데이비드 위즈너(David Wiesner), 『치과 의사 드소토 선생님』과 『아빠와 피자놀이』의 윌리엄 스타이그(William Steig), 『프레드릭』과 『파랑이와 노랑이』의 레오 리오니(Leo Lionni), 『새벽』과 『내가 만난 꿈의 지도』의 유리 슐레비츠(Uri Shulevitz), 『소피가 화나면, 정말 정말 화나면』과 『종이학』의 몰리 뱅(Molly Bang), 『모기는 왜 귓가에서 앵앵거릴까?』와 『작은 기차』의 레오와 다이앤 딜론(Leo and Diane Dillon), 『달 사람』과 『제랄다와 거인』의 토미 웅거러(Tomi Ungerer), 『미스 럼피우스』와 『달구지를 끌고』의 바버러 쿠니(Barbara Cooney), 『마법사 압둘 가사지의 정원』과 『장난꾸러기 개미 두 마리』의 크리스 반 알스버그(Chris Van Allsburg), 『태양으로 날아간 화살』과 『거미 아난시』의 제럴드 맥더멋

(Gerald MacDermott), 『일곱 마리 눈먼 생쥐』와 『황제와 연』의 에드 영(Ed Young) 등을 들 수 있다.

영국의 경우, 그림책은 오랫동안 부진했지만 1960년대에 들어서면서 활기를 띠게 되었는데, 이것은 찰스 키핑(Charles Kipping), 브라이언 와일드스미스(Brian Wildsmith), 존 버닝햄(John Burningham)과 같은 작가들이 두각을 나타내면서부터다(Townsend, 1996). 이들의 작품은 한국에도 많이 번역되어 있는데, 특히 존 버닝햄의 『지각대장 존』이나 『검피 아저씨의 뱃놀이』, 앤서니 브라운(Anthony Browne)의 『고릴라』와 『터널』 등은 대중적 인기도 있고 연구를 위한 분석 대상이 되기도 한다. 그 밖에도 레이먼드 브릭스(Raymond Briggs)의 『눈사람 아저씨』와 『곰』, 헬렌 옥슨버리(Helen Oxenbury)의 『곰 사냥을 떠나자』와 『옛날에 오리 한 마리가 살았는데』, 팻 허친스(Pat Hutchins)의 『바람이 불었어』와 『티치』, 로렌 차일드(Lauren Child)의 『난 토마토 절대 안 먹어』와 『난 뭐든지 혼자 할 수 있어』, 배빗 콜(Babette Cole)의 『내 멋대로 공주』와 『멍멍 의사 선생님』은 우리에게 잘 알려진 영국 그림책 작가다.

현대 그림책의 특징은 첫째로 그 대상 연령이 다양해지고 있다는 것이다(Egoff, 1988). 그림책은 점점 더 어린 영아도 포함하고 점차 큰 아동, 심지어는 성인도 포함할 정도로 그림책의 독자층은 점점 더 넓어지고 있다. 이에 따라 그림책의 소재나 내용은 매우 다양해지고 있다. 두 번째로 그림의 비중이 점차 커지고 있다는 것이다. 화가들은 매우 다양한 매체와 다양한 기법을 동원함으로써 그림책은 화가들의 작품 전시장, 또는 실험실이 되고 있다(Egoff, 1988). 세 번째로 포스트모던 문학의 영향을 받아 다양한 결말의 가능성을 열어 놓은 경우가 많아졌다. 그리하여 어린이 독자 스스로 이야기의 결말을 짓도록 하고 있으며, 한 가지 이상의 진실이 존재한다는 사실을 받아들이도록 격려하고 있다(현은자, 서정숙, 1999). 네 번째로 그림책 작가들은 다양한 학파를 형성하는 가운데 영향을 이어가는 계보가 형성되고 있다(Hearn, 1996). 다섯째, 글텍스트와 그림텍스트의 유기적 관계가 독특해짐으로써 그림책 고유의 예술적 위치를 확보하였다.

정리 및 탐구

1. 그림책의 역사에서 고전으로 평가받는 그림책들을 감상하고, 그것들의 예술적 미덕으로 알려진 내용에 동의할 수 있는지 생각해 봅시다.
2. 한국 그림책과 외국의 그림책 작가를 각각 한 명씩 선택하여 다음에 대해 친구들에게 소개해 봅시다.
   1) 작가 탐구: 그의 예술 분야 경력, 특정 그림책의 창작 관련 에피소드, 그림책에 대한 작가의 생각 등을 소개하기
   2) 작품 탐구: 유아에게 읽어주고 싶은 작가의 그림책들을 선정하여 그것들의 예술적 미덕을 소개하기
3. 동화 원전과 그림책으로 변환된 작품을 비교해 봅시다. (예: 한국 창작 동화 『강아지똥』과 그림책 『강아지똥』, 안데르센 동화와 변환 그림책)
4. 국제안데르센상, 칼데콧상, 케이트 그린어웨이상, 볼로냐 라가치상, 국내 출판사 수상작들을 다음의 사이트를 방문하여 찾아 감상해 봅시다.

그림책상 명칭	사이트 주소
국제안데르센상	http://www.ibby.org/awards-activities/awards/hans-christian-andersen-awards/
칼데콧상	http://www.ala.org/alsc/awardsgrants/bookmedia/caldecottmedal/caldecotthonors/caldecottmedal
케이트 그린어웨이상	https://www.carnegiegreenaway.org.uk/
볼로냐 라가치상	http://www.bolognachildrensbookfair.com/home/878.html
비룡소 출판사 황금도깨비상	http://bir.co.kr/
보림 출판사 창작그림책 공모전	http://borimpress.com/mall/index.php

CHAPTER 4.

유아문학의 장르

앞서 유아문학의 정의에서 살펴보았듯이, 유아문학의 장르는 전래동화, 전래동요, 환상동화, 사실동화, 동시(동요 포함)로 나뉘고, 이런 구분 방식을 그림책에 적용하면, 유아문학으로서 그림책의 장르는 옛이야기 그림책, 전래동요 그림책, 동시(동요 포함) 그림책, 환상 그림책, 사실 그림책, 글 없는 그림책으로 나눌 수 있다.

연구결과, 그림책의 장르에 따라 유아의 문학적 반응 양상은 다르게 나타나므로(서정숙, 최현주, 2014) 교사는 그림책의 장르별 특징을 이해하고 다양한 장르를 읽어주도록 하고, 유아의 장르별 감상을 돕도록 한다. 환상은 환상대로, 사실성에 기초한 이야기는 사실성에 기초하여 유아가 상상하고 공감하며 읽을 수 있게 해 준다.

I 옛이야기 그림책

A. 옛이야기 그림책의 종류

옛이야기 그림책이란 민담을 포함하여 신화, 전설을 그림책의 형태에 맞게 재화하여 만든 그림책을 말한다. 문학 분야에서 민담을 옛날이야기라 하고, 민담, 전설, 신화를 모두 포함하여 설화(구비설화)라고(정진, 2002) 하지만, 이 책에서는 민담, 전설, 신화를 내용으로 하는 그림책을 합하여 옛이야기 그림책으로 보았다. 민담, 전설, 신화를 포함한 그림책을 설화 그림책이라고 할 경우, 용어의 생소함으로 인해 오해와 혼동의 여지가 있기 때문이다.

1. 민담

1) 민담의 문학적 특성

민담은 재미나게 꾸며진 보통 사람들의 이야기고, 대체로 환상적 인물이나 소재, 배경이 등장하는 환상적 성격의 이야기다. 문학적 요소별 특성은 다음과 같다.

(1) 주제

민담에는 일반적으로 권선징악과 인과응보의 주제가 뚜렷하게 담겨 있다. 민담은 일반 백성들의 입에서 입으로 전해진 이야기로, 힘없는 백성들은 현실 속에서 헐벗고 억압받는 중에도 결국 착하면 복을 받고 악하면 벌을 받는다는 믿음을 갖고 있었기 때문이다. 또한, 현실에서는 이루지 못하는 바를 이야기를 통해 대리만족하거나 풍자와 해학을 담아 즐거움을 누리면서 현실의 어려움을 승화하고자 하였기 때문이다.

(2) 등장인물

민담의 등장인물들은 평범하고 평면적이고 전형적이며 변하지 않는 정적인 성격이 대부분이다. 인물들 간의 성격은 대립적으로 맞서는 경우가 많고, 현실에 존재하지 않는 산신령, 선녀, 도깨비, 요정, 마법사 등의 인물이 등장하여 신비한 힘을 발휘한다. 동물도 많이 등장하는데, 한국의 민담 경우에 호랑이가 가장 많이 등장한다(강순재, 1992).

(3) 플롯

간결하고 기억하기 쉬운 반복 구성의 이야기가 많으며, 서두와 결말이 전형적 형식을 띤다. "옛날 옛날에 ㅇㅇ가 살았는데"로 시작하여 "아주 행복하게 오래오래 살았대."로 끝나는 식이다. 사건의 전개는 선과 악, 미와 추, 지혜와 어리석음 등의 대립 형식이 많다. 그리고 이야기는 대체로 시간의 흐름에 따라 진행되는 단선 형식이거나, 비슷한 사건이나 상황이 인과관계에 따라 반복되는 누적 형식, 순서가 바뀌어도 되는 사건이 반복되는 연쇄 형식, 비슷한 사건이 반복되다가 원래 자리로 돌아오는 회귀 형식으로 이루어져 있다. 단선 형식 그림책에는 『해님달님』, 『훨훨 간다』, 『줄줄이 꿴 호랑이』, 『보물』, 누적 형식 그림책에는 『좁쌀 한 톨로 장가든 총각』, 『아기 돼지 삼 형제』가 있다. 연쇄 형식 그림책에는 『커다란 순무』, 『장갑』이 있고, 회귀 형식 그림책에는 『사윗감 찾아 나선 두더지』와 『꼬리를 돌려주세요』가 있다.

(4) 배경

지명이나 장소에 대한 묘사가 자세하지 않은 경우가 대부분이다. 현대의 환상 이야기에서는 별도의 통로가 있어서 현실 세계에서 환상 세계로 가게 되지만 옛이야기에서는 이 두 세계 간의 구분이 엄격하지 않아 현실 세계에서 환상 세계로, 환상 세계에서 현실 세계로 자유롭게 교통하는 특징이 있다.

(5) 문체

오랜 세월 동안 사람의 입을 통해 전해졌기에 기억하기 쉽게 간결하고 명료하다. 또한, 청자가 집중하며 들을 수 있게 빠른 전개, 군더더기 없는 표현으로 되어있다. 옛이야기를 구연으로 들려줄 때, 옛이야기 그림책을 선정할 때 이 점을 염두에 두어 인물이나 배경 묘사가 너무 세세하지 않은 문장, 생동감 있는 직접화법의 대화체, 운율이 있어 리듬감이 느껴지는 구어체로 된 것을 선택하도록 한다.

2) 민담의 가치

(1) 심리적 가치

베텔하임(Bettelheim, 1998)이 지적했듯이, 옛이야기는 분리에 대한 분노나 불안을 상징적으로 보여 줌으로써 유아가 분노와 좌절을 다룰 줄 알게 도와준다. 힘없는 자, 고립된 자들이 현실에서 채우지 못한 욕구를 상상 세계에서 채워 나가는 이야기이므로 유아에게 현실적 제약이나 무능력에 대한 보상을 준다. 그리고 상반된 인물들 간의 대립을 보면서 유아는 '누구처럼 될 것인가'를 생각하고, 선하고 지혜로운 자와 동일시하는 과정을 통해 자아의 발달, 도덕성의 발달을 이루게 된다. 또한, 유아는 만족스러워할 만한 결말을 통해 미래에 대한 안정감을 느끼게 된다.

(2) 사회문화적 가치

한국의 『조선동화집』(1924), 『조선동화대집성』(1926), 프랑스 페로의 『지나간 옛날이야기』(1697), 독일 그림 형제의 『어린이와 가정의 옛이야기』, 제이콥스(Joseph Jacobs)의 『영국 옛이야기』(1890), 다젠트(George Dasent)의 『북유럽의 옛이야기』(1907) 등 옛이야기는 나라별, 문화별로 역사성을 지닌 채 전래된 이야기다. 우리나라 옛이야기는 유아가 조상의 사상, 지혜, 가치관, 정서 같은 삶의 방식을 배우게 해 주고, 다른 나라의 옛이야기는 문화 간의 유사성과 차이, 더 나아가 인간 간의 유사성과 차이를 배울 수 있게 해 준다. 그러나 모든 민담이 긍정적인 사회문화적 가치가 있는 것은 아니다. 옛이야기 중에는 충효와 정절, 복종 같은 전통 이념이 시대착오적으로 표현되어 있거나, 성이나 계급, 장애 등에 대한 뿌리 깊은 차별 의식이 표현된 것이 있다. 그러므로 옛이야기를 선정할 때 유의하여 유아에게 이런 가치관이 답습되지 않도록 해야 한다.

(3) 문학적 가치

민담은 재화와 각색을 통해 재구성된 집단적 창작품의 가치를 지닌다. 권선징악이나 인과응보 등 주제가 뚜렷하고, 등장인물 간 대조되는 성품이 처음부터 끝까지 변함없이 유지되어 유아가 기억하기 쉽다. 그리고 비슷한 사건을 반복하거나, 선과 악이나 힘과 꾀, 미와 추의 대립, 이야기의 빠른 진행 등 플롯이 흥미롭다. 또한, 간결하고 리듬감 있는 언어로 표현되어 있고, 읽는 사람마다 다른 층위에서 달리 해석할 수 있는 여지가 있으며, 쉽게 알아볼 수 있는 모티브 등 문학적 가치를 지니고 있다.

3) 민담을 내용으로 하는 그림책

민담의 종류로는 반복 구조의 이야기, 동물 이야기, 익살이나 유머 이야기, 마술 이야기, 모험 이야기가 대표적이다. 반복 구조의 이야기로는 『좁쌀 한 톨로 장가든 총각』, 『장갑』, 동물 이야기로는 『팥죽 할멈과 호랑이』, 『아기 돼지 삼 형제』, 익살이나 유머 이야기로는 『훨훨 간다』, 『줄줄이 꿴 호랑이』, 마술 이야기로는 『도깨비 방망이』, 『혹부리

[그림 1-4-1] 『장갑』
에우게니 M.라쵸프 글 · 그림/배은경 역/한림출판사/1994

[그림 1-4-2] 『도깨비 방망이』
정차준 글 · 그림/보림/1997

영감』, 모험 이야기로는 『구렁덩덩 새 선비』, 『재주 많은 다섯 친구』를 예로 들 수 있다. 이 중 『팥죽 할멈과 호랑이』를 비롯하여 『해님달님』이나 『반쪽이』, 『호랑이와 곶감』 등의 옛이야기 그림책은 같은 이야기가 다른 그림 작가에 의해 다양하게 출판되어 있으므로 이것들을 견주며 감상하거나 각 이야기에 등장하는 호랑이에 대한 감상을 나누는 것도 흥미로울 것이다.

2. 신화

신화는 최초의 서사 문학이다(신헌재, 권혁준, 곽춘옥, 2007). 고대인들은 나라를 이루고 고난을 극복하는 데 있어서 신화가 필요했다. 과학적이고 합리적인 이치에 대한 이해가 부족했기 때문이다. 신화는 신이나 영웅을 중심으로 전개되는 이야기며, 우주의 기원과 발생, 현상, 그리고 인류 문명의 유래와 운명, 자연 및 사회 현상의 기원과 질서같이 무게 있고 신비로운 내용을 담은 이야기다. 신화 속 인물은 주로 영웅적이고 신적인 존재로 특별한 능력과 신성성을 지닌 존재다. 대표적인 신화의 형태는 왜 그런 일이 생겼는지를 내용으로 하는 '왜 이야기(why story)'로, 『모기는 왜 귓가에서 앵앵거릴까?』, 『이야기 이야기』, 『거미 아난시』 등이 이에 속한다. 그밖에 신화를 내용으로 하는 그림책은 『단군 신화』, 『마고할미』, 『바리데기』, 『백두산 이야기』, 『태양으로 날아간 화살』 등이다.

[그림 1-4-3] 『거미 아난시』
제럴드 맥더멋 글 · 그림/윤인웅 역/열린어린이/2005

[그림 1-4-4] 『바리데기』
송언 글 · 변해정 그림/한림출판사/2008

3. 전설

전설은 신화와 마찬가지로 신과 인간, 이들을 둘러싼 여러 자연물의 유래와 기원을 담으므로 이 둘을 묶기도 한다. 그러나 전설은 신화와 비교해 특정 인물이나 특정 자연물, 장소 등을 소재로 더 역사적 진실성을 갖추고 있고, 초자연적인 것에 덜 의존하며 주인공, 연대, 지역 등을 제시하기도 한다. 『견우직녀』, 『까막나라에서 온 삽사리』, 『재미네골』, 『수호의 하얀 말』은 전설 그림책이라 할 수 있다.

[그림 1-4-5] 『견우 직녀』
이미애 글 · 유애로 그림/보림/1997

[그림 1-4-6] 『수호의 하얀말』
오츠카 유우조 글 · 아카바 수에키치 그림/이영준 역/한림출판사/2001

4. 우화

오래전부터 전해 오는 우화도 옛이야기의 한 형식으로 보기도 한다. 우화는 주로 동물을 등장인물로 내세워 인간의 우매함이나 경솔함을 풍자하거나 교화하려는 의도로 구성된 짧은 이야기다. 이솝우화, 라 퐁테느 우화, 자아타카 우화 등이 있고, 『토끼와 거북이』, 『팔려 가는 당나귀』, 『바람과 해님』, 『일곱 마리 눈먼 생쥐』, 『옛날에 생쥐 한 마리가 있었는데…』 같은 그림책이 있다.

[그림 1-4-7]『토끼와 거북이』
라 퐁테느 글 · 브라이언 와일드스미스 그림/우순교 역 /보림/1996

[그림 1-4-8]『바람과 해님』
라 퐁테느 글 · 브라이언 와일드스미스 그림/우순교 역 /보림/1996

B. 변형된 옛이야기 그림책의 유형

옛이야기는 받아쓰기(채록), 떠올려 쓰기, 다시 쓰기(재화), 고쳐 쓰기(재창작), 새로 쓰기(창작)의 방법으로 우리에게 전달된다(서정오, 1995). 받아쓰기는 말로 전하는 것을 그대로 받아 적은 것, 떠올려 쓰기는 들은 이야기를 나중에 떠올려 쓴 것, 다시 쓰기는 줄거리는 그대로 두고 말투나 곁가지를 손질하여 글로 쓴 것, 고쳐 쓰기는 줄거리를 군데군데 고쳐서 쓴 것, 새로 쓰기는 소재나 분위기만 빌리고 전혀 새로운 이야기를 만들어 낸 것이다. 받아쓰기로부터 새로 쓰기 방향으로 감에 따라 본래 이야기로부터 변형되는 정도가 커진다. 여기서는 다시 쓰기와 새로 쓰기에 해당하는 재화된 옛이야기 그림책과 패러디 그림책을 중심으로 살펴보았다.

1. 재화된 옛이야기 그림책

서정오(1995)의 기준에 따르면, 프랑스의 페로, 독일의 그림 형제, 영국의 제이콥스 등이 각국의 주변 지역에서 전해 오던 민담을 수집하여 어린이를 위해 쓰거나 편찬한 이야기는 재화된 옛이야기라 할 수 있다. 그런데 같은『빨간 모자』이야기라도 페로 본과 그림 형제 본은 다르다. 페로 본에서는 할머니와 빨간 모자가 늑대에게 잡아먹히며,

그림 형제 본에서는 둘은 사냥꾼의 구조로 다시 살아난다. 그리고 다음번 엄마의 심부름으로 할머니 댁을 방문할 때는 할머니와 힘을 합쳐 늑대를 물리친다. 비슷해 보이지만 이 둘은 매우 다르다. 페로 본에서 빨간 모자는 엄마가 말씀하신 길로 가지 않았다는 이유로 늑대에게 잡아먹히는 불행한 결말을 맞는다. 그림 형제 본에서도 역시 빨간 모자는 '우연히' 지나가던 사냥꾼이라는 '외부'의 도움으로 늑대의 배 속에서 나오게 된 한계가 있다. 그러나 엄마의 심부름이라는 선한 동기를 갖고 바깥세상으로 탐험 나온 어린이가 결국 성공적으로 과업을 수행한 것으로 마무리되었다는 점에서 볼 때, 페로 본보다 그림 형제 본이 이야기의 개연성이나 교육성의 측면에서 낫다고 할 수 있다. 이렇게 재화 내용에 따라 이야기가 갖는 의미가 달라지므로 옛이야기를 말로 재화하여 들려주거나 재화 그림책을 선택할 때 유의하여야 한다. 재화된 그림책 중 『아기 돼지 삼 형제』와 『헨젤과 그레텔』은 주인공의 용기와 지혜를 통해 부모로부터의 성공적인 분리, 독립을 보여 주므로 유아에게 심리적 안정감을 주며, 힘이 되는 이야기의 그림책이다.

[그림 1-4-9] 『아기 돼지 삼 형제』
폴 갈돈 글 · 그림/이상희 역/시공주니어/2007

[그림 1-4-10] 『헨젤과 그레텔』
그림 형제 글 · 앤서니 브라운 그림/장미란 역/비룡소/2005

2. 패러디 그림책

패러디(parody)는 어원으로 보면, 텍스트들 사이의 대조 또는 상반을 뜻하는 para와 노래라는 의미의 odos의 합성어 parodia에서 나온 단어로, 원작과 대조를 이루는 노래(작품)라는 의미다. 여기에는 원작과의 관련성이 전제되어 있는데, 이런 이유로 패러디 문학을 현대 포스트모더니즘 문학의 특성 중 하나인 텍스트 간 관련성, 즉 상호텍스트성의 대표적 문학 형식으로 본다.

앞서 서정오(1995)의 분류에 기초할 때, 패러디 그림책은 '새로 쓰기'에 해당한다. 새로 쓰기는 본래의 옛이야기에서 일부 요소만 빌려왔을 뿐 새롭게 창작된 이야기다. 구전된 옛이야기와 다르게 창작자가 있다는 점에서 보면, 패러디 그림책을 옛이야기 그림책의 장르에서 다루는 것은 합당하지 않다. 그러나 옛이야기와의 관련성을 통해 살펴보는 것이 더 이해에 도움이 되리라 생각되어 패러디 그림책을 옛이야기 그림책의 장르에서 설명하기로 한다.

패러디 그림책은 유아의 창의성을 자극하고, 유아가 자기 이야기를 만들거나 쓸 때 촉매제 역할을 하기도 하며, 원래의 옛이야기와 변형된 패러디 그림책을 함께 읽으며 비교하는 과정은 유아에게 문학적 즐거움과 더불어 비판적 사고를 키워 줄 것이다. 그런데 패러디 그림책 중에는 작품 완성도는 낮고 옛이야기의 요소를 별 의미 없이 짜깁기한 것도 있으므로 선정과 활용에 유의할 필요가 있다. 또한, 패러디 그림책은 원전 이야기를 먼저 읽거나 함께 견주어 읽으면 더 흥미를 느낄 수 있다. 패러디 그림책에 대한 이해를 위해 종류별 예를 살펴보면 다음과 같다(서정숙, 전효훈, 2012).

1) 원작과 같은 플롯의 패러디 그림책

(1) 인물 변화 유형

원전인 옛이야기에 등장하던 인물과 캐릭터가 달라진 경우다. 『아기 늑대 삼형제와 못된 돼지』에는 원전인 『아기 돼지 삼 형제』에서와 다르게 늑대 삼 형제의 집을 부수는 '못된 돼지'가 등장한다. 그리고 대부분의 옛이야기에서는 용감한 왕자가 공주를 구하고 그 공주와 행복하게 살게 되지만, 『종이 봉지 공주』에서는 용에게 잡혀간 왕자를 공주가 구한다.

[그림 1-4-11] 『종이 봉지 공주』
로버트 문치 글 · 마이클 마르젠코 그림/김태희 역/비룡소/1998

(2) 사건 변화 유형

『꼭꼭 숨어라』는 『빨간 모자』를 패러디한 것인데, 여기에는 원전에서처럼 빨간 모자, 늑대, 할머니가 등장한다. 그러나 이 그림책에서 벌어지는 사건은 다르다. 빨간 모자 앞에 나타난 늑대는 술래잡기하자는 의외의 제안을 하였고, 둘은 숲에서 술래잡기를 하며 즐겁게 시간을 보낸다. 『잭과 못된 나무』는 『잭과 콩나무』를 패러디한 그림책이다. 『잭과 못된 나무』의 잭은 실험이 미칠 영향을 전혀 고려하지 않고 유전자를 조작하는 일에만 심혈을 기울여 결국 지구에 재앙을 불러온다.

[그림 1-4-12] 『꼭꼭 숨어라』
오승민 글 · 그림/느림보/2004

[그림 1-4-13] 『잭과 못된 나무』
리베카 와일드스미스 글 · 브라이언 와일드스미스 그림
/김선애 역/시공주니어/1996

(3) 시점 변화 유형

『늑대가 들려주는 아기돼지 삼형제 이야기』는 옛이야기 『아기 돼지 삼 형제』를 늑대의 시점에서, 『끝지』는 옛이야기 『여우 누이』를 여우의 시점에서 재구성한 그림책이다. 이미 알고 있는 이야기를 다른 인물의 관점에서 들어 보는 경험을 통해 유아는 밖으로 드러나 보이는 모든 게 진실이 아닐 수 있음을, 결과로 드러난 일에 다른 의도나 과정이 포함되어 있을 수 있음을 알게 될 것이다.

[그림 1-4-14]『늑대가 들려주는 아기돼지 삼형제 이야기』
레인 스미스 글 · 존 셰스카 그림/보림/1996

[그림 1-4-15]『끝지』
이형진 글 · 그림/느림보/2003

2) 원작과 다른 플롯의 패러디 그림책

(1) 결합 유형

여러 개의 옛이야기에 나오는 문학 요소들을 결합하여 만든 유형으로, 그림책에 등장하는 옛이야기 인물들을 찾아보고 그들이 나오는 다른 그림책도 함께 감상하면 좋을 것이다. 『우체부 아저씨와 비밀 편지』, 『제가 잡아먹어도 될까요?』가 이 유형에 속한다. 『우체부 아저씨와 비밀 편지』는 우체부 아저씨가 곰 세 마리, 마녀, 거인, 신데렐라, 늑대, 금발머리 같이 여러 옛이야기 속 인물에게 편지를 배달하는 내용이다. 그림책에 편

[그림 1-4-16]『우체부 아저씨와 비밀 편지』
앨런 앨버그 글 · 자넷 앨버그 그림/김상욱 역/미래아이/2003

[그림 1-4-17]『제가 잡아먹어도 될까요?』
조프루아 드 페나르 글 · 그림/이정주 역/베틀북/2002

지가 실제로 부착되어 있어서 그것을 꺼내어 유아와 함께 읽을 수 있게 되어 있다. 『제가 잡아먹어도 될까요?』는 가족들이 잡아먹어도 된다고 알려 준 '먹이 목록'을 들고 집에서 독립한 늑대가 옛이야기 속 여러 동물과 사람을 만나면서 자신의 판단에 따라 목록을 수정해 가는 성장 이야기다.

(2) 후속담 유형

옛이야기의 뒷이야기를 내용으로 하는 그림책 유형이다. 『장화 쓴 공주님』은 옷으로 낭패를 본 『벌거숭이 임금님』에 나오는 임금님의 손녀에 관한 이야기다. '절대로 옷차림은 신경 쓰지 말라'는 말을 들으며 자란 공주는 옷차림에는 신경 쓰지 않지만, 머리 모양에는 신경을 많이 쓴다. 외모에 대한 지나친 집착으로 인해 공주님은 결국 할아버지와 마찬가지로 사기꾼들에게 당하게 되지만, 공주를 따라 백성들이 머리에 장화를 쓰는 장면으로 끝을 내어 유머 담긴 결말이 되었다. 『슈퍼 거북』은 『토끼와 거북이』의 뒷이야기다. 거북은 토끼를 이긴 후 남들의 기대에 부응하기 위해 필사적으로 노력하여 빨라지긴 했지만, 남들의 기대에 맞추기 위한 노력은 자신을 행복하게 할 수 없다는 것을 깨닫는다.

[그림 1-4-18] 『장화 쓴 공주님』
심미아 글 · 그림/느림보/2003

[그림 1-4-19] 『슈퍼 거북』
유설화 글 · 그림/책읽는곰/2014

(3) 복합 유형

이야기의 안과 밖의 경계가 모호한 구조의 패러디 그림책이다. 『아기 돼지 세 마리』는 늑대에게 쫓기던 아기 돼지 세 마리가 종이비행기를 타고 이야기 밖으로 나와서 전래동요나 다른 옛이야기의 등장인물들을 만나기도 하고, 자기들처럼 이야기 밖으로 나온 용이나 고양이와 함께 집으로 돌아와 늑대를 내쫓고 용, 고양이와 함께 살게 되는 이야기다. 『쉿! 책 속 늑대를 조심해!』의 허브는 이야기 속 늑대로부터 위기를 모면하기 위해 착한 요정이 나오는 책을 읽기도 하는데, 책 밖으로 나온 등장인물들은 책 속에 있을 때와 다른 면모를 드러낸다.

[그림 1-4-20] 『아기 돼지 세 마리』
데이비드 와이즈너 글 · 그림/이옥용 역/마루벌/2002

[그림 1-4-21] 『쉿! 책 속 늑대를 조심해!』
로렌 차일드 글 · 그림/고정아 역/국민서관/2005

C. 옛이야기 그림책의 선정 기준

다음의 선정 기준은 옛이야기로부터 얻을 수 있는 가치이기도 하다. 글텍스트와 그림텍스트가 하나가 되어 다음의 기준을 만족시킬 때 좋은 옛이야기 그림책이라 할 수 있다.

1. 심리적 기준

- 어려움을 극복하는 의지와 용기를 심어 주고 자신감, 성취감을 키워 줄 만한가?

- 마음에 위로를 주고 정서적으로 안정감을 주는가?
- 좋은 심성을 길러줄 만한 이야기인가?

2. 사회 · 문화적 기준

- 시대와 문화를 초월한 삶의 보편적 진리와 가치, 정서를 담고 있는가?
- 민족의 고유한 문화와 생활상(우리나라 옛이야기의 경우 조상의 멋과 지혜, 꿈과 소망, 웃음과 재치, 해학과 풍자)을 담고 있는가?

3. 문학적 기준

- 원형의 중요한 화소가 충실하게 통합되어 재구성되었는가?
- 이야기 진행에 개연성이 있는가?
- 언어적 즐거움을 줄 수 있는 언어로 되어 있는가?
- 창의적 상상을 불러일으키는가?
- 교훈을 직접적으로 전달하지 않고 감동을 주는가?

Ⅱ 전래동요 그림책

A. 전래동요의 가치

전래동요의 가치는 다음과 같다(김세희, 2000; 신헌재 외, 2007) 첫째, 문학경험 입문의 계기가 되고 문학적 즐거움을 준다. 전래동요는 가장 일찍부터 아기가 접하는 문학의 형태다. 잠을 재우고 걸음마를 시키고 함께 놀이할 때 들려주는 문학이다. 유아는 아기 때부터 아동문학의 속성인 단순하고 소박한 성격의 전래동요를 통해 풍부한 상상의 세계를 접하고 흥미로운 사건과 줄거리의 즐거움을 맛보며 세상에 대한 간접 경험을 하게 된다. 또한, 비유법, 열거법, 대조법 같은 수사법이나 익살스러운 말맛을 자연스럽게 익히면서 자신의 감정을 표현하는 방법도 배우게 된다. 전래동요는 음악성, 흥미성을 갖추고 있어 유아가 어울려 함께 부르든 혼자 부르든 재미가 있다. 또한, 전래동요는 반복어도 많고 비슷한 음보율로 되어 있어서 기억하기 쉽고 부르기가 쉬워 즐거움이 배가된다. 아래의 전래동요에서, "쌀가루 같은 눈"이라는 표현에는 경제적으로 어렵던 옛사람들의 모습이 담겨 있지만, 유아는 이런 노래를 부르면서 자신의 감정을 은유적으로 표현하는 방법에 익숙해질 수 있다.

눈이 온다 펑펑
함박눈이 온다
쌀가루 같은 눈이
펑펑 내린다
저게 모두 쌀가루라면
전부 퍼다가
떡국을 해 먹을걸
눈이 온다 펄펄
함박눈이 온다

둘째, 우리 민족의 정신문화와 정서를 체험하는 계기가 된다. 전래동요에는 옛 어린이의 삶과 체험, 지혜가 녹아 있으므로 전래동요를 통해 유아는 옛사람이 중시하던 가치나 덕목(가족애, 효도, 우애, 우정, 생명 존중, 배려 등) 같은 정신문화를 경험하게 된다. 또한, 옛 어린이의 기쁨과 슬픔, 신명과 해학 같은 민족의 정서를 느끼는 기회가 된다. 이로써 유아는 자신의 정체성을 확인하게 된다. 다음의 노래는 놀이를 하면서 이웃 농작물에 폐가 되어서는 안 된다는 것을 가르쳐 준다.

꼭꼭 숨어라 꼭꼭 숨어라
텃밭에도 안 된다 상추 씨앗 밟는다
꽃밭에도 안 된다 꽃모종을 밟는다
울타리도 안 된다 호박순을 밟는다
꼭꼭 숨어라 꼭꼭 숨어라
종종머리 찾았네 장독대에 숨었네
까까머리 찾았네 방앗간에 숨었네
빨간 댕기 찾았네 기둥 뒤에 숨었네

셋째, 우리의 음악 예술을 체험하는 계기가 된다. 전래동요는 평범한 민중과 서민 어린이들이 생활 속에서 자연스럽게 자신의 언어로 만들어 낸 노래이므로 서민의 삶과 리듬, 곡조가 담겨 있다. 그러므로 이것을 따라 부르는 동안 우리 민족의 곡조와 장단 등 민족의 음악을 체험하게 된다.

넷째, 언어발달을 돕는다. 전래동요 중 많은 양을 차지하는 것이 말놀이 동요다. 유아는 아래와 같은 전래동요를 통해 여러 종류의 말놀이 동요를 부르면서 어휘 학습을 하기도 하고, 재치 있게 말을 만드는 방법도 익힐 수 있다.

이 서방 일하러 가세
김 서방 김매러 가세
조 서방 조하러 가세
신 서방 신이나 삼세
배 서방 배 사러 가세
방 서방 방석이나 틀세
우 서방 우물이나 좀 파 주게
오 서방 오이 사러 가세
유 서방 유쾌히 노세

다섯째, 사회성 발달을 돕는다. 전래동요는 대부분 놀이를 하면서 부르는 노래다. 유아는 전래동요를 함께 부르며 놀이를 하는 동안 친구들과 더 즐거운 놀이 경험을 하게 되고, 즐거운 놀이 경험은 친구들과의 관계에 긍정적 영향을 미치게 된다. 다음의 노래는 친구들 여럿이 팔을 서로 어깨에 얹고 다 같이 앉았다 일어났다 하면서 앞으로 나가며 부르는 노래다.

동무동무 씨동무
보리가 나도록 씨동무
동무동무 씨동무
보리가 나도록 씨동무
동무동무 씨동무
보리가 나도록 씨동무

여섯째, 창의성 발달을 돕는다. 전래동요는 세련된 예술가에 의해 만들어진 고정불변의 작품이 아니다. 전래동요는 그동안 시대와 지역에 따라 수정, 보완, 개작되면서 전해졌다. 앞으로도 어린이들이 놀이하며 공동으로 창의성을 발휘하여 새롭게 만들면서 즐길 수 있는 문학 형식이다. 아래 노래는 현대 어린이들 사이에 자생적으로 생겨난 구전동요의 예다.

신데렐라는 어려서 부모님을 잃고요
계모와 언니들에게 놀림을 받았더래요
샤바샤바 아이 샤바 얼마나 울었을까
샤바샤바 아이 샤바 왕자님은 언제 만날까

B. 전래동요의 종류

전래동요의 종류는 다양한 방식으로 나눌 수 있는데, 그중 대표적으로 놀이하며 부르는 노래, 바라며 부르는 노래, 익히며 부르는 노래의 예는 다음과 같다.

1. 놀이하며 부르는 노래

놀이하며 부르는 노래가 전체 노래의 1/2에 가깝다(편해문, 2002). 그만큼 놀이가 옛날 어린이에게도 중요했다는 것을 알 수 있다. 여기에는 친구들과 놀며 부르는 노래, 곤충이나 풀, 꽃들과 놀며 부르는 노래, 말놀이하고 놀며 부르는 노래가 있다. 다음은 여럿이 숨바꼭질을 하면서 부르는 노래다.

꼭꼭 숨어라
머리카락 보인다
쥐란 놈이 물어도
꼼짝 말고 달싹 마라
개미란 놈이 물어도
꼼짝 말고 달싹 마라

2. 바라며 부르는 노래

바라며 부르는 전래동요에는 해나 비, 연기, 바람, 물 등에 뭔가 바라며 부르는 노래, 동물이나 식물에 뭔가 바라며 부르는 노래, 추위나 더위가 물러가기를 바라며 부르는 노래, 신 내리기를 바라며 부르는 노래, 다치거나 해 입지 않기를 바라며 부르는 노래가 있다. 다음의 전래동요에는 나비를 잡고 싶어서 나비가 꽃밭에 앉기를 바라는 마음이 담겨 있다.

나비야 나비야
호랑나비 꽃나비
꽃밭에 앉거라

3. 익히며 부르는 노래

발음을 익히며 부르는 노래, 말이나 글을 익히며 부르는 노래, 수를 익히며 부르는 노래가 이에 속한다. 다음은 발음을 익히는 데 도움이 되는 노랫말을 담은 전래동요다.

저 건너 지붕 위에 콩깍지가
깐 콩깍지냐 안 깐 콩깍지냐

C. 전래동요 그림책의 선정 기준

[그림 1-4-22] 『잘잘잘 123』
이억배 글 · 그림/사계절/2006

전래동요를 그림책으로 만든 것에는 『우리 할아버지가 꼭 나만 했을 때』, 『자장자장 엄마 품에』, 『시리동동 거미동동』, 『길로 길로 가다가』, 『잘잘잘 123』, 『석수장이 아들』이 있다. 『우리 할아버지가 꼭 나만 했을 때』에는 7가지 종류의 전래동요를 점토로 연출하여 보여 준다. 『자장자장 엄마 품에』에는 우리 전래 자장가 29편이 그림과 함께 실려 있다. 『시리동동 거미동동』은 제주도 꼬리말 따기를 텍스트로 하고 이에 산뜻한 색의 아크릴화가 곁들여 있다. 유아가 따라 부르기에 좋고 다른 식의 꼬리말 따기 노래를 만들 수도 있을 것이다. 『길로 길로 가다가』는 주물과 석고, 나무 등으로 만든 입체물을 사진으로 찍어 연출한 사진 그림책이다. 『잘잘잘 123』은 '하나 하면 할머니가 호박을 이고서 잘잘잘'로 시작하여 '열 하면 여럿이서 여행을 한다고 잘잘잘'

로 끝나는, 수 세기를 익힐 수 있는 전래동요 그림책이다. 『석수장이 아들』은 두 친구의 말놀이 대결이 펼쳐지고 이 과정에서 아이의 마음을 든든하게 지켜 주는 아버지의 모습에 감동하게 되는 그림책이다.

전래동요 그림책의 선정 기준은 다음과 같다.

첫째, 우리 말의 재미와 맛이 살아 있는가?
둘째, 우리 민족의 정신문화와 정서가 담겨 있는가?
셋째, 우리 민족의 음악적 특징이 담겨 있는가?

Ⅲ 동시 그림책

A. 동시의 가치

아동문학에서 동요는 어린이가 즐겨 부르는 노래의 '노랫말'을 의미하는 것으로 동시의 한 종류로 본다(신헌재 외, 2007). 동요는 우리 근대 아동문학의 특수한 환경에서 태어난 독특한 갈래다. 동요는 1920년대와 1930년대에 황금시대를 맞아 이전에 어린이에게 줄 수 없었던 문학적 즐거움을 선사하였다(이재철, 1989). 그러나 노랫가락에 맞추어 부르기 쉽게 대개 정형률의 형태로 만들어진 동요만으로는 표현의 한계가 있어 1930년대에 자유 동시 운동이 활발하게 이루어졌고, 1940년 이후에는 동요가 차차 쇠퇴하게 되었다.

동시는 비유나 상징을 통해 우리의 경험과 정서를 집약적으로 표현하여 우리 가슴 속의 그것들을 효과적으로 환기한다. 또한, 적절한 어조와 운율, 감각적 어휘의 사용으로 유아에게 청각적인 즐거움을 비롯한 감각적 즐거움과 언어적 감수성을 키워 주고, 우리 말의 아름다움을 느끼게 해 줄 수 있는 가장 좋은 문학 장르다. 동시의 가치를 구체적으로 열거하면 다음과 같다.

첫째, 우리말의 아름다움을 느낄 수 있게 해 준다.
둘째, 언어적 감수성을 세련시킨다.
셋째, 풍부하고 섬세한 감성을 길러 준다.
넷째, 자유로운 상상을 고무한다.
다섯째, 삶과 세상에 대한 통찰력을 키워 준다.
여섯째, 인간과 자연을 사랑하는 마음을 키워 준다.

B. 동시의 요소

신헌재 외(2007)는 동시의 요소로 다음의 다섯 가지를 들었다.

1. 주제와 소재

동시라고 해서 교훈적이거나 아름다운 자연을 예찬하는 내용, 예쁘고 귀엽고 어리고 착한 어린이에 대한 내용이어야만 하는 것은 아니다. 유아가 공감할 수 있는 주제와 소재로 진정성이 담겨 있다면 어떤 것이든 가능하다. 다음의 동시에는 옹알이를 하는 동생과의 대화에 푹 빠져 있는 엄마에 대해 심통이 난 아이의 마음이 잘 담겨 있다.

- 옹알옹알…….
- 그래,그래.
- 옹알옹알…….
- 그래,그래.

옹알옹알이
무슨 소리야?

그렇긴 또
뭐가 그렇담?

– 하 략 –

「엄만 늘 그래」『흑염소는 까매서 똥도 까맣다』
(문삼석 글 · 김혜진 그림/섬아이/2009)

2. 운율(리듬)

시가 산문과 다른 중요한 요소는 운율이다. 운율을 효과적으로 구사하면 유아의 감흥을 끌어내기 쉽다. 운율을 만들어 내는 방법으로 쉽게 떠올릴 수 있는 것은 정형률(외형률)로, 글자 수를 3 · 4조, 4 · 4조, 7 · 5조처럼 일정하게 하는 것이다. 그러나 최근에는 이러한 음수율보다는 내재율, 즉 자연스럽게 소리를 내어 읽어 보면 저절로 느껴지는 규칙적인 호흡으로 리듬을 형성하거나 3음보율이나 4음보율처럼 음보율에 의한 운율의 생성에 더 관심이 쏠리고 있다(신헌재 외, 2007). 다음은 한 번 읽을 때 세 번으로 나누어 읽을 수 있는 3음보율의 예다.

바알간/아가 볼/
포옥 싸 안고/

– 중 략 –

호오호오/손 시린/
아침 눈길을/

비뚤비뚤/발자국도/
따라갑니다/

「아침 눈길」『우산 속』
(문삼석 글 · 그림/아동문예/2009)

동시는 또한 의성어나 의태어의 반복으로 운율을 형성하는데, 유아는 이런 기법을 따라 하며 즐긴다. 다음은 둥둥과 동동, 풍덩과 퐁당의 말 세기를 대조시켰을 뿐 아니라 의성어와 의태어를 함께 사용한 예다.

둥둥 엄마오리
못 물 위에 둥둥

동동 아기오리
엄마 따라 동동

풍덩 엄마오리
못 풀 속에 풍덩

– 하 략 –

「오리」『봄 여름 가을 겨울』
(권태응 글 · 이동진 그림/위즈덤북/2008)

그 외에 비슷한 음이나 같은 음을 첫 글자에 두는 두운, 끝 자에 두는 각운, 같은 모음이 반복되는 유운, 같은 자음이 반복되는 자음 압운 등으로 운율을 살릴 수 있다(김현희 외, 2016). 다음은 각운을 살린 시다.

오줌 싸도 이쁘고
응가 해도 이쁘고
앙앙 울어도 이쁘고
잠을 자도 이쁘고

– 중 략 –

꽃 중의 꽃 방안의 꽃
우리 아기

「방안의 꽃」『콩, 너는 죽었다』
(김용택 글 · 김효은 그림/문학동네/2018)

3. 비유

시는 산문과 다르게 함축적 언어를 사용한다. 짧은 말에 많은 내용이 들어 있을 때 더욱 호소력이 짙다. 효과적인 시 표현을 위해서는 사물을 다른 사물에 빗대어 표현하는 비유가 가장 기본이다. 동시에서 가장 자주 쓰이는 비유법은 직유와 은유다. 다음은 아기를 꽃에 비유한 동시다.

엄마의 눈에는
아기가 꽃입니다

걸어다니는 꽃나무
노래할 줄 아는 꽃입니다

– 중 략 –

아기가 있는 곳은 삼백육십오 일
꽃이 피는 꽃밭입니다.

「꽃밭」『1 · 2학년 동시』
(정두리 글 · 엄기원 엮음/효리원/2001)

4. 이미지

시각, 청각, 촉각, 후각, 미각과 같은 감각적 표현은 시인이 말하고자 하는 세계를 마치 직접 보고, 듣고, 만지고, 냄새 맡는 것처럼 독자가 느끼게 이미지를 떠올려 준다. 좋은 시는 감각을 생생하게 재현시켜 독자의 미적 쾌감을 자극한다. 다음은 참새가 논에 앉아 벼를 쪼다가 날아가는 모습을 눈앞에 실제 펼쳐지는 광경처럼 표현한 동시다.

– 상 략 –

총총총,

콕콕콕,

포르르—

날아갔다!

「참새」『고양이가 나 대신』
(이상교 글 · 박성은 그림/창비/2009)

5. 어조

시에서 사용된 말투를 말한다. 동시는 대체로 정답고 상냥한 어조가 대부분이지만 모든 동시가 같은 어조일 필요는 없다. 동시의 성격에 따라 연민, 단호함 등이 엿보이는 개성 있는 어조의 동시도 가능하다. 다음은 눈밭에 찍힌 발자국 모양만 보고도 누구의 발자국인지 안다며 확신에 찬 어조로 이야기한 동시다.

눈밭엔 발자국
퐁퐁퐁이면
가 보나마나
강아지 발자국

눈밭에 발자국
점점점이면
가 보나마나
참새 발자국

– 하 략 –

「가 보나마나」『봄 여름 가을 겨울』
(유경환 글 · 이동진 그림/위즈덤북/2008)

C. 동시의 종류

시의 종류는 형식에 따라 정형시, 자유시, 산문시로 분류하고, 내용에 따라 서정시, 서사시로 분류하는데, 일반적으로 서정시 안에 정형시와 자유시의 형식이 포함된다. 그런데 서사시의 경우 유아 대상의 동시 종류로 보기 어렵다. 아동문학에서는 대신 이야기시(또는 동화시)라는 용어를 사용한다. 그러므로 본서에서는 우선 동시를 서정시와 이야기시로 나누고, 서정시를 정형 동시와 자유 동시로 나누어 살펴보았다.

1. 서정시

서정시는 시인의 개인적인 감정과 생각을 표현하는 짧은 시다. 서정시를 뜻하는 단어, lyric의 어원이 lyra라는 현악기를 뜻하는 것에서 알 수 있듯이 서정시는 본래 악기에 맞추어 부르는 노래 가사를 뜻한다. 그러나 노래시가 문자로 정착되어 눈으로 읽게 됨에 따라 노래의 성격보다는 말의 아름다움, 그로 인한 정서적 감흥을 강조하게 되었다. 서정시는 동요처럼 음수율을 맞춘 정형 동시, 글자나 운율 등을 제한하지 않는 자유시로 나뉜다.

1) 정형 동시

3 · 4조, 4 · 4조, 5 · 5조, 7 · 5조와 같이 일정한 음수율을 지켜 만든 동시를 말하는 것으로 대표적으로는 동요가 이에 속한다. 형식 면에서 보면, 동시조나 전래동요도 이에 속한다고 할 수 있다. 동요의 경우, 음절 수를 일정하게 하는 것을 음수율이라 하는데, 음수율이 적용되면 리듬감을 살리면서 읊을 수가 있고 듣는 사람도 그것을 들으면서 리듬감을 느낄 수 있다. 동요는 음수율뿐 아니라 음성률이나 음위율을 적용하기도 한다. 음성률은 어음의 강약과 장단을 배치하는 것이다. 음위율은 두운, 요운, 각운을 말한다.

동요 그림책에는 『노래 노래 부르며』와 『나팔 불어요』, 『둥근 해가 떴습니다』 등이 있는데, 『노래 노래 부르며』에는 고향의 봄, 우산, 무지개, 섬집 아이, 과수원 길 등의 동요와 악보가 실려 있고, 『나팔 불어요』에는 잠자리, 목장의 노래, 과꽃, 고기잡이 등의 동요와 악보가 실려 있다. 『둥근 해가 떴습니다』는 동요 가사를 글텍스트로 하고 이 노래에 맞춰 하루를 시작하는 장애아와 엄마의 모습이 그림으로 표현되어 있다.

2) 자유 동시

자유 동시는 정형 동시와 다르게 글자 수나 행수가 자유롭고 내재율이 포함된 시다. 이것은 내용에 따라 자연현상을 다루거나 동식물에 대한 것, 가족에 대한 것, 일상생활의 경험에 대한 것으로 나눌 수 있다.

서정시가 담긴 동시 그림책으로는 우선 김용택 시인의 15편의 시에 정순희가 그림을 그린 『나비가 날아간다』를 들 수 있다. 다음으로는 윤석중의 시에 이영경이 그림을 그린 『넉 점 반』, 이태준의 시에 김동성이 그림을 그린 『엄마 마중』, 윤동재의 시에 김재홍이 그림을 그린 『영이의 비닐우산』처럼 그림책 한 권에 시 한 편이 들어 있는 그림책이 있다. 『내 동생』은 어린이의 시에 그림을 그린 그림책이다. 그리고 「구슬비」, 「누가 누가 잠자나」와 같은 동요와 「아기와 나비」 같은 동시를 각각의 작은 보드북의 그림책으로 만든 영아 대상의 '아기 시 그림책'도 있다.

[그림 1-4-23] 『넉 점 반』
윤석중 글 · 이영경 그림/창비/2004

2. 이야기시

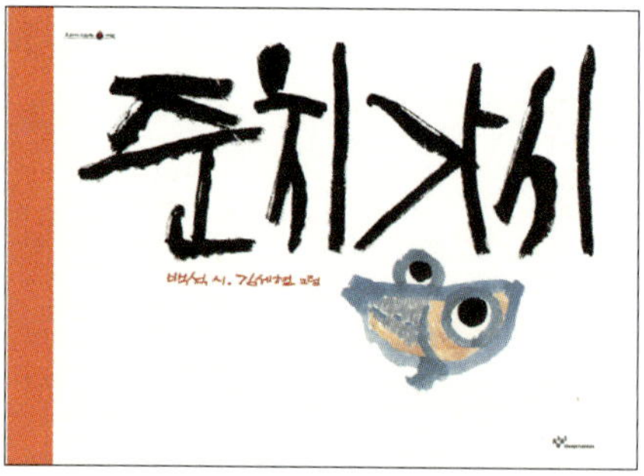

[그림 1-4-24]『준치가시』
백석 시 · 김세현 그림/창비/2006

이야기시는 이야기를 운문의 형식에 담아 낸 동시다. 이야기시는 이야기가 들어 있다는 점에서 보면 동화의 성격을 띠지만 운율과 같은 형식을 지니고 있다는 점에서는 동시다. 이야기시를 최초로 창작한 시인은 백석이다(신헌재 외, 2007). 최근에는 그의 이야기시, 『개구리네 한솥밥』(2006), 『준치가시』(2006)가 그림책으로 출판되었다. 『개구리네 한솥밥』은 이웃의 어려움을 그냥 지나치지 못하는 개구리와 그의 친구들 이야기로, 시의 운율이 살아 있는 '이야기'다. 또한, 의성어와 의태어가 적절하게 사용되었으며, 목판화를 통해 상황을 생생하면서 섬세하게 묘사하였다. 『준치가시』는 가시를 갖고 싶어 한 준치에게 다른 물고기들이 친구를 돕는 마음으로 꽂아 준 가시가 지나치게 많아져 버린 이야기를 담고 있다.

D. 동시 그림책의 선정 기준

동시 그림책은 우선 듣기 좋고 마음을 움직일 수 있는 양질의 동요나 동시를 선택하는 일이 중요하다. 별로 감흥이 없는 동시는 그림으로 일부 가려질 수는 있지만 그렇다고 그림으로 동시 자체의 값어치를 높일 수는 없기 때문이다. 다음으로, 글의 의미와 분위기를 적절한 스타일, 매체로 그림으로써 글쓴이와 독자의 마음을 연결해 줄 수 있는 그림이 필수적이다. 다음의 기준은 동시에 대한 기준인 동시에 글텍스트와 그림텍스트가 함께 만들어 낸 그림책 세계에 대한 평가 기준이기도 하다.

1. 주제 및 소재

- 진실한 주제인가?
- 나타내고자 하는 주제가 뚜렷한가?
- 유아가 이해할 수 있는 주제인가?
- 유아의 감정이나 욕구, 생각, 생활을 표현한 것인가?
- 어른의 주관적 감정이나 교훈을 강요하지 않는가?

2. 운율

- 리듬감이나 음악성이 살아 있는가?
- 외형률이나 내재율이 뚜렷한가?
- 의성어, 의태어, 음위율이 적절하게 사용되었는가?
- 언어적 즐거움을 느낄 만한 운율인가?

3. 비유

- 함축적으로 표현하기에 적절한 비유인가?
- 신선한 비유인가?
- 분명한 비유인가?
- 상상력이 풍부한 비유인가?

4. 이미지

- 뚜렷한 이미지인가?
- 감각어가 적절하게 사용되었는가?

5. 어조

- 처음부터 끝까지 일관된 어조인가?
- 주제에 적합한 어조인가?

Ⅳ 환상 그림책

A. 환상 그림책의 가치

환상(fantasy)이란 지각의 대상을 심적으로 이해하는 일이거나, 현실로 나타나지 않은 것을 상상력을 통하여 어떤 모양으로 바꿔 놓는 활동, 힘 또는 그 결과(옥스포드 사전)이다. 이런 환상성이 포함된 아동문학 작품을 아동문학 분야에서는 판타지 또는 판타지(환상) 동화라고 부른다(이재복, 2001; 김서정, 2002). 환상동화는 등불이 어두운 구석을 밝히듯, 인간 내부의 갈망과 공포를 표면으로 끌어올려 구체적인 형태로 드러내므로 '등불로서의 문학'이라고도 한다(Veith, 1990).

헉, 헤플러와 힉맨(Huck, Hepler, & Hickman, 1987)은 판타지가 새로운 통찰력으로 현실 세계를 볼 수 있게 해 주고, 선과 악의 갈등이나 인간성, 삶과 죽음의 문제에 대한 보편적인 문제를 제시한다고 하였다. 컬리넌과 갈다(Cullinan & Galda, 2002)는 판타지가 인간의 도덕적 · 정신적 성장에 없어서는 안 될 힘을 제공하는 이야기라고 하였고, 티머맨(Timmerman, 1983)은 탈출, 회복, 위안의 기능을 한다고 하였다. 환상 그림책에는 다음과 같은 교육적 기능이 있다.

첫째, 유아에게 상상의 즐거움을 안겨 준다. 『이상한 화요일』은 유아가 어느 날 밤 개구리가 하늘을 나는 비현실적인 사건을 접하면서 왜 그런 일이 일어났는지, 그 사건 이후 개구리들은 어떻게 되었는지, 그다음 주 화요일에는 또 어떤 일이 벌어질지 등에 대해 자유롭게 상상해 볼 수 있게 해 준다. 둘째, 현실로부터의 일탈을 통해 현실에서 느끼는 갖가지 스트레스에서 벗어나 해방감과 카타르시스를 느끼게 해 준다. 『괴물들이 사는 나라』는 장난이 심하다는 이유로 저녁도 못 먹고 자신의 방으로 쫓겨 간 맥스가 상상의 세계에서 자신의 억눌린 욕구를 발산하는 과정을 담고 있다. 유아는 맥스와의 상상 여행을 통해 현실에서 느낀 억압감을 정화하게 된다. 셋째, 심리적 보상과 대리만족감을 준다. 『고릴라』의 한나는 아빠랑 동물원에 가서 고릴라를 보고 싶어 하지만, 아빠는 늘 바쁘다. 그런데 한나의 꿈속에 나타난 고릴라는 아빠를 대신하여 한나를 동물원에도 데리고 가고, 극장도 데리고 간다. 유아는 상상의 세계를 통해 대리만족의 경험을 한다. 넷째, 긍정적 자아를 회복시켜줌으로써 성장을 돕는다. 『아빠는 1등만 했대요』의 현호는 타임머신을 타고 아빠의 과거로의 여행을 통해 아빠의 실체를 알게 된다. 뭐든 1등만 했다는 아빠의 말은 거짓이었다. 현호는 자신이 아빠를 똑 닮았다는 사실에 안도하는 동시에 아빠와 자신의 모습을 모두 받아들이게 된다.

B. 환상 그림책의 문학적 특성

1. 주제

판타지는 비현실적 등장인물이나 배경, 사건 등으로 이루어진 이야기지만, 알렉산더(Alexander)가 "판타지와 사실 문학은 양극단에 있는 것이 아니라 같은 것을 표현하는 두 양식"(김세희, 임영심, 1999, 재인용)이라고 했듯이, 환상 그림책은 사실 그림책에서 다루는 대부분의 주제를 다룬다. 또한, 옛이야기의 주제인 권선징악, 인과응보라는 전통적인 가치를 넘어서, 고정된 시각이 아니라 다각적인 측면에서 바라보고 이해할 수 있는 시대적 관점을 반영하는 주제를 담는다. 욕구의 좌절과 분노의 해소, 심리적 압박과 카타르시스 등 내면세계를 담아 유아가 기쁨과 위로를 받을 수 있게 해 준다.

2. 등장인물

의인화된 동물이나 식물, 무생물, 마법을 쓰는 존재 등 초현실적인 인물이나 크기, 능력 면에서 과장된 비현실적 인물이 등장한다. 옛이야기 그림책과 비교할 때, 옛이야기에는 요정, 신령, 선녀, 도깨비, 마법사처럼 전형적인 인물이 등장하는 반면, 환상 그림책에는 달 사람, 눈사람, 의인화된 온갖 동물과 무생물들이 인격을 갖추어 등장하며, 내면 묘사도 섬세하고 입체적이다.

3. 플롯

옛이야기가 대체로 반복이나 대립, 또는 단선 플롯을 취하는 것과 다르게 환상 그림책은 기본 플롯을 포함하여 작가마다 독특한 플롯을 다양하게 사용한다. 『책 속의 책 속의 책』은 등장인물과 작가가 서로 경계 없이 바라보는 거울 플롯이고, 『공원에서』는 네 명의 인물의 시점에서 이야기가 전개되는 다중 플롯이다. 그리고 이야기 결말의 경우, 옛이야기 그림책은 행복한 결말로 끝나는 것이 일반적이지만 환상 그림책 중에는 『이상한 화요일』처럼 미완의 상태로 끝나는 열린 결말의 그림책도 있다.

4. 배경

옛이야기 그림책의 배경이 우리의 경험 너머의 과거의 한 세계라면, 환상 세계의 배경은 과거, 현재, 미래 모두 가능하고, 땅속, 하늘의 구름 위, 물속, 옷장 속 어디든 가능하다. 또한, 환상 그림책에는 대개 환상 세계로 통하는 '통로'가 있고, 이 통로가 현실 세계의 시공간과 연계되며, 등장인물은 이 통로를 통해 환상 세계와 현실 세계를 오간다(Nikolajeva, 1998).

5. 문체

상상력을 자극하고, 등장인물의 특성이 드러나 환상 세계가 생생하게 전달될 수 있게 그럴듯하게 전개되어야 한다.

C. 환상 그림책의 종류

환상 문학에 대한 분류는 대체로 환상 요소를 기준으로 이루어졌다(김세희 외, 1999; 김현희 외, 2016; Cullinan et al., 2002; Sutherland, 1997). 그러나 환상 그림책도 사실 그림책이나 마찬가지로 다양한 주제를 담을 수 있다. 그러므로 이 책에서는 환상적 요소와 주제를 기준으로 환상 그림책을 분류하였다. 한 작품이 여러 유형에 속할 수 있지만, 가장 두드러지게 나타나는 특징에 따라 분류하였다.

1. 환상적 요소에 의한 분류

환상 그림책은 무엇 때문에 환상적으로 보이는지, 환상 세계의 성격은 어떠한지, 환상 세계로 가는 방법은 무엇인지 등에 따라 다음과 같이 나눌 수 있다.

1) 비현실적 등장인물

현실에 없는 상상의 인물을 등장시킴으로써 유아에게 환상 세계를 경험하게 하는 그림책으로, 여기에는 지나치게 과장된 인물을 포함하여 현실에 존재하지 않는 등장인물을 담은 그림책이 속한다. 『달 사람』은 지구를 동경한 달 사람의 이야기인데, 날짜가 지남에 따라 달 모양이 바뀌어 감옥에서 빠져나간다는 아이디어가 기발하다. 『알도』는 외로울 때, 속상할 때 나타나는 상상 친구에 관한 이야기고, 『고릴라』는 아빠를 대신하여 동물원에도 데리고 가고 극장, 음식점에도 함께 가 준 고릴라에 관한 이야기다. 『곰』은 몸집이 아주 큰 곰이 아이와 함께 놀아 주는 모습을 담고 있고, 『바바빠빠』는 마당에서 자란 바바빠빠라는 이상한 생명체에 관한 이야기며, 『제랄다와 거인』은 아이들을 잡아먹는 식인 거인의 이야기다. 그 밖에 글씨와 숫자도 배우고 도둑도 잡는 보아뱀의 이야기를 담은 『크릭터』가 있다.

[그림 1-4-25] 『달 사람』
토미 웅거러 글 · 그림/김정하 역/비룡소/1996

[그림 1-4-26] 『바바빠빠』
아네트 티종, 탈루스 테일러 글 · 그림/이용분 역/시공주니어/1994

2) 의인화된 등장인물

동물이나 식물 또는 무생물을 등장인물로 환상 세계를 보여 주는 그림책이다. 의인화된 등장인물도 크게 보면 앞서 살펴본 비현실적 등장인물로 볼 수도 있지만, 현실에 있는 동식물이나 무생물을 의인화라는 기법을 도입함으로써 환상의 질서를 만들어낸다는 점을 고려하여 별도의 유형으로 분류하였다.

동물을 의인화한 환상 그림책으로는 부모를 잃은 아기 코끼리의 이야기인 『코끼리 왕 바바』, 의인화된 동물들을 태우고 뱃놀이하는 아저씨의 이야기인 『검피 아저씨의 뱃놀이』, 더 나은 처우를 위해 농장주에게 편지를 쓰는 동물이 나오는 『탁탁 톡톡 음매~ 젖소가 편지를 쓴대요』가 있다. 치과 의사인 쥐가 늑대 환자를 치료하는 이야기인 『치과 의사 드소토 선생님』, 코끼리가 자신이 할 수 있는 일을 찾는 과정을 담은 『구룬파 유치원』, 한쪽 귀가 늘어지는 토끼의 고민을 담은 『내 귀는 짝짝이』도 동물을 의인화하였다. 식물을 의인화한 환상 그림책으로는, 다른 정원에서 살고 싶어 한 꽃과 그 꽃을 진정으로 아끼는 아저씨의 마음이 나타나 있는 『조지 아저씨네 정원』이 있다. 무생물을 의인화한 그림책으로는 장승을 의인화하여 그들 간의 우정을 표현한 『으악, 도깨비다!』, 궤도 이탈을 감행한 기차 이야기를 담은 『말괄량이 기관차 치치』, 보잘것없다고 느끼던 강아지똥이 민들레꽃을 피우는 대단한 모습을 보여 준 『강아지똥』이 있다. 또한, 바느질에 필요한 일곱 가지 도구를 의인화한 『아씨방 일곱 동무』 등이 있다.

[그림 1-4-27] 『검피 아저씨의 뱃놀이』
존 버닝햄 글 · 그림/이주령 역/시공주니어/1996

[그림 1-4-28] 『조지 아저씨네 정원』
게르다 마리 샤이들 글 · 베너뎃 와츠 그림
/강무홍 역/시공주니어/1995

3) 비현실적 사건

비현실적 사건의 발생으로 유아에게 환상 세계를 경험하게 하는 그림책으로, 구름으로 만든 빵을 먹고 하늘을 날게 되는 이야기를 담은 『구름빵』, 식구들이 없는 사이 토끼가 집 안으로 들어와 여러 가지 놀이를 하는 이야기인 『도대체 그 동안 무슨 일이 일어났을까?』가 있다. 산속 동물들이 모두 먹을 수 있을 만큼 큰 만두를 빚는 이야기가 담긴 『손 큰 할머니의 만두 만들기』도 있다. 그리고 아침마다 등굣길에서 동물을 만나는 바람에 지각을 하는 아이의 이야기를 담은 『지각대장 존』, 종이로 접은 학이 손뼉을 치면 진짜 학이 되어 춤을 추는 일이 벌어지는 『종이학』, 미술관의 작품 속에 있는 개들이 작품 밖으로 나와서 놀다가 서로 다른 그림 속으로 바뀌어 들어가는 일이 벌어지는 『세상에서 가장 유명한 미술관』 등이 있다. 그 밖에 아이가 목욕하는 중에 동물들이 나타나 목욕을 함께 하는 『목욕은 즐거워』, 동생이 태어나자 설레면서도 낯선 기분이 드는 아이의 마음을 초현실적 그림으로 표현한 『달라질 거야』가 있다.

[그림 1-4-29] 『손 큰 할머니의 만두 만들기』
채인선 글 · 이억배 그림/재미마주/1998

[그림 1-4-30] 『종이학』
몰리 뱅 글 · 그림/정태선 역/미래아이/2000

4) 비현실적 시공간

현실 세계가 아닌 환상 세계가 배경으로 나오는 그림책으로, 여기에는 꿈 이야기도 포함되고 등장인물의 상상이 펼쳐지는 공간도 포함된다. 『아무도 모를 거야 내가 누군지』에서 벽장은 주인공 아이가 여러 가지 탈을 쓴 상상의 인물과 하나 되어 놀면서 카타르시스를 경험하는 공간이다. 『우리는 벌거숭이 화가』는 몸에 물감으로 칠을 하며 놀던 남매가 상상 속 바다와 숲속에서의 놀이로 상상을 이어가는 그림책이다. 『숲으로 간 코끼리』는 서커스단 코끼리가 죽음을 앞두고 요정의 손에 이끌려 환상의 숲에서 즐거운 경험을 하게 되는 이야기다. 『터널』은 책 읽기만 좋아하던 여동생이 두려움 때문에 들어가기 싫던 터널을 통과하여 오빠를 구하는 경험을 통해 한층 성장하는 이야기다. 『괴

[그림 1-4-31] 『터널』
앤서니 브라운 글 · 그림/장미란 역/논장/2018

[그림 1-4-32] 『구름공항』
데이비드 위스너 지음/시공주니어/2017

물들이 사는 나라』는 엄마에게 혼나고 제 방으로 쫓겨 들어간 맥스가 괴물들이 사는 상상의 나라에서 욕구를 발산한 이야기고, 『깊은 밤 부엌에서』의 부엌은 한밤중 빵을 만드는 재미있는 상상이 펼쳐지는 공간이다. 그리고 『구름공항』은 여러 가지 모양의 구름을 시간에 맞춰 디자인하여 내보내는 곳(원제인 『*Sector 7*』은 환상의 장소)에서 펼쳐지는 이야기고, 『구름 나라』는 산에서 실족한 아이가 상상의 공간인 구름 나라에서 여왕과 아이들과 노는 모습이 담겨 있는 그림책이다.

5) 마법 요소

마법의 물건이나 도구, 마법의 사용으로 유아에게 환상 세계를 경험하게 하는 그림책이다. 마법의 뼈다귀 덕분에 늑대로부터 탈출한 돼지의 이야기인 『멋진 뼈다귀』, 다른 생명이 내는 마음의 소리를 들을 수 있는 마법의 사탕이 나오는 『알사탕』, 하늘을 나는 침대가 나오는 『마법 침대』, 주문대로 변신하게 해 주는 마법의 조약돌 때문에 돌로 변해버린 당나귀의 이야기인 『당나귀 실베스터와 요술 조약돌』, 마법의 약으로 사람 크기가 작아졌다가 커지는 일이 벌어지는 『장난감 형』이 있다. 마법으로 무생물인 장난감 쥐가 생명을 얻게 되는 『알렉산더와 장난감 쥐』가 있다. 그리고 마녀의 마법으로 집의 색깔이 변하는 이야기인 『마녀 위니』, 마법으로 하늘에 양탄자를 타고 다니기도 하는 『마들린느의 크리스마스』도 마법이 매개된 환상 그림책이다.

[그림 1-4-33] 『당나귀 실베스터와 요술 조약돌』
윌리엄 스타이그 글 · 그림/김영진 역/비룡소/2017

[그림 1-4-34] 『마녀 위니』
밸러리 토머스 글 · 코키 폴 그림/김중철 역/비룡소/1996

6) 옛이야기 요소

옛이야기는 여러 면에서 비현실적이다. 초인적 능력을 지닌 신이나 영웅, 도깨비나 선녀 등의 인물이 등장하거나, 용궁이나 하늘나라 같은 환상적 배경이 펼쳐지고, 여우가 둔갑하는 일이 벌어지고, 신선이 가져다준 마법의 샘물 같은 신비한 소재가 나오는 등 다양한 환상성을 담고 있다. 이런 옛이야기가 지닌 문학적 요소가 담겨 있으면서 현대 작가가 창작한 그림책들이 이 유형에 속한다. 『똥벼락』은 유아들이 좋아하는 소재인 똥과 옛이야기의 단골 인물인 도깨비, 욕심쟁이 부자를 매개로 한 그림책이다. 『어처구니 이야기』는 추녀 끝의 작은 조형물인 어처구니를 의인화하여 옛이야기 형식으로 만든 환상 그림책이고, 『장수탕 선녀님』은 동네 대중목욕탕에 나타난 선녀와 엄마 따라 목욕탕에 온 덕지의 이야기다.

[그림 1-4-35] 『어처구니 이야기』
박연철 글 · 그림/비룡소/2006

[그림 1-4-36] 『똥벼락』
김회경 글 · 그림/사계절/2001

2. 소재 및 주제에 의한 분류

1) 일상생활이나 놀이

유아의 일상생활이나 놀이 과정을 소재로 환상 세계가 펼쳐지는 그림책으로 『숲 속에서』를 들 수 있다. 한 아이가 숲속에서 사자, 코끼리, 곰, 캥거루 가족 등의 동물을 만나 이야기도 하고, 손수건 돌리기, 숨바꼭질 같은 놀이도 함께 한다. 『이건 상자가 아니야』

는 토끼가 상자를 자동차, 산, 건물, 로봇, 로켓 등으로 여겨, 타는 시늉을 하기도 하고 오르는 시늉을 하기도 하면서 상상 놀이를 한다.

[그림 1-4-37] 『숲 속에서』
마리 홀 에츠 글 · 그림/박철주 역/시공주니어/1998

[그림 1-4-38] 『이건 상자가 아니야』
앙트아네트 포티스 글 · 그림/김정희 역/베틀북/2007

2) 심리적 과업 및 문제해결

등장인물이 문제 상황에 부딪고 그것을 해결하는 과정이 담겨 있거나, 그 과정을 통해 심리적으로 성장하는 과정이 담겨 있는 그림책이다. 이런 과정을 통해 유아는 성취감이라든지 자기조절, 문제해결, 주도성, 긍정적인 자아개념 등과 관련되는 발달에 도움을 받으리라 본다.

여기에 속하는 환상 그림책으로는 먼저, 성취감과 관련하여 자기에게 적합한 일을 못 찾다가 결국 그것을 찾아내는 과정을 담은 『구룬파 유치원』을 들 수 있다. 다음으로, 자기조절 능력과 관련하여 『안녕, 울적아』는 마음에 일어날 수 있는 슬픔, 우울감을 이름 지어 수용할 수 있게 해 주는 그림책이다. 내면의 거친 욕구가 환상 세계를 통해 해소되는 과정을 표현한 『괴물들이 사는 나라』, 상상의 친구인 알도 덕분에 일상의 어려움을 해결하는 내용의 『알도』, 어둠을 무서워하는 분홍빛의 박쥐가 여자아이의 격려로 두려움을 극복하는 내용의 『어둠을 무서워하는 꼬마 박쥐』가 있다. 문제해결 능력과 관련해서, 환자인 늑대가 잡아먹으려 하는 위기를 몸집 작은 치과 의사 드소토(쥐)가 기지를 발휘하여 모면하는 내용의 『치과 의사 드소토 선생님』, 큰 물고기로부터 잡아먹히지 않기 위해 헤엄 잘 치는 까만색의 물고기 헤엄이가 다른 작은 물고기들과 큰 물고기의 모습으로 가장하는 이야기인 『헤엄이』가 있다. 『강아지똥』, 『내 귀는 짝짝이』는 스스로 보잘것없다고 느끼거나 남들과 달라서 속상해하던 주인공이 자신만의 고유한 가치를 발견하면서 자신에 대해 긍정적이 되는 과정을 그린 그림책들이다.

[그림 1-4-39] 『헤엄이』
레오 리오니 글 · 그림/김난령 역/시공주니어/2019

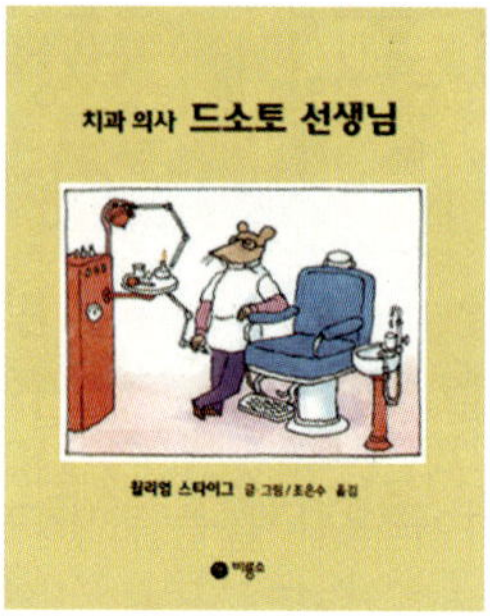

[그림 1-4-40] 『치과 의사 드소토 선생님』
윌리엄 스타이그 글 · 그림/조은수 역/비룡소/1995

3) 가족과의 관계

부모 또는 가족과의 관계를 보여 주는 그림책으로는 『고릴라』, 『당나귀 실베스터와 요술 조약돌』, 『내가 아빠를 얼마나 사랑하는지 아세요?』, 『아빠는 1등만 했대요』, 『그래도 엄마는 너를 사랑한단다』가 있다. 『고릴라』에서 한나는 상상의 고릴라 덕분에 동물원에도 가고 즐거운 시간을 갖는다. 마지막에는 아빠가 동물원에 함께 가고 싶어 하는 한나의 바람을 들어준다. 『당나귀 실베스터와 요술 조약돌』에서 당나귀 실베스터는 마법의 돌로 인해 바위로 변해 버린다. 실베스터가 없어지자 부모는 상심한다. 결국에는 마법의 돌 덕분에 실베스터는 돌에서 원래의 모습으로 돌아온다. 『내가 아빠를 얼마나 사랑하는지 아세요?』는 아빠 토끼와 아기 토끼가 서로 자기가 상대를 더 사랑한다는 것을 표현하기 위해 애쓰는 모습이 담겨 있는 그림책이다. 『아빠는 1등만 했대요』는 타임머신을 타고 아빠의 어린 시절로 가서 아빠가 1등만 했다고 하는 말은 거짓이었음을 확인하는 이야기다. 『그래도 엄마는 너를 사랑한단다』는 돼지를 의인화하여 호기심 많고 하고 싶은 것이 많은 유아의 모습을 보여 준다. 온종일 분주한 가운데 종종 말썽도 피우는 올리비아지만 엄마는 그래도 사랑한다고 말한다.

『장난감 형』, 『터널』, 『달라질 거야』는 형제나 오누이 간의 관계가 나타난 환상 그림책이다. 『장난감 형』은 새로 발명한 약을 먹고 작아진 형을 동생이 돌봐 주는 내용의 그림책이고, 『터널』은 평소 사이가 좋지 않던 오누이가 터널 너머의 환상 세계에서의 경험을 통해 관계 회복을 이룬(주인공 여자아이인 로즈가 내면의 여성성과 남성성이 통합되어 성장하는 이야기로 해석하기도 함) 그림책이다. 『달라질 거야』는 집안의 물건들이 초현실적으로 바뀌는 모습을 보여 줌으로써 동생의 탄생을 앞둔 오빠의 심리를 상징적으로 나타낸다. 그 외에 『고 녀석 맛있겠다』는 알에서 깨어난 안킬로사우루스가 생후 처음 만난 티라노사우루스를 아빠로 오해하면서 벌어지는 감동적인 이야기다.

[그림 1-4-41] 『그래도 엄마는 너를 사랑한단다』
이언 포크너 글 · 그림/서애경 역/베틀북/2013

[그림 1-4-42] 『고 녀석 맛있겠다』
미야니시 타츠야 글 · 그림/백승인 역/달리/2004

4) 가족 외 생명과의 관계

가족 외의 생명 간의 관계를 다루고 있는 그림책들이 있다. 『지각대장 존』은 선생님으로부터 상상의 세계를 인정받지 못한 채 억압받고 있는 어린이의 모습을 표현하고 있고, 『우리는 친구』, 『룰루』, 『사랑에 빠진 개구리』, 『까만 크레파스』는 서로 다른 특성의 친구들 간 우정을 다루고 있다. 『우리는 친구』는 몸집 작은 고양이와 커다란 고릴라의 깊은 우정을 다루고 있고, 『룰루』는 다른 늑대들로부터 공포를 경험한 룰루(주인공 늑대)가 자기로 인해 공포를 느꼈을 토끼 친구의 심정을 이해하게 되는 내용의 그림책이다. 『사랑에 빠진 개구리』는 초록색 개구리와 하얀색 오리의 사랑을, 『까만 크레파스』는 까만색을 포함한 여러 색 친구들이 힘을 보태 아름다운 그림을 그리는 과정을 보여 준다. 그밖에 『알사탕』은 친구 없이 혼자 놀던 아이가 새로 친구를 사귀게 되는 이야기를 담고 있다.

『내 친구 커트니』는 겉모습과 달리 특별한 재능을 지닌 개, 커트니를 통해 반려견을 비롯하여 다른 생명과의 관계에 대해 생각해 보게 하는 그림책이다. 『친절한 친구들』은 눈 내리는 추운 겨울에 토끼가 당나귀를 위해 가져다 놓았던 순무가 동물 친구들의 서로에 대한 배려로 인해 다시 토끼에게로 돌아오는 이야기다. 『아모스 할아버지가 아픈 날』은 매일 동물원에 들러 동물들을 돌보던 아모스 할아버지가 병이 나서 동물원에 못 가자 동물들이 할아버지 집으로 문병을 오는 이야기가 따뜻하고 섬세한 그림과 함께 펼쳐진다. 『애너벨과 신기한 털실』의 애너벨은 우연히 손에 들어온 작은 상자 안의 털실로 자신을 비롯하여 동네 사람들뿐만 아니라 개, 나무, 집 등 온 동네의 생물과 무생물의 몸을 따뜻하게 감싸준다. 『세 강도』와 『제랄다와 거인』은 사람들이 멀리하고 싶어 하는 존재들이 사람들 속으로 화합되는 과정을 보여 주는 그림책으로, '세 강도'와 '아이를 잡아먹는 거인'이 어떻게 마음 착한 사람들로 변하는지를 보여 준다.

[그림 1-4-43] 『친절한 친구들』
후안 이춘 글 · 무라야마 토모요시 그림/예상열 역/한림출판사/2002

5) 자연의 모습이나 자연과의 관계

『달 사람』, 『달지기 소년』, 『구름공항』은 달이나 하늘, 외계를 소재로 한 그림책이다. 『달 사람』은 달에서 혼자 외롭게 지내던 달 사람이 지구에서 인간들과 어울려 지내는 모습을 담은 그림책이고, 『달지기 소년』은 달의 모양을 제때에 맞추어 가려 주는 일을 하는 '달지기'라는 가상의 존재에 대한 그림책이다. 『구름공항』은 갖가지 모양의 구름이 만들어지는 곳이 있다는 상상에 기초한 그림책이다. 『헨리에타의 첫 겨울』은 부모 없이 홀로 남겨진 헨리에타가 처음으로 먹이를 모으면서 겨울잠을 잘 준비하는 모습이 담긴 그림책으로, 자연의 생태를 담은 환상 그림책이다. 『민들레를 사랑한 기니피그 아삭이』는 민들레를 먹기만 좋아하던 아삭이가 민들레가 멸종 위기에 처하자 관심과 사랑으로 민들레를 가꾸는 일도 열심히 하게 되는 이야기다. 『야, 우리 기차에서 내려!』, 『달 샤베트』는 오염된 환경으로 인해 멸종 위기에 처한 동물이나 온난화로 인한 환경문제에 관심을 기울이게 한다.

[그림 1-4-44] 『달지기 소년』
에릭 퓌바레 글 · 그림/김예령 역/달리/2019

[그림 1-4-45] 『달 샤베트』
백희나 글 · 그림/책읽는곰/2014

6) 다문화, 반편견

다문화, 반편견을 주제로 하는 그림책은 유아에게 다양한 문화를 접하게 해 주고, 성, 장애, 계층, 인종 등에 대한 반편견적 사고를 발달시키는 기회를 줄 것이다. 『돼지책』은 엄마의 역할에 대한 고정 관념에 대해 다시 생각해 볼 기회를 주는 그림책이다.

[그림 1-4-46] 『돼지책』
앤서니 브라운 글 · 그림/허은미 역/웅진주니어/2016

7) 위기 상황

『나비 엄마의 손길』은 엄마가 돌아가셨지만, 엄마가 안 계신 것에 대해 슬퍼하는 대신 늘 곁에 있다는 믿음을 표현한 그림책이고, 『할머니가 남긴 선물』은 죽음을 앞에 둔 할머니가 주변 정리를 하고 손자와 아름다운 이별을 하는 그림책이다. 『꼬마 구름 파랑이』는 평화를 사랑하는 구름에 대한 이야기다. 늘 웃음 짓는 파란 구름은 그 속을 지나는 새, 비행기, 산봉우리, 건물을 모두 파란색으로 변하게 만든다.

[그림 1-4-47] 『할머니가 남긴 선물』
마거릿 와일드 글 · 론 브룩스 그림/최순희 역/시공주니어/1997

[그림 1-4-48] 『꼬마 구름 파랑이』
토미 웅거러 글 · 그림/이현정 역/비룡소/2001

8) 찾기 놀이나 상상의 즐거움, 유머

『세상에서 가장 유명한 미술관』은 미술관 명화 속의 개들이 밤사이 서로 자리를 바꾸는 흥미로운 사건이 벌어지는 그림책으로, 원작 속에 들어간 다른 개의 모습을 찾으며 읽을 수 있다. 『앤서니 브라운의 마술 연필』은 꼬마 곰이 위험한 상황을 어떤 상상력을 발휘하여 그림을 그려 벗어나는지를 보여 준다. 『마녀 위니』는 자신이 기르는 고양이 색을 바꿨던 마녀 위니가 결국 고양이 색은 원래대로 하고 자신의 집 색을 바꾸는 유머를 담고 있다. 『크릭터』는 자기 몸으로 형태도 만들고 글씨 모양도 보여 주는 등 여느 보아뱀과 다른 보아뱀이 등장하는 그림책이다.

[그림 1-4-49] 『세상에서 가장 유명한 미술관』
메리디스 후퍼 글 · 알렌 컬리스 그림/김남중 역/국민서관/2000

E. 환상 그림책의 선정 기준

좋은 환상 그림책은 상상의 세계를 통해 내면적 갈등이나 불안, 스트레스와 억압, 불만을 해소해 주고, 기발한 상상력에 기초하여 책이 주는 즐거움을 느끼게 해 준다. 또한, 현실의 세계에서는 미처 감지하지 못한 유아의 모습, 사회의 모습, 인간의 모습, 자연의 모습을 상상의 세계를 통해 더 진실 되게 보여 주는 그림책이다. 이를 좀 더 구체적으로 살펴보면 다음과 같다(한국 어린이 문학교육연구회, 1999).

1. 주제

- 가치 있는 주제를 다루고 있는가?
- 새로운 통찰과 인식을 하게 하는가?
- 상상의 즐거움을 주는가?
- 현실로부터의 해방구 역할, 즉 억압으로부터의 탈피나 카타르시스를 경험하게 하는가?
- 심리적 보상과 대리만족감을 주는가?
- 긍정적 자아를 회복시켜 성장을 돕는가?
- 인물이나 플롯과 잘 융합되어 자연스럽게 표현되었는가?

2. 등장인물

- 등장인물의 감정과 상황이 인간 생활의 보편성에 근거하여 실제와 연결되어 묘사되었는가?
- 동일시할 수 있는 등장인물인가?
- 등장인물은 일관성 있는 행동과 믿을 만한 방법으로 사건에 반응하는가?
- 현실 세계에 있는 인물이 환상적인 상황으로 들어가도 그 인물이 일관성 있게 묘사되었는가?
- 주된 등장인물은 평범함, 순진함, 아이다움이 있고, 호기심이 풍부하며 선한 본성을 지니는가?

3. 플롯

- 줄거리가 믿을 만한가?
- 환상과 실제가 잘 융합되어 불가능한 것을 가능하게 보이게 하는가?
- 일련의 사건이 논리적 일관성을 갖고 있는가?
- 우연한 사건의 남발이 없는가?
- 현실과 환상 세계의 전환이 있다면, 두 세계의 전환이 자연스러운가?
- 환상적 요소가 논리적으로 이야기에 잘 융합되었는가?
- 마술적 요소가 일관성이 있는가?

4. 배경

- 시간적 요소가 사실처럼 표현되었는가?
- 공간적 배경이 진실되고 이야기에 잘 융합되는가?

5. 문체

- 문체가 환상을 묘사하는 데 적합한가?
- 세부 묘사가 줄거리, 장면, 인물, 시점과 일관성이 있는가?
- 환상 속에 충분한 상상과 선명한 수식적 언어를 사용하여 독자가 창조된 세계를 생생하게 상상할 수 있도록 해 주는가?

6. 결말

- 환상을 깨뜨리지 않은 채로 이야기가 끝을 맺었는가?
- 인간 본연의 진리를 따르는 방법으로 끝을 맺었는가?

V 사실 그림책

A. 사실 그림책의 가치

사실 그림책은 문학적으로는 사실동화에 기초한다. 사실동화는 어린이의 구체적인 삶을 소재로 현실 세계에서 벌어질 수 있는 사건을 현실의 논리에 맞게 쓴 동화다. 어린이가 이해하기 어려운 소재는 어린이의 눈으로 보게 하여 공감을 얻어내는 동화다. 사실동화는 때때로 생활동화라고 하기도 한다. 그런데, 생활동화는 대체로 계몽적이고 교훈주의로 치우친 것들이 많아서 생활동화라는 용어를 사용할 경우, 아동문학의 예술적 의미를 축소한다는 의견이 많다. 그래서 최근에는 생활동화라는 용어 대신 사실동화라는 용어를 주로 사용한다. 또한, 사실주의 동화라고 하기도 한다. 그런데, 사실주의(realism)는 그것이 표방하는 세계관과 특정 양식, 미학적 특성이 따로 있는 특정 시대의 문예사조다. 그러므로 그냥 현실 세계에서 벌어질 수 있는 이야기를 다룬 동화라는 의미로 사용할 때는 사실동화(realistic fiction)라고 하는 것이 오해의 소지가 없다.

환상동화를 '등불로서의 문학'이라고 한다면, 사실동화는 '거울로서의 문학'(Veith, 1990)이라 할 수 있고, 현실의 삶을 담고 있다는 점에서는 '세상을 들여다볼 수 있는 창'이라고 할 수 있다. 이 말은 우리가 삶에 대해 지각하는 방식을 사실동화에서 있는 그대로 비추어 준다는 의미로, 우리는 사실동화를 통해 우리가 무엇을 중시하고 어떤 것에 실망하는지 직시하게 되고, 어떤 꿈을 키울지에 대한 반성적 사고를 하게 된다. 그리고 사실동화가 들려주는 다양한 삶의 이야기는 유아의 간접 경험의 폭을 넓혀 주는데, 이것은 단순히 양적으로 다양한 종류의 경험을 해 보는 것 이상의 의미를 지닌다. 예술적으로 형상화한 삶의 이야기는 현실 경험보다 더 구체화된 형태로 지각되므로 유아는 사실동화를 통해 인지적 · 정서적 경험을 풍부하게 하고 이들 경험을 재구성할 수 있게 되며, 삶에 대한 통찰력을 기르게 되어 삶의 질이 고양될 수 있다. 그리고 현실적 등장인물과 배경, 사건의 이야기므로 유아가 등장인물과 더 잘 동일시할 수 있다.

사실동화의 가치를 정리하면, 첫째, 미처 경험하지 못했던 사람과 문제에 대한 간접 경험을 통해 다양한 삶에 대한 통찰력을 기를 수 있다. 둘째, 등장인물과의 동일시 및 감정이입을 통해 다양한 사람에 대한 이해 및 공감 능력을 기를 수 있다. 셋째, 이야기 속 문제나 갈등을 보면서 자신만 겪는 문제나 갈등이 아님을 알고 심리적 안정감을 가질 수 있다. 넷째, 등장인물로부터 문제 해결력을 배울 수 있다.

B. 사실 그림책의 문학적 특성

사실 그림책은 현재, 여기에서 벌어지는 삶에 초점을 두고, 유아가 쉽게 이해하고 공감할 수 있는 실제 세계를 다룬다. 문학적 요소별로 특성을 살펴보면 다음과 같다.

1. 주제

어린이의 내부 세계뿐 아니라 외부 세계를 소재로 어린이의 관심과 희망, 어려움, 가족이나 친구, 또는 선생님, 반려동물, 자연 등과의 관계를 다룬다. 사실 그림책에는 시대의 변화가 반영되어 최근에는 이혼 가정, 재혼 가정, 한 부모 가정 등 다양한 양태의 가족 이야기와 입양, 따돌림, 장애, 환경오염, 전쟁, 다문화, 실업, 도시 문제, 폭력 등 사회 문제를 반영하는 이야기, 그리고 죽음이나 성폭력 등 금기시되던 이야기가 그림책의 주제로 떠오르고 있다.

2. 등장인물

옛이야기에서처럼 평면적이거나 전형적이지 않고, 환상 그림책에서처럼 비현실적이지 않다. 사실 그림책의 등장인물은 현실 속 인물이므로 어린 독자의 생활과 경험이 반영된 공감이 가는 인물이어야 한다. 아픈 엄마 대신 눈이 쏟아지는 어려움 속에서도 드레스를 배달하여 책임을 완수한 아이린(『용감한 아이린』), 끝까지 연습하여 휘파람으로 강아지 윌리를 부르게 된 피터(『휘파람을 불어요』), 수줍음과 두려움을 극복하고 첫 심부름을 잘 해낸 이슬이(『이슬이의 첫 심부름』)처럼 유아의 삶에 밀착된 경험을 구현하는 인물 묘사가 담긴다.

3. 플롯

유아의 일상과 그 속에서 벌어지는 갈등을 중심으로 이야기가 진행된다. 『눈 오는 날』처럼 시간의 흐름에 따라 일어난 일이 전개되는 단선 플롯, 새로운 인물이나 사건이 더해지는 연쇄 플롯의 『바람이 불었어』, 『위니를 찾아서』처럼 엄마가 딸에게 동화 속 인물인 '푸우'와 관련한 가정사를 들려주는 액자식 플롯이 있다.

4. 배경

사실 그림책의 배경은 주로 '현재, 여기'지만, 윗세대 인물의 어린 시절이나 역사적 인물의 이야기라면 시간적 배경이 과거일 수 있고, 당시의 시대상이 사실적으로 담긴다. 사실 그림책의 공간적 배경은 특별한 장소와 보편적 장소 모두 가능하지만, 대체로 일상의 현실 공간이 배경이 된다. 그림에 담긴 주거 형태나 건물 양식, 의복 등이 배경 이해에 도움이 된다.

5. 문체

사실 그림책의 문체는 현재 주로 사용하는 언어 형태를 반영하여 인물들의 대화나 생각이 자연스럽게 묘사되고, 이야기 속 갈등이나 사건이 생생하고 적절하게 서술되어 유아가 실제 일어나는 일처럼 느끼고 경험할 수 있어야 한다.

C. 사실 그림책의 종류

사실 그림책도 환상 그림책이나 마찬가지로 그것이 다루고 있는 주제나 소재를 중심으로 분류할 수 있다.

1. 일상생활이나 놀이

『오늘은 무슨 옷을 입을까?』는 가족의 제안보다는 자신의 선택에 따라 옷을 입는 아이의 이야기를 담고 있다. 등원 때 무엇을 입을지 엄마와 실랑이를 하는 유아의 경우, 자신의 모습을 떠올리며 감상할 수 있다. 『눈 오는 날』은 눈 위에 이렇게 저렇게 발자국을 찍어 보기도 하고, 눈에 누워 천사 모양을 만들면서 눈으로 할 수 있는 다양한 놀이를 하는 아이의 모습과 눈이 다 녹을까 싶어 조바심을 내는 동심을 담고 있다. 『나랑 같이 놀자』는 숲에서 혼자 놀던 아이가 마침내 동물 친구들과 교감을 나누게 되는 이야기다.

[그림 1-4-51] 『오늘은 무슨 옷을 입을까?』
마거릿 초도스 어빈 글 · 그림/민유리 역/베틀북/2005

[그림 1-4-52] 『나랑 같이 놀자』
마리 홀 에츠 글 · 그림/양은영 역/시공주니어/1994

2. 심리적 과업 및 문제해결

심리적 과업 및 문제해결을 주제로 한 사실 그림책은 등장인물이 문제 상황에 부딪고 그것을 해결하는 과정이 담겨 있거나, 그 과정을 통해 심리적으로 성장하는 과정이 담겨 있는 그림책이다. 이런 과정을 통해 유아는 성취감이라든지 자기조절, 문제해결 능력, 주도성, 긍정적인 자아개념과 같은 발달에 도움을 받으리라 본다.

여기에 속하는 사실 그림책으로는 먼저, 성취감과 관련하여 『휘파람을 불어요』가 있다. 주인공 피터는 자신의 강아지 윌리를 휘파람 소리로 부르고 싶어서 계속 휘파람 연습을 한다. 내내 연습을 하다 결국 휘파람 소리로 윌리를 부를 수 있게 되자 매우 자랑스러워한다. 『이슬이의 첫 심부름』은 처음 심부름을 하는 아이의 두려움과 뿌듯함이 잘 나타나 있는 그림책이다. 『부엉이와 보름달』은 아빠와 깊은 밤 깊은 숲속으로 부엉이를 만나러 간 아이가 어두움, 추위, 두려움과 긴장감을 극복하고 결국 부엉이를 보게 되는 이야기다. 『수영장 가는 날』은 수영을 처음 배우기 시작하는 아이가 처음에는 배도 아파하고 겁을 냈지만, 선생님의 배려로 차차 두려움을 극복해 가는 이야기다. 『내 토끼 어딨어?』는 친구 것과 바뀐 토끼 인형 애착 물건을 찾는 과정을 통해 친구의 마음에 공감하는 아이로 성장하는 모습을 담고 있다.

다음으로, 자기조절과 관련한 그림책으로는 『겁쟁이 빌리』와 『소피가 화나면, 정말 정말 화나면』을 들 수 있다. 『겁쟁이 빌리』는 걱정이 많은 빌리가 과테말라 풍습에 따라 걱정 인형을 만들어 자신의 걱정을 더는 이야기다. 『소피가 화나면, 정말 정말 화나면』은 언니와의 싸움에 엄마가 언니 편을 드는 바람에 더욱 화가 난 소피가 자연 속에서 자신의 감정을 순화시키는 모습이 담겨 있는 그림책이다.

문제해결 능력과 관련하여 『앨피가 일등이에요』는 엄마와 시장을 다녀온 후 일등으로 집 안에 들어간 앨피가 열쇠는 집 안에 있는 상태에서 문을 잠근다. 그래서 엄마와 아기가 집 안으로 들어올 수 없게 되자 앨피는 당황하여 운다. 그러나 앨피는 결국 의자를 갖다 놓고 거기에 올라서서 문을 엶으로써 문제를 잘 해결한다. 『용감한 아이린』은 아픈 엄마를 대신하여 눈보라를 헤치고 옷을 배달하는 책임감 있는 아이의 모습을 보여 준다.

[그림 1-4-53] 『이슬이의 첫 심부름』
쓰쓰이 요리코 글 · 하야시 아키코 그림
/이영준 역/한림출판사/1991

[그림 1-4-54] 『앨피가 일등이에요』
셜리 휴즈 글 · 그림/조은숙 역/보림/2019

3. 가족과의 관계

『아빠와 피자놀이』는 비 오는 따분한 날, 아빠가 아들의 몸으로 피자 만들기 놀이를 선도함으로써 아들의 마음을 즐겁게 해 주는 이야기다. 『엄마의 의자』는 식당에서 일하느라 힘든 엄마를 위해 가족이 동전을 1년간 모아서 소파를 사주는 과정을 담은 그림책이다.『문제가 생겼어요』는 엄마가 제일 좋아하는 식탁보에 실수로 다리미 자국을 만든 아이가 여러 가지 핑계를 궁리하지만, 사실을 안 엄마는 오히려 다리미 자국 하나를 더하여 물고기의 몸통 무늬를 만든다.

『순이와 어린 동생』,『지하철을 타고서』 같은 그림책은 자매나 오누이 간의 우애를 보여 주는 그림책이다.『순이와 어린 동생』에는 잃어버린 동생을 찾아다니는 언니의 모습이 담겨 있는데, 동생이 걱정되어 이리저리 찾아다니는 순이와 한마음이 되는 과정을 통해 유아들은 동생에 대한 애틋한 마음을 느끼게 될 것이다.『지하철을 타고서』는 누나와 남동생이 지하철을 타고 할머니 댁에 가는 동안 동생으로 인해 마음 졸이는 누나의 마음이 담긴 그림책이다.

『오른발, 왼발』,『위층 할머니, 아래층 할머니』,『코딱지 할아버지』는 조부모의 병이나 죽음을 경험하는 과정을 통해 손자, 손녀가 조부모와의 추억을 떠올리며 그들의 삶에 대해 이해의 폭을 넓히는 모습을 담은 그림책이다.『앗, 깜깜해』는 한 집에 있으면서도 각자 일에 바쁜 가족이 정전으로 인해 한자리에 모여 손으로 그림자놀이도 하고, 시원한 옥상에 올라가 함께 별을 보기도 하면서 즐겁게 보낸다.

[그림 1-4-55]『아빠와 피자놀이』
윌리엄 스타이그 글 · 그림/김경미 역/비룡소/2018

[그림 1-4-56]『오른발, 왼발』
토미 드 파올라 글 · 그림/정해왕 역/비룡소/1999

4. 가족 외 생명과의 관계

『우리 친구하자』는 새로 이사 간 동네에서 친구를 사귀어 가는 과정을 담은 그림책이고, 『피터의 편지』는 평소 좋아하던 여자 친구를 생일에 초대한 피터가 여자 친구가 안 올까 봐 노심초사하는 내용으로, 노란색의 콜라주가 돋보이는 그림책이다. 『내 친구 제시카』는 상상의 친구 제시카와 같은 이름의 친구를 사귀게 되는 이야기다.

『뒷집 준범이』에는 이웃에 이사 온 아이에게 먼저 손 내밀어 친구가 되어 주는 아이들의 모습이 담겨 있다. 『할머니의 식탁』은 자신이 먹으려던 스튜 냄새를 맡고 찾아온 이웃에게 스튜를 다 나눠 준 할머니에게 이웃들이 다른 먹거리를 가져다주는 훈훈한 이야기다. 『할머니의 기억은 어디로 갔을까?』는 양로원이 배경이다. 이웃 양로원 할머니의 잃어버린 기억을 찾아 주고자 과거의 추억을 떠올릴 만한 물건을 모아 가져다주는 따뜻한 마음의 아이가 등장한다.

[그림 1-4-57] 『내 친구 제시카』
케빈 헹크스 글 · 그림/노은정 역/비룡소/2013

[그림 1-4-58] 『할머니의 기억은 어디로 갔을까?』
멤 폭스 글 · 줄리 비바스 그림/조경란 역/키득키득/2009

5. 자연의 모습이나 자연과의 관계

『바람 부는 날』, 『심심해서 그랬어』는 날씨와 계절을 소재로 한 사실 그림책이다. 『바람 부는 날』은 늦가을을 배경으로 하고 있는데, 엄마와 만든 연이 바람에 날아가자 그것을 잡으려고 애쓰는 아이의 모습이 담겨 있다. 『심심해서 그랬어』는 다른 세 권의 그림책과 함께 농촌의 사계절의 정경을 보여 주는 그림책인데, 이 그림책은 여름을 배경으로 하고 있다. 『하얀 눈 환한 눈』은 눈이 많이 오는 겨울, 동네 사람들과 동물들의 모습을 표현한 그림책이다.

『뛰어라 메뚜기』는 냉혹한 먹이사슬의 현실 속에서 뱀, 사마귀, 거미 등의 동물들을 피하면서 살던 메뚜기가 자신의 날개를 이용하여 힘차게 날아오르는 그림책인데, 이런 모습에서 힘이 느껴진다. 『아기곰의 가을 나들이』는 겨울잠을 자기 전에 엄마 곰과 먹이를 먹는 아기 곰의 이야기를 담고 있다. 혼자 연어를 처음 잡아먹고 기뻐하는 모습이나 저녁 강에 비친 달빛이 인상적인 그림책이다. 『선인장 호텔』은 미국 남부 사막과 멕시코 북부의 거대한 크기의 사구아로 선인장을 호텔에 비유하여 보여 준다. 선인장에 집을 짓고 사는 동물, 선인장이 죽어 흙이 되는 모습을 통해 생태에 대한 이해를 도울 수 있다. 『피터의 바다』는 폭풍으로 바위에 부딪힌 유조선으로부터 기름이 흘러나와 바다가 오염되는 이야기를 담고 있다. 자연의 아름다움과 평온함을 선사하던 바다가 일시에 더럽혀지고 거기서 사는 동물들이 위태로워지는 모습을 대조적으로 보여 줌으로써 환경오염의 심각성을 느끼게 해 준다.

[그림 1-4-59] 『바람 부는 날』
정순희 글 · 그림/비룡소/1996

[그림 1-4-60] 『아기 곰의 가을 나들이』
데지마 게이자부로 글 · 그림/정근 역/보림/1996

6. 다문화, 반편견

『크리스마스까지 아홉 밤』은 멕시코의 크리스마스 전통을 보여 주는 그림책이다. 『달구지를 끌고』는 100여 년 전 서양 농부의 삶을 보여 주는 그림책으로, 한국 농촌의 모습과 비교할 기회를 준다. 『살색은 다 달라요』는 사람 피부색이 모두 다르고 저마다 특유의 아름다움을 지니고 있음을 보여 준다. 『이모의 결혼식』은 처음에는 외국인 이모부를 낯설어하다가 차츰 가족으로 받아들이게 되는 아이의 심리를 담았고, 『찬다 삼촌』은 네팔에서 온 이주 노동자인 찬다와 함께 살게 된 아이가 그를 가족으로 받아들이게 되는 과정을 담고 있다. 『그레이스는 놀라워!』는 흑인이라, 여자라 피터 팬 역할을 할 수 없다고 말하는 아이들에게 보란 듯 연기를 잘하여 피터 팬 역할을 하는 아이에 대한 이야기다. 『위를 봐요!』는 사고로 다리를 잃은 수지가 매일 베란다에서 아래를 내려다보자 아래에 있던 사람들이 누워서 수지를 올려다보고, 이후 수지는 아래로 내려와 함께 위를 올려다본다. 『내 다리는 휠체어』는 장애우에 대해 무조건 동정하기보다는 그들을 있는 그대로 받아들이고 필요한 것을 도와주는 것이 그들을 위하는 것이라는 것을 보여 준다.

[그림 1-4-61] 『살색은 다 달라요』
캐런 카츠 글 · 그림/신형건 역/보물창고/2011

[그림 1-4-62] 『위를 봐요!』
정진호 글 · 그림/현암사/2014

7. 위기 상황

어린이가 삶에서 부딪치는 여러 가지 위기 상황이 나타난 그림책들이 있는데, 그것들은 경제적 위기, 이혼, 죽음, 전쟁 등에 대한 것이다.

『내가 만난 꿈의 지도』는 전쟁의 폐허 속에서 빵 대신 세계지도를 사 오셨던 아버지 덕분에 화가가 된 유리 슐레비츠 자신의 이야기를 담고 있다. 『아빠는 지금 하인리히 거리에 산다』는 부모의 이혼을 다룬 그림책이다. 부부가 싸우다가 아빠가 나가서 살게 되었고 아이는 2주에 한 번 아빠의 집으로 방문하게 된다. 아이가 이런 현실을 차츰 받아들이게 되는 과정을 그린 그림책이다. 『이럴 수 있는 거야??!』는 자신이 키우던 새의 죽음으로 화가 난 주인공 아이가 죽음을 받아들이는 과정을 담은 그림책이다. 『한 아이의 정원』은 철조망을 사이에 두고 서로 적대시하고 있는 지역에 풀 한 포기의 생명이 서로에게 가닿자 아이는 마침내 철조망이 사라지고 평화가 오길 소망한다. 『어머니의 감자밭』은 형제가 서로 적군으로 전쟁을 하는 과정과 쓰러진 어머니의 모습을 보고 전장의 병사들 각자 고향의 어머니를 떠올리고 전쟁을 그만두는 과정이 담겨 있는 그림책이다.

[그림 1-4-63] 『이럴 수 있는 거야??!』
페터 쉐소우 글 · 그림/한미희 역/비룡소/2007

8. 찾기 놀이나 상상의 즐거움, 유머

『앵무새 열 마리』는 어느 날 갑자기 사라진 앵무새를 찾아다니는 듀퐁 교수의 이야기다. 얼핏 보아서는 안 보이지만 책장을 넘길 때마다 숨어 있는 앵무새의 수가 늘어난다. 마치 찾기 놀이를 하듯 유아는 앵무새를 찾으며 볼 수 있다. 『구름 놀이』는 하늘의 구름을 나비, 꽃, 새, 토끼 등의 모양으로 상상하며 이야기를 이어가는 아이의 모습을 담고 있다.

[1-4-64] 『구름 놀이』
한태희 글 · 그림/아이세움/2004

E. 사실 그림책의 선정 기준

유아에게 가치 있는 사실 그림책은 유아의 있는 그대로의 동심을 보여 줌으로써 유아가 갖고 있는 건강한 자신의 소중함을 발견할 수 있게 해 주고, 유아가 동일시를 잘 할 수 있게 해 주며, 유아에게 폭넓은 간접 경험을 할 수 있게 해 주는 그림책이다.

1. 주제

- 자신과 다른 사람에 대한 통찰을 가능하게 하는 주제인가?
  - 사람은 다르기보다는 비슷하다는 것을 보여 주는가?
  - 자신을 위해 무엇인가를 할 수 있다는 것을 확신하게 해 주는가?

- 기억될만한 주제이거나 고무적인 가치를 표현하고 있는가?
- 삶에 적용될 수 있는 주제인가?
- 문화적 다양성을 존중하는 주제인가?

2. 등장인물

- 등장인물에 대한 묘사가 진실된가? 실제 사람처럼, 실제 동물처럼 말하고 행동하고 느끼는 것으로 묘사되었는가?
- 등장인물이 정형성을 피하고 있는가?

3. 플롯

- 실제 세계에서 일어날 수 있는 그럴듯한 사건인가?
- 생생한 속도로 전개되는가?
- 갈등 또는 문제가 현실적인 방식으로 해결되는가?
- 의도된 나이의 집단이 플롯 구조를 이해할 수 있을 것인가?

4. 배경

- 실제 세계에 존재할 수 있는 장소에서 일어나는 사건인가?
- 자세하지는 않아도 배경이 생생하게 묘사되어 있는가? 눈을 감으면 장면이 떠오르는가?

5. 문체

- 인물의 대화와 사고가 자연스러운가?
- 생생한 은유와 직유, 유머나 서정적인 문구가 있는가?
- 방언이 있다면, 독자를 압도하지 않으면서 그 맛을 살리고 있는가?

Ⅵ 글 없는 그림책

A. 글 없는 그림책의 가치

글 없는 그림책은 본텍스트에 글이 전혀 없거나 거의 없는 책이다(Bosch, 2014). 허먼(Herman, 1976)은 글 없는 그림책이 글이 전혀 없거나 아주 최소한의 글만으로 이야기를 전달하는, 책의 형태를 띤 일련의 인쇄된 그림이라고 정의하였고, 투텐-푸켓과 리케이(Tuten-Puckett & Richey, 1993)는 글 없는 그림책이란 그림 안에 글의 내용과 의미가 전적으로 포함된 문학의 독특한 형태라고 하였다.

글 없는 그림책이 그림책 장르의 하나가 된 것은 1978년에 피터 스파이어(Peter Spier)의 『노아의 방주』가 칼데콧 메달(대상)을 받고부터다(이경우, 1998). 이후, 다음의 표에서 보는 바와 같이 2000년대부터 데이비드 위즈너(David Weisener)를 비롯한 작가들의 글 없는 그림책의 칼데콧상 수상이 급격히 늘어나고 있다.

〈표 1-4-1〉 역대 칼데콧상을 받은 글 없는 그림책

수상 연도	제목	작가	구분
1978	노아의 방주	피터 스파이어	대상
1989	자유낙하	데이비드 위즈너	명예상
1992	이상한 화요일	데이비드 위즈너	대상
1995	이상한 자연사 박물관	에릭 로만	명예상
2000	구름공항	데이비드 위즈너	명예상
2002	아기 돼지 세 마리	데이비드 위즈너	대상
2005	빨강 책: 우연한 만남	바바라 리만	명예상
2007	시간 상자	데이비드 위즈너	대상
2010	사자와 생쥐	제리 핑크니	대상
2012	빨강 파랑 강아지 공	크리스 라쉬카	대상
2014	머나먼 여행	에런 베커	명예상
2018	세상에서 가장 용감한 소녀	매튜 코델	대상

글 없는 그림책은 그림에만 의존하여 이야기를 만들어야 하므로 글을 모르는 유아도 읽고 감상할 수 있다는 장점이 있고, 특히 오늘날 유아는 아주 어려서부터 다양한 멀티미디어를 경험하여 시각적으로 매우 민감해져 있어서 글 없는 그림책의 수용이 자연스럽다. 글 없는 그림책은 유아가 글자에 의해 제한을 받지 않고 이야기를 구성할 수 있게 해 주므로 창의적으로 생각하고 상상하고 반응할 수 있게 해 준다. 또한, 글이 있는 그림책과 비교할 때 자신의 경험과 배경지식 등에 따라 더욱 자유롭게 해석하고 구성할 수 있으므로 글 없는 그림책은 능동적 독자 역할을 더욱 장려하는 장르라 할 수 있다.

글 없는 그림책의 교육적 가치를 구체적으로 살펴보면, 첫째, 책과 읽기에 대한 긍정적 태도를 길러 준다. 글이 없으므로 유아가 글자를 읽어야 하는 심리적 부담이 없어서 책에 대한 흥미를 높일 수 있다(Hopkins, 1979). 둘째, 언어발달에 도움이 된다. 그림을 보고 이야기를 꾸며 보는 과정은 구어 표현의 경험이 필요한 유아에게 아주 좋은 자극제가 되어, 구어 발달에 도움이 된다(D'angelo, 1981). 또한, 어휘력이나 언어표현력이나 의사소통 능력을 길러줄 뿐 아니라, 문해 출현에 도움이 되고, 이야기의 감각을 발달시킨다(Degler, 1979; Larrick, 1976). 그림을 보면서 이야기를 자유롭게 꾸미는 경험은 책을 위에서 아래로 읽는다든지, 정해진 방향(문화권에 따라 왼쪽에서 오른쪽 또는 오른쪽에서 왼쪽)으로 읽는다든지, 인쇄된 단어는 말로 표현되고 의미를 전달한다든지 등, 그림책을 읽는 데 필요한 기본 기술의 습득에 도움이 된다. 또한, 그 외에 읽기 전 능력(pre-reading skills)이라 할 수 있는 이야기에 대한 민감성, 관찰력, 시각적 분별력, 추론적 사고, 결론의 예측 등을 발달시킬 수 있다(Knudsen-Lindauer, 1988). 더불어 이미지를 통해 이야기를 이해하고 해석하는 시각적 문해력도 기를 수 있다(이연규, 1999; Burns & Roe, 1976). 셋째, 사고의 발달에 도움이 된다. 그림을 보며 자유롭게 상상해 보는 과정을 통해 확산적 사고와 창의적 사고, 논리적 · 추론적 사고를 길러 준다(Holdaway, 1979; Raines & Isbell, 1994). 넷째, 사회 · 정서발달에 도움이 된다. 잘못 읽을 수 있다는 실패의 가능성에 대한 생각이 없으므로 읽기에 대한 태도뿐 아니라 다른 일에 대해서도 정서적으로 안정적이고, 자신감과 긍정적 태도를 지닐 수 있다(D'angelo, 1981).

B. 글 없는 그림책의 특성

1. 글 없는 그림책의 글

글 없는 그림책이라고 해서 글이 전혀 없는 것은 아니다. 조해연, 서정숙, 최은영(2018)이 116권의 글 없는 그림책을 분석한 결과, 우선 본텍스트에 글이 조금 들어가 있는 '거의 글 없는 그림책'에는 등장인물의 말하기, 독자에게 말 걸기, 작가의 이야기하기 기능을 하는 글이 들어 있었다. 등장인물의 말하기 글은 등장인물 간 대화, 독백, 동물이나 자연의 소리를 담은 글(『꿀!』, 『맴』)을, 독자에게 말 걸기 글은 등장인물이 독자에게 말을 거는 글을, 작가의 이야기하기 글은 서술, 묘사, 설명의 글을 의미한다. 이런 글은 서사를 직접 진행하는 역할을 하는 내러티브 글텍스트라 할 수 있다(조해연 외, 2018). 교사는 이런 내러티브 글텍스트는 글이 있는 그림책에서처럼 유아에게 읽어주어 유아가 그림과 함께 의미를 만들며 그림책을 감상할 수 있게 지도해야 한다.

다음으로, 글이 없는 그림책이든 글이 거의 없는 그림책이든 본텍스트에는 내러티브 글텍스트 외에 그림 속 글씨(intra-iconic text: 인트라-아이코닉 텍스트)가 있는 경우가 있다(조해연 외, 2018)(아래 그림 참조). 그림 속 글씨는 그림에 글씨가 포함되어 전체적으로는 하나의 이미지로 보이는 글씨를 의미하는 것으로, 전봇대에 붙은 안내문이나 건물에 붙은 간판, 물건에 붙은 라벨 등을 말한다. 그림 속 글씨는 단순히 배경 이미지로 보이지만 실제로는 이야기에 등장하는 인물이나 장소, 사물의 이름, 이야기가 벌어지고 있는 상황이나 사건을 이해할 수 있게 해 주는 경우가 많으므로 교사는 이것들도 읽으며 이야기를 만들게 지도한다.

[그림 1-4-65] 『구름공항』의 그림 속 글씨
데이비드 위스너 지음/시공주니어/2017

그리고 글 없는 그림책 역시 글이 있는 그림책처럼 표지, 면지, 속표지 등의 주변텍스트에 그림책의 의미구성에 중요한 인물, 주제, 소재, 플롯, 배경 등의 문학적 요소들이 담긴다. 그러므로 교사는 유아가 글 없는 그림책의 본텍스트뿐만 아니라 주변텍스트의 글과 그림도 충분히 읽을 수 있게 안내해야 한다. 특히, 본텍스트에 글이 전혀 없는 글 없는 그림책의 제목은 유아의 반응에 큰 영향을 미칠 수 있으므로(Bosch, 2014), 교사는 유아가 제목을 중심으로 어떻게 그림책의 의미를 구성하는지 살피며 적절하게 지도해야 한다.

2. 글 없는 그림책의 종류

글 없는 그림책의 내용은 창작된 것, 옛이야기의 내용에 기초한 것, 그리고 기존 동화나 그림책의 상당 부분을 고쳐 새롭게 구성한 것으로 나눌 수 있다(Bosch, 2018). 다른 방식으로 글 없는 그림책의 내용을 구분하면, 글이 있는 그림책에서처럼 사실적 내용, 환상적 내용, 옛이야기 내용 등으로 나눌 수 있다.

먼저, 사실적 내용의 글 없는 그림책을 보면, 『빨강 파랑 강아지 공』은 갖고 놀던 빨강 고무공이 터지자 슬퍼하다 다시 파랑 공을 갖게 되어 행복해하는 강아지의 모습을 담고 있다. 간단한 사건이 시간순으로 연결되어 있어 글 없는 그림책을 처음 접하는 유아에게 적절하다. 『노란 우산』은 비 오는 날 우산을 들고 학교에 가는 어린이들의 모습을 여러 가지 색깔의 우산의 조형미를 중심으로 표현한 그림책이다. 비 오는 날의 정취나 경험을 떠올릴 수 있고, 첨부된 CD의 피아노곡을 들으며 감상하면 색과 이야기와 소리를 함께 감상하는 경험을 할 수 있다. 『야호, 비 온다!』 또한 비 오는 날 우비와 장화를 신고 비 오는 날을 몸으로 경험하는 아이들의 모습을 담고 있어 유아 자신의 경험을 이야기하거나 아이들의 비 놀이 모습에 대한 감상을 나누며 읽을 수 있다. 『꿀!』은 엄마 돼지와 새끼 돼지들의 '꿀' 소리만, 『맴』은 거의 '맴' 소리만 있어 그 소리에 담긴 돼지와 매미의 마음을 말로 표현하며 읽을 수 있다. 『수염 할아버지』는 자신의 긴 수염으로 집 청소도 하고 그림도 그리고 둥지 잃은 새의 둥지를 만들어 주기도 하는, 수염이 긴 할아버지에 관한 이야기를 담고 있다. 『아랫집 윗집 사이에』는 아파트 층간 소음이라는 현실 문제를 담고 있어서 관련 경험을 나누며 읽을 수 있다. 『누가 따라오는 걸까?』는 눈 쌓인 숲속을 걷는 아이를 어떤 동물이 계속 따라오다가 아이를 덮치더니 이내 둘이 웃으며 안고 있는 모습이 담겨 있어 이 둘에게 일어난 일과 둘의 관계에 대해 다양한 의견을 나누며 읽을 수 있다.

다음으로 등장인물들이 하는 상상 또는 등장인물에게 일어난 비현실적 사건으로 해석할 수 있는 그림책을 살펴보자. 『빨간 풍선의 모험』은 아이가 불던 빨간 풍선이 하늘로 올라가 사과가 되었다가 나비가 되었다가 꽃이 되었다가 우산이 되었다가 다시 아이에게로 돌아오는 내용이다. 『공룡 목욕탕』은 아이가 목욕하는 동안 욕조 안에 갖가지 공룡이 나타나 즐거운 목욕을 한 아이에 대한 이야기다. 공룡 이름을 대며 이야기를 만들 수 있다. 『엘리베이터』에도 공룡이 등장한다. 공룡에 아주 관심이 많은 주인공 아이가 엘리베이터에 타는 이웃의 모습을 자신이 알고 있는 공룡으로 상상하는 내용이다. 『파도야 놀자』는 파도를 놀이 대상으로 삼아 가까이 가기도 했다가 도망치기도 하면서 신나게 놀고 난 후, 파랗고 생기 있는 추억을 마음 하나 가득 가지고 돌아가는 아이의 상상 놀이가 담긴 그림책이다. 『그림자 놀이』는 주인공 여자아이가 춤을 추듯 움직이면 그림자가 생기고, 그림자는 마치 아이의 상상이 현실이 되듯 다양한 이미지로 변하여 움직이다가 마침내 『파도야 놀자』에서처럼 현실 세계와 환상 세계는 하나가 되는 내용의 그림책이다.

『코끼리 아저씨와 100개의 물방울』은 코끼리를 의인화한 이야기다. 코끼리 아저씨가 여러 가지 어려움을 겪었지만 결국 가족을 위해 물을 성공적으로 길어 간다. 『너에게 주는 선물이야』에는 밤하늘에서 떨어진 아름다운 빛깔의 별똥별을 주워 동물 친구들에게 나눠 주는 햄스터와 그 별똥별을 받은 동물들에게 좋은 일이 생기는 모습이 담겨 있다. 『꼬마 돼지의 불끄기 대작전 29』는 밤에 전기 스위치를 끈 후 아주 복잡한 29단계를 거쳐서야 방의 불이 꺼지도록 고안해 놓은 장치(루브 골드버그 장치) 덕분에 어둡지 않은 상태에서 잠이 드는 꼬마 돼지의 이야기다. 그림 하나하나를 차례대로 보며 꼬마 돼지의 과학적 상상력 따라잡기를 해 볼 수 있다.

『이상한 화요일』은 개구리나 돼지가 하늘을 날아다니는 비현실적이고 신비한 사건이 벌어지는 환상적 내용의 그림책이고, 『이봐요, 까망씨!』는 현실 세계에 나타난 외계인과 곤충들이 고양이로부터 탈출하는 내용을 담고 있다. 『공룡을 지워라』는 공원에서 발견한 가방 속의 분필로 아이들이 그림을 그리자 공룡이 나타나고, 이로부터 아이들이 탈출하는 과정을 담고 있다. 『눈사람 아저씨』는 등장인물들이 하늘을 날아다니는 환상이 펼쳐지는 그림책이다. 눈사람과 친구가 되어 함께 나누는 즐거운 시간, 친밀한 우정에서 비롯되는 포근함, 눈사람과의 이별에서 비롯되는 애틋한 감정과 함께 눈과 눈사람에 대한 각자의 경험을 나누며 읽을 수 있다. 『구름공항』은 구름이 만들어지는 환상의 공간(구름공항)에 가게 된 아이가 그곳에서 이제까지의 모양과는 다른, 물고기 모양의 구름을 디자인하는 이야기의 그림책이다. 『머나먼 여행』은 원하는 것을 그릴 수 있는 마법의 펜을 가지고 환상의 세계로 떠나는 아이의 이야기다. 이후 같은 작가의 『비밀의 문』, 『끝없는 여행』으로 이야기가 이어지면서 마치 장편의 환상동화를 보는 듯하다.

그밖에 『사자와 생쥐』는 사자로부터 은혜를 입은 생쥐가 사자를 구하는 이솝우화를 내용으로 한 글 없는 그림책이다. 『케이크 도둑』은 아주 많은 등장인물의 이야기가 펼쳐지므로 읽을 때마다 다른 인물을 주인공으로 이야기를 다르게 만들 수 있다. 폭력에 극구 저항하는 아이의 모습을 담은 『안 돼!』나 전쟁이 일어나는 이유를 간결하면서도 철학적으로 표현한 『왜?』는 글 없는 그림책에는 글이 없으므로 다룰 수 있는 주제가 제한적일 거라는 편견을 깨는 그림책이다.

[그림 1-4-66] 『빨강 파랑 강아지 공』
크리스 라쉬카 지음/지양어린이/2012

[그림 1-4-67] 『머나먼 여행』
에런 베커 지음/웅진주니어/2014

C. 글 없는 그림책의 선정 기준

글 없는 그림책에 글이 없기는 하지만 기존 그림책에서 글만 뺀다고 글 없는 그림책이 되는 것은 아니다. 기존 그림책은 글텍스트와 그림텍스트가 서로 이야기를 채워가면서 만들어진 것인데 거기서 글을 없애면 완성된 이야기가 될 수 없기 때문이다. 글 없는 그림책은 여느 그림책에서는 글텍스트와 그림텍스트가 조화를 이루며 표현해야 할 일을 그림만으로 표현해야 한다. 여러 연구(이경우, 1998; 홍경은, 2000)에 기초하여 글 없는 그림책의 선정 기준을 제시하면 다음과 같다.

① 주제(또는 내용)가 분명하게 나타나 있는가?
② 등장인물의 감정과 느낌, 행위 등의 인물 묘사가 분명하게 나타나 있는가?
③ 등장인물 간의 관계가 분명하게 나타나 있는가?
④ 사건 또는 갈등과 그것의 해결 과정이 분명하게 나타나 있는가?
⑤ 배경이 분명하게 나타나 있는가?
⑥ 작가의 독자적인 세계가 분명하게 나타나 있는가?
⑦ 유아가 이해할 수 있는 이야기인가?
⑧ 유아의 흥미를 끌 수 있는가?

정리 및 탐구

1. 어린 시절 접했던 전래동화 중 기억에 남는 이야기가 있나요? 그 이야기는 어떻게 알게 된 이야기며(구연, 그림책, 애니메이션 동화, 만화영화 등), 어떤 느낌이었는지 당시 감상을 떠올려 소개해 봅시다. 어른이 된 지금 그 이야기에 대한 감상에 달라진 점이 있는지 이야기 나누어 봅시다.
2. 좋아하는 패러디 그림책을 원전 옛이야기 그림책과 비교, 평가해 봅시다.
3. 각 장르별로 가장 좋아하는 그림책을 선정하여 그것의 특징을 이 장에서 배운 내용에 기초하여 소개해 봅시다.
4. 같은 '글 없는 그림책'을 모둠별로 충분히 감상하여 이야기를 완결지은 후, 이야기 구성 결과가 서로 같은지 다른지, 그리고 선호도는 어떠한지 발표해 봅시다.

CHAPTER 5.

유아와 그림책

유아의 발달적 특성은 그림책에 대한 유아의 반응에 가장 영향을 미치는 변인 중 하나다. 이 장에서는 유아의 기본 욕구, 성격발달, 연령별 특징과 그림책을 관련지어 살펴봄으로써 그림책 선정이나 읽어주기 방법에 대한 시사점을 제시하였다.

I 유아의 욕구 및 성격발달과 그림책

A. 욕구와 그림책

매슬로우(Maslow)는 인간 성장발달을 욕구를 충족해 가는 과정으로 설명하였다. 인간이 욕구를 충족시키고 나면 다음 수준의 욕구를 만족시키고자 하는데, 이것은 가장 높은 욕구의 단계에 도달할 때까지 계속된다고 하였다. 욕구의 위계는 생리적 욕구, 안전의 욕구, 사랑의 욕구, 소속의 욕구, 존중의 욕구, 자아실현의 욕구다(이영, 2017). 각 욕구를 충족시킬 수 있는 그림책의 예는 다음과 같다.

1. 생리적 욕구

생리적 욕구는 인간의 가장 기본적인 욕구로서, 선천적이고 본능적인 것과 관련이 된다. 공기, 음식, 음료, 수면, 보온, 배설, 성에 대한 욕구가 포함된다. 『이렇게 자 볼까? 저렇게 자 볼까?』와 『아기 쥐가 잠자러 가요』는 잠자리에서 유아가 편안하게 들을 수 있게 리듬감 있는 언어로 되어 있는 그림책이고, 『똥이 풍덩!』과 『응가하자, 끙끙』은 배설의 기쁨이 담겨 있는 그림책이다.

[그림 1-5-1] 『아기 쥐가 잠자러 가요』
박정완 글 · 그림/시공주니어/2011

[그림 1-5-2] 『응가하자, 끙끙』
최민오 글 · 그림/보림/2004

2. 안전의 욕구

안전의 욕구는 공포, 불안, 무질서, 전쟁, 질병, 천재지변의 위기에서 벗어나려는 욕구다. 『내 사랑 뿌뿌』의 오웬은 애착 물건인 담요(뿌뿌)가 잠깐이라도 없으면 불안해한다. 엄마는 뿌뿌를 억지로 빼앗지 않고 여러 개의 작은 손수건으로 만들어 학교에도 가지고 다닐 수 있게 해 준다. 『내 토끼 어딨어?』도 유치원에 가져갔던 봉제 애착 토끼 인형이 친구 것과 바뀐 것을 알고 한밤중임에도 불구하고 서로 바꾼 후에야 안심하는 아이들의 이야기다. 『겁쟁이 빌리』에는 걱정 많은 빌리가 등장한다. 빌리는 할머니께서 건넨 과테말라 걱정 인형 덕분에 잠을 자게 된다.

[그림 1-5-3]『내 사랑 뿌뿌』
케빈 헹크스 글 · 그림/이경혜 역/비룡소/1996

[그림 1-5-4]『겁쟁이 빌리』
앤서니 브라운 글 · 그림/김경미 역/비룡소/2006

3. 소속감과 사랑의 욕구

소속감과 사랑의 욕구는 가족, 친구 등으로부터 제공되는 애정과 친밀감을 추구하는 욕구다.『내가 아빠를 얼마나 사랑하는지 아세요?』와『그래도 엄마는 너를 사랑한단다』는 아빠와 엄마의 사랑을 확인하고 싶어 하는 아이들의 욕구를 충족시켜 줄 수 있는 그림책이다.『까만 크레파스』는 그림을 그리는 데 소외되었던 까만 크레파스가 샤프펜슬의 중재로 다른 색의 크레파스와 마음을 모아 멋진 그림을 완성하는 이야기다.

[그림 1-5-5]『내가 아빠를 얼마나 사랑하는지 아세요?』
샘 맥브래트니 글 · 아니타 제람 그림/김서정 역/베틀북/1997

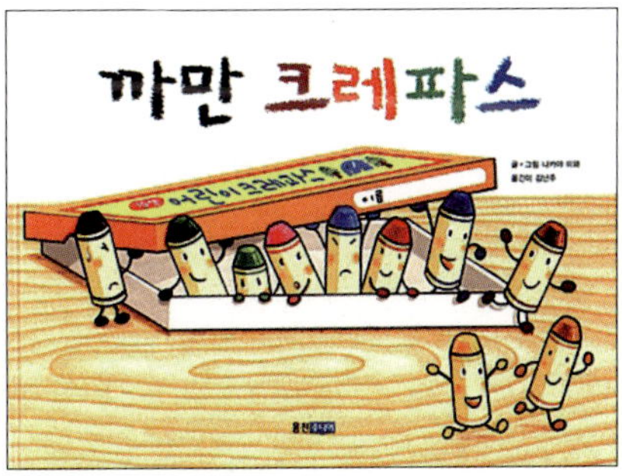

[그림 1-5-6]『까만 크레파스』
나카야 미와 글 · 그림/김난주 역/웅진닷컴/2002

4. 존중의 욕구

존중의 욕구는 다른 사람으로부터 존중받고자 하는 욕구와 자기 존중의 욕구다. 다른 사람으로부터의 존중의 욕구는 지위, 명성, 인정, 관심에 대한 욕구고, 자기 존중의 욕구는 자신감, 유능감, 자기 신뢰, 성취감, 독립심, 자유 같은 것을 포함하는 욕구다. 이 욕구가 충족되지 못하면 좌절감이나 열등감 혹은 자기 비하를 초래한다. 『대포알 심프』는 작고 못생겨서 버려진 개, 심프가 서커스단에 들어가서 자신을 환대해 주는 인정 많은 광대 아저씨를 위해 멋진 묘기를 부려 아저씨와 행복하게 살게 되는 이야기다. 그리고 『내 귀는 짝짝이』는 한쪽 귀가 쳐진 토끼가 남들과 다른 자신의 모습에 실망하다가 마침내 자신의 귀는 남들과 좀 다를 뿐이라는 점을 알게 되는 이야기다.

[그림 1-5-7] 『대포알 심프』
존 버닝햄 글 · 그림/이상희 역/비룡소/2001

[그림 1-5-8] 『내 귀는 짝짝이』
히도 반 헤네흐텐 글 · 그림/장미란 역/웅진출판/1999

5. 자아실현의 욕구

자아실현의 욕구는 '자신의 본질에 대해 진실 되기 위해 자신의 능력에 알맞은 일을 한다'는 감각을 갖추고자 하는 욕구다. 『프레드릭』에서 다른 들쥐들은 식량을 모으지만 프레드릭은 햇살과 색깔, 이야기를 모은다. 추운 겨울이 되어 식량이 떨어지자 프레드릭은 그동안 모아둔 햇살, 색깔, 이야기를 다른 쥐들에게 나눠 주었고, 다른 들쥐들은 그를 시인이라 부른다. 『강아지똥』에서 강아지똥은 자신이 꽃의 영양분이 될 수 있다는 말을 듣고 기꺼이 자신의 몸을 녹여 민들레꽃을 피워 낸다.

[그림 1-5-9] 『프레드릭』
레오 리오니 글 · 그림/최순희 역/시공주니어/1997

[그림 1-5-10] 『강아지똥』
권정생 글 · 정승각 그림/길벗어린이/1996

B. 성격발달과 그림책

에릭슨은 성격발달이 출생부터 노인기까지 전 생애를 통해 이루어진다고 보고, 그 과정을 8단계로 제시하였다(이영, 2017). 각 단계는 신뢰감 대 불신감, 자율성 대 수치감이나 회의, 주도성 대 죄책감, 근면성 대 열등감, 정체감 대 역할 혼미, 친밀감 대 고립감, 생산성 대 불모성, 자아 통정 대 절망감의 양극적 측면으로 이루어져 있다. 이 중 유아기에 해당하는 3단계까지에 해당하는 그림책을 살펴보면 다음과 같다.

1. 1단계: 출생~18개월, 신뢰감 대 불신감

1단계에는 어머니와의 밀접한 사회적 관계에 따라 신뢰감 또는 불신감이 형성된다. 어머니가 유아의 요구를 일관성 있게 적절히 만족시켜 주면 세상에 대한 기본적인 신뢰감이 형성되고, 유아의 요구를 무시하거나 일관성 없이 반응하면 불신감이 형성된다. 『안아 줘!』는 세상을 구경하던 아기 침팬지가 다른 동물들이 엄마 품에 안기는 것을 보더니, 자신도 엄마 품에 안기고 싶어 했고, 이에 엄마 침팬지가 바로 아기를 안아 주는 내용의 그림책이다. 『사랑해 사랑해 사랑해』는 아기의 모습 하나하나를 모두 사랑하고, 아기가 어떤 행동을 해도 사랑한다는 등, 아기가 양육자에 대해 무한 신뢰감을 가질 수 있게 하는 말들이 담겨 있는 그림책이다.

[그림 1-5-11] 『안아 줘!』
제즈 앨버로우 글 · 그림/웅진닷컴/2000

[그림 1-5-12] 『사랑해 사랑해 사랑해』
버나뎃 로제티 슈스탁 글 · 캐롤라인 제인 처치 그림
/신형건 역/보물창고/2006

2. 2단계: 18개월~3세. 자율성 대 수치심, 회의감

이 시기의 유아는 여러 가지 능력이 발달하면서 식사하기, 옷 입기, 대소변 가리기 등을 독립적으로 하려고 한다. 이때 유아를 적절히 도와주고 격려해 주면 자율성이 발달하고, 유아의 미숙함을 우려하여 과잉 통제하거나 비난을 하면 자신의 능력에 대해 수치심과 회의감을 갖게 된다. 『손이 나왔네』는 혼자 옷을 입는 아이의 모습을 담고 있는 그림책이다. 그리고 『똥이 풍덩!』은 대변을 보는 아이의 모습을 담고 있는 그림책인데, 남아와 여아를 위한 그림책이 따로따로 있다.

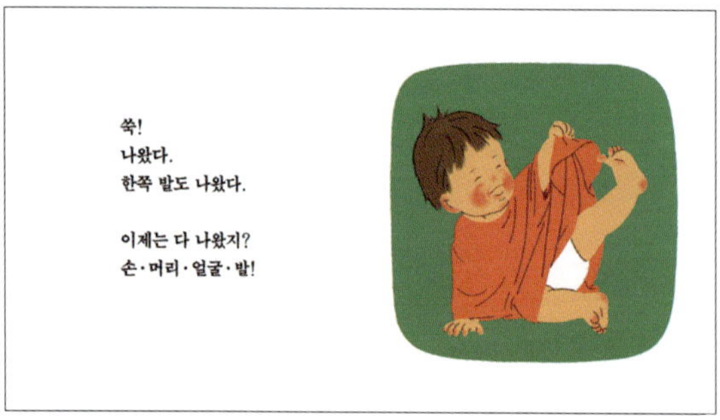

[그림 1-5-13] 『손이 나왔네』
하야시 아키코 글 · 그림/이영준 역/한림출판사/1990

[그림 1-5-14] 『똥이 풍덩!』
알로나 프랑켈 글 · 그림/김세희 역/비룡소/2001

3. 3단계: 3~6세. 주도성 대 죄책감

3단계는 신체 운동능력과 언어 능력을 사용하여 주변 세계를 적극적으로 탐색하는 시기고, 목표를 설정하고 계획을 세우며 목표 달성을 위해 노력하는 시기다. 이를 이해하고 격려해 주면 주도성이 확립되고, 이를 제재하고 비난하면 자신감을 잃고 죄책감을 느끼게 된다. 『휘파람을 불어요』는 휘파람을 불어 개를 부르고 싶은 피터가 계속 휘파람 부는 연습을 한다. 아빠 모자를 쓰고 휘파람을 불어보기도 하고, 볼이 얼얼해질 정도로 연습을 한다. 결국, 휘파람으로 개를 부를 수 있게 된 피터는 성취감에 기뻐하며 엄마와 아빠 앞에서 입을 쭉 내밀며 자랑스러워한다. 『민들레를 사랑한 기니피그 아삭이』에는 멸종 위기의 민들레를 정성을 다해 키우는 기니피그의 모습이 담겨 있다. 물을 주고 벌레도 잡아 주면서 아무리 먹고 싶어도 씨를 퍼뜨릴 수 있게 될 때까지 참는다. 민들레 먹는 것을 좋아하는 만큼 아끼고 보살필 줄 알게 된 것이다.

[그림 1-5-15] 『휘파람을 불어요』
에즈라 잭 키츠 글 · 그림/김희순 역/시공주니어/1999

[그림 1-5-16] 『민들레를 사랑한 기니피그 아삭이』
샬럿 미들턴 글 · 그림/서정숙 역/내인생의책/2010

Ⅱ 유아의 발달과 그림책

A. 유아 그림책의 특징

유아 대상의 그림책은 크게 영아용과 유아용으로 나뉜다. 월령으로 볼 때, 영아용은 0세부터 만 3세 이전 대상의 그림책, 유아용은 만 3세부터 만 5세 대상의 그림책을 말한다. 우선 그림책의 외형의 측면에서 보면, 0~12개월의 영아 초기에는 부드러운 헝겊 책, 물속에서도 놀이하며 볼 수 있는 비닐 책, 여러 사물이나 동물 형태의 모양 책, 그림 속에 숨어 있는 그림 들춰보기 책, 누르거나 당기면 소리가 나는 입체적인 장난감 책, 촉감을 느낄 수 있는 책, 향기 나는 책 등 영아의 감각적 탐색을 돕는 책을 제공한다. 차차 영아 혼자 쉽게 넘길 수 있는 보드북을 제공하다 유아기가 되면 일반 책장의 그림책을 제공한다.

다음으로 그림이나 내용의 측면에서 보면, 흑백으로 된 단조로운 모양의 초점책으로부터 시작하여 출생~만 1세(12~24개월 이전)의 영아기에는 그림책의 사물이나 동작을 가리키며 그것에 이름 붙이고 그림을 지각하게 하며 읽어줄 수 있는 명명하기 그림책이나 개념 그림책(concept book)을 제공한다(Kummerling-Meibauer & Meibauer, 2018a). 개념 그림책은 동물, 과일, 자동차 등의 해당 그림과 명칭이나 소리 또는 움직임이 들어가 있는 책으로, 『동물들이 쫑알쫑알』이 그 예가 될 수 있다. 그리고 소리나 동작을 따라 할 수 있는 책의 예로는 『나도 나도』, 『짝짝짝』 등을 들 수 있다. 개념 그림책 읽기는 이후 서사 그림책 읽기에 도움을 주는 '책 읽기 행동'과 '기본 지각 기술'을 키워 준다. '책 읽기 행동'이란 가만히 앉아 있기, 책장 넘기기, 그림을 보고 가리키기를 말하며, '기본 지각 기술'이란 그림과 배경 구분하기, 대상 그림의 선, 점, 색 인식하기, 삼차원의 물체가 이차원으로 표상되어 있음을 이해하기, 시각 스키마의 습득을 말한다(Kummerling-Meibauer et al., 2018a).

[그림 1-5-17] 『동물들이 쫑알쫑알』
김은미 글 · 유승희 그림/꼬마대통령/2015

[그림 1-5-18] 『나도 나도』
최숙희 글 · 그림/웅진주니어/2009

[그림 1-5-19] 『짝짝짝』
헬린 옥슨버리 글 · 그림/공경희 역/시공주니어/2019

만 2~3세(24~48개월 이전)에는 초보적인 서사 그림책을 제공한다(Kummerling-Meibauer & Meibauer, 2015). 서사의 요건은 내용과 사건에 일관된 순서가 있어야 하고, 내용 간 개연성이 있어야 하며, 절정이 있어서 독자의 공감과 정서적 관여에 영향을 미칠 수 있어야 한다는 것이다. 그런데 초보적인 서사 그림책은 이들 요건이 미약하거나 허술한 상태로, 대개 인물이 등장하여 시간순에 따라 단순히 에피소드를 이어가는 형식이다. 예를 들면, 아침에 일어나서 밤에 잠잘 때까지의 일과, 기관이나 집에서의 생활이나 놀이, 또는 생일 축하나 시장 나들이, 차 타기, 병원 가기 등을 담은 그림책이다. 만 2세 유아는 반복되는 말이나 문장을 따라 하거나 그림책의 그림을 가리키며 자신의 경험을 관련지어 이야기하는 대화적 읽기를 할 수 있다. 『사과가 쿵!』은 초기 서사 그림책의 예가 될 수 있다. 만 3세부터는 만 2세 때와 비교할 때, 그림책의 구성이나 구조와 관련지어 내용을 이해하고 자신의 느낌이나 생각을 기초로 해석하는 상호작용이 차차 가능해진다. 대표적인 예로 『커다란 순무』를 들 수 있다.

[그림 1-5-20] 『사과가 쿵!』
다다 히로시 글 · 그림/정근 역/보림/2009

[그림 1-5-21] 『커다란 순무』
헬린 옥슨버리 글 · 그림/박향주 역/시공주니어/1996

만 4세(48개월)부터는 서사 구조가 더욱 탄탄한 그림책, 즉 인물 간 관계나 사건의 개연성, 인과관계가 개입된 사건, 갈등이나 문제가 있고 그것이 해소되는 절정의 순간이 담겨 있는 서사 그림책을 제공한다. 처음에는 인물의 수가 적고 사건이나 갈등의 해결이 단순하고 분명한 것으로부터 차차 복잡하고 해석의 여지가 있는 그림책, 다양한 장르의 그림책, 이전에 보던 것과 다른 새로운 형식의 그림책을 읽어준다. 이 시기에 적합한 그림책의 예는 다음과 같다.

[그림 1-5-22] 『모자 사세요!』
에스퍼 슬로보드키나 글 · 그림/박향주 역/시공주니어/1998

[그림 1-5-23] 『내 친구 커트니』
존 버닝햄 글 · 그림/고승희 역/비룡소/1996

B. 유아의 연령별 발달 특징

1. 0, 1세(출생~24개월 이전)의 발달 특징

1) 언어발달

울음, 쿠잉, 옹알이, 표정, 몸짓 등을 의사소통 수단으로 사용한다(이지현, 마송희, 김수영, 정정희, 2015). 9~10개월이 되면 성인의 말소리를 무슨 뜻인지 모르면서 모방하는 반향적 모방(echolalia)이 나타난다(한유미, 김혜선, 권희경, 양연숙, 박수진, 2006). 12개월 전후가 되면 본격적인 언어 사용기로 한 단어 말을 시작한다(이지현 외, 2015). 12~18개월경에는 가만히 앉아 그림책을 보고, 페이지를 넘기며 그림을 보고 가리키는 등 책 읽기 행동 규칙(rules of book behavior)을 안다(Kummerling-Meibauer et al. 2015). 18개월경부터 수 개월간은 '명명 폭발기(naming explosion)' 혹은 '어휘 폭발기(word spurt)'로, 개념의 수평적 발달, 수직적 발달을 통해 어휘는 확장되어 간다(주영희, 2001; 이지현 외 2015), 18개월경부터 두 단어를 결합한 전보식 언어(telegraphic speech)로 자기 생각을 표현한다(한유미 외, 2006),

2) 지각 및 인지발달

출생에서 2세까지는 감각운동기다. 보고, 만지고, 냄새 맡는 등 감각 경험과 신체 활동을 통해 사고가 발달한다. 친숙하지 않은 사람보다 친숙한 사람의 얼굴을 선호하고, 7개월경부터 소리의 패턴을 인식하고, 청각 자극과 시각 자극을 통합할 수 있다(이영, 2017). 한 달 된 영아는 성인의 반복적인 노래와 음악의 리듬에 따라 팔, 다리를 움직이는데, 이는 영아가 인간의 목소리와 언어 패턴에 매우 일찍부터 흥미가 있음을 보여 주는 것이다. 12~18개월경에는 그림책의 인물과 배경을 구분하고, 선이나 점, 색을 인식하며, 이차원 평면에 삼차원의 대상을 표현했음을 아는 등 기본적인 지각 능력을 갖춘다(Kummerling-Meibauer et al., 2015). 24개월에는 눈앞에 없는 대상에 대한 내적 표상이 가능해지는 대상영속성, 인과관계의 기초관념, 공간과 시간에 대한 초보개념을 얻고, 매일의 사건에 어떤 계열이 있음을 알게 된다(Pulaski, 1982).

3) 정서발달

기쁨, 분노, 슬픔 등의 기본 정서가 나타난다. 영아 초기에는 미소, 찡그리기 등의 표정이나 깡충깡충 뛰기, 발로 차기와 같이 몸 전체로 정서를 표현한다. 2, 3개월이면 친숙한 사람의 모습이나 놀잇감을 보거나 신체적으로 편안함을 느낄 때 기쁨을 표현한다. 4개월이면 화난 표정을 지을 수 있고, 움직임을 제한받거나 억지로 배변 훈련을 시키거나 더 놀고 싶은데 일찍 자라고 할 때 분노의 정서를 표출한다(이숙재, 이봉선, 2000). 낯가림(6개월)이나 격리 불안(10~12개월)이 나타나면서 불안 정서가 구체화된다. 8, 9개월부터는 낯설거나 위험한 상황에서 의도적으로 다른 사람(특히 엄마)의 정서적 반응을 살필 줄 알며, 12개월이 넘으면 자신의 감정과 타인의 감정이 다를 수 있음을 알고 감정을 통제하기 시작한다(이숙재 외, 2000).

4) 사회성 발달

양육자에게 전적으로 의존함으로써 세상에 대해 믿음을 갖는 시기다(Erikson, 1963). 울기, 미소짓기, 모방하기 등의 표현으로 욕구를 나타낸다. 2개월경 영아는 울다가도 사람 소리가 나면 조용해지고, 5~6개월경 사람의 얼굴을 식별하면서 친숙한 인물에 대해 선택적인 사회적 미소를 짓고, 12개월경 자신과 애착 관계에 있는 성인의 말이나 행동을 모방한다(이숙재 외, 2000). 다른 사람과의 사회적 관계는 애착 형성에서부터 시작되는데, 3개월경 몇몇 친숙한 성인에게 미소 같은 애착 행동을 보이다가 6개월부터 24개월까지 한 명의 특정인을 대상으로 애착 행동을 보인다. 또한, 6개월경부터 자신과 엄마가 분리되어 있음을 의식하기 시작하고 21~24개월이 되면 분리된 자아 감각이 거의 확립된다(이숙재 외, 2000).

5) 신체 및 운동발달

생후 2년 동안 아주 큰 신체발달을 이룬다. 머리를 가누고 가슴 들기, 뒤집기, 앉기, 기기, 서기, 걷고 기어오르고 뛰기가 가능해진다. 영아기에 근육의 조정 능력과 눈과 손의 협응력이 발달하면서 손 뻗기, 움켜쥐기, 집기, 컵을 들고 물 마시기, 작은 블록 쌓기, 숟가락 사용하여 밥 먹기, 옷 벗기 등이 가능해진다(이숙재 외, 2000). 처음에는 어깨 근육을 사용하지만, 차츰 손가락을 움직여 9개월경 엄지와 검지로 작은 물체를 집어 올릴 수 있는 '손가락으로 집기'가 가능하며, 기술적으로 사물에 손가락을 넣거나 사물 사이로 손가락을 끼울 수 있다. 괄약근 통제가 되면 배변 지도가 시작될 수 있는데, 대변은 13개월, 소변은 20개월부터 가능해진다(이숙재 외, 2000).

2. 2, 3세(24~48개월 이전)의 발달 특징

1) 언어발달

두 단어로 된 전보식 언어가 시작된 후 2개월 정도가 지나면, 3~4개 단어로 조합된 다어문이 나타난다(이지현 외, 2015). 2세 반에서 3세경이 되면, 책을 똑바로 세워서 책장을 넘기거나, 그림책 속 사물을 가리키며 자신의 경험과 연결 짓는 '가리키기-말하기-연결하기(point-say-connect)' 행동이 나타난다(Jalongo, 2013). 2~3세 유아는 성인과 함께 책 읽기를 좋아하여 책을 가져와서 읽어 달라고 조르고, 선호하는 책이 있다. 책은 읽는 것임을 알고, 혼자 읽는 시늉을 하기도 한다. 책 읽기 시간에 기꺼이 참여하고, 어느 책에서 나온 구절인지 알고 성인이 책을 잘못 읽었을 때 지적한다. 주인공의 행동을 모방하거나 책 속 사건들을 관련지어 생각할 수 있고, 그림을 보고 이야기를 하거나 글 없는 책은 이야기를 꾸며 말한다(이기숙, 김영실, 현은자, 1993).

2) 인지발달

피아제(Piaget)에 따르면, 2세부터 7세는 전조작기고, 그중 2세부터 4세는 전개념기

(preconceptual stage)에 속한다. 전조작기에는 표상능력이 발달하면서 감각기관에 의한 지각을 통해 세상을 인식하던 영아기와 다르게 언어와 상징으로 사고(상징적 사고)하기 시작하고, 기억한 것을 언어로 표현하며 상상할 수 있게 된다. 이로써 실제 눈으로 보지 않은 가상의 상황이나 사물을 내적 사고를 통해 인식하고 이해하게 되고, 상징놀이를 많이 하게 된다. 또한, 전조작기에는 자기중심적 사고를 하는데, 물활론적 사고(animism), 인공론적 사고(artificialism), 실재론적 사고(realism)가 그 특징이며, 2~3세에는 이들 특징이 초보적 형태로 나타난다(Pulaski, 1982). 3세 유아는 주변 세계에 대한 호기심이 증가하여 "왜?", "이거 뭐야?", "이 사람 누구야?" 같은 질문을 많이 한다(이숙재 외, 2000).

3) 정서발달

기쁨, 분노, 슬픔 등의 기본 정서에 대한 원인, 결과 및 행동적 신호를 이해하므로 행복한 이유, 슬픈 이유 등에 관해 설명할 수 있고(정옥분, 2003), 기본 정서가 세분되어 질투, 당황 같은 정서가 나타난다. 신체적으로 안락할 때 기쁨을 느끼던 것과 다르게 갑작스럽고 예기치 못한 상황이나 새로운 것을 발견하거나 게임에서 이긴 상황, 또는 만화나 영화, TV를 보면서 즐거워한다. 3~4세경 유아는 화가 나면 떼쓰기(temper tantrum)를 아주 심하게 한다(이숙재 외, 2000). 떼쓰기는 울고, 소리 지르고, 발을 구르고, 바닥에 누워서 몸을 구르고, 펄쩍펄쩍 뛰는 등의 행동을 말한다.

4) 사회성 발달

에릭슨의 발달 단계 중 자율성의 단계(1.5~3세)로, 밥 먹기, 옷 입기, 양말 신기 등을 스스로 하기 좋아하고, "싫어.", "안 해.", "내가 (할래)." 등 자신의 의지를 드러내는 언어를 사용하기 시작한다. 2세 이후 유아는 사회적 관계에 대한 기본 이해가 발달하여 또래와의 사회적 상호작용이 가능하므로(이숙재 외, 2000) 또래와 함께 소집단으로 하는 역할놀이, 그림책 읽기 등이 가능하다. 아직 탈중심화가 이루어지지는 않았지만

2~3세 유아도 다른 유아를 도와주거나 놀잇감을 나눠 주기도 하고 위로를 하기도 한다(Shaffer, 1994). 2세 반이 되면 대부분 자신이 남자인지 여자인지를 알게 되는 성 정체감을 인식하게 된다(정옥분, 2003).

5) 신체 및 운동발달

뛰기, 공 던지기, 세발자전거 타기 같은 대근육 발달과 종이 접고 자르기, 그림 그리기, 쓰기 같은 소근육 발달이 이루어지기 시작한다. 3~4세 유아는 걷는 것보다 달리거나 뛰어다니려 한다. 공 던지기는 처음에는 주로 어깨와 팔꿈치를 움직여 공을 던진다. 3세경에는 세발자전거의 페달을 돌릴 수 있다. 2세경부터 5~6개의 블록을 쌓아 올릴 수 있고, 3세에는 10개 정도가 가능하다. 책장도 넘기고 크레용으로 직선도 그릴 수 있다. 3세가 되면 한 번이나 두 번 정도의 종이접기가 가능해지고 혼자 가위를 사용하여 종이를 자르기도 한다. 또한, 3세가 되면 원, 삼각형, 사각형 등의 단순한 형태를 그릴 수 있다(이숙재 외, 2000).

3. 4, 5세(48~72개월 이전)의 발달 특징

1) 언어발달

4, 5세는 4~5개의 단어로 문장을 구성하고, 어휘가 급속도로 증가하여 4,000~6,000개의 어휘를 획득한다(박혜경, 김영실, 김진영, 김소양, 1999). 또한, 책에는 여러 종류가 있다는 것을 알고 다양한 유형의 책을 좋아한다. 책을 읽는 방법, 읽는 방향, 페이지, 제목 등을 알고, 책 표지의 제목을 하나씩 짚으며 읽고, 자기가 좋아하는 책을 성인과 함께 읽을 때 어떤 부분은 자기가 대신 읽으려고 한다. 간단한 문장이 반복되는 '쉬운 책'을 읽을 수 있고, 소리와 글자 간의 일대일 대응을 할 수 있고, 가족과 친구들의 이름에 있는 글자를 알며, 아는 글자가 다른 상황에서 제시될 때 읽을 수 있다(이기숙 외, 1993).

2) 인지발달

2, 3세와 마찬가지로 상징적 표상이 가능한 시기지만, 7세까지 전조작기이며, 자기중심적 사고를 하므로 다른 사람도 자기와 같은 방식으로 세상을 이해한다고 생각한다. 또한, 한 가지 특성에만 집중하여 사고하므로 원인과 결과가 뒤바뀐 전도 추리를 한다. 피아제에 따르면, 4~7세는 직관적 사고기(intuitive stage)다. 논리성이나 합리성에 기초하기보다 직관에 의존하는 사고를 한다는 의미다. 그의 용어로 '전 논리적'인 사고를 하는 단계다(Pulaski, 1982). 그러나 2, 3세에 비해 상황의 전후 관계나 인과관계에 근거하여 추론하려 하고, 호기심이 다양해진다(이종숙, 신은수, 박은혜, 김영태, 유영의, 최일선, 유흥옥, 2009; 조형숙, 박은주, 강현경, 김태인, 배정호, 2013). 만 4세가 되면 마음이론에 대한 기본 이해가 발달한다(Kummerling-Meibauer & Meibauer, 2018b).

3) 정서발달

다양한 정서를 이해하고 명명할 수 있고, 타인의 정서를 읽고 해석하고 예측할 수 있으며, 감정이입을 할 수 있다(정옥분, 2003). 다른 사람의 감정이나 기분을 자신의 것처럼 느끼고 위로할 수 있다. 그리고 자신의 감정을 조절하며, 더 큰 만족을 얻기 위해 좌절하거나 실망하지 않고 참고 노력하는 모습을 보이기도 하며, 5세에는 성취나 경쟁적 욕구가 충족된 일에 만족하는 경향을 보인다(임춘금, 2007; 홍지명, 2014).

4) 사회성 발달

에릭슨의 발달 단계 중 주도성의 단계로 목적을 위해 스스로 계획을 세우고 실행을 한다. 또래와의 사회적 상호작용이 활발해지고 점차 특정 또래와 집단을 형성하기 시작한다(Berk, 2014). 대인관계가 차츰 확대되어 타인의 관점을 이해하는 능력이 늘어나고 친사회적 행동이 많아진다(Bentley & Nissan, 1996). 반면, 우정 관계에서 갈등이 많이 나타나고(권민균, 석미경, 2004; 문혜련, 2011), 5세가 되면 협동놀이가 증가하며, 협동심과 책임감을 느끼고 점차 사회적 규칙과 가치도 고려하게 된다. 또한, 문제 상황에서 공정성을 고려한 해결방법을 모색할 수 있다(Berk, 2014).

5) 신체 및 운동발달

이 시기 유아는 매우 활동적이며 능숙한 운동능력을 보여 준다. 4~5세가 지나면서 어느 정도 속도를 내서 달릴 수 있게 되고, 공 던지기를 할 때 균형 잡힌 자세로 던질 수 있고, 스키핑과 갤러핑 같은 이동 동작이 가능하다. 유아에 따라서는 5~6세에 두발자전거를 타기도 하고, 가위질도 정교해지고, 손의 힘이 좋아져 자유로운 그리기가 가능하다(정옥분, 2003). 5~6세가 되면 능숙하게 혼자 밥을 먹을 수 있는데 음식에 대한 선호도가 강해진다. 그리고 어떤 옷이든 입고 벗을 수 있고, 혼자 신발을 신고 끈을 맬 수도 있다.

C. 유아의 발달에 적합한 그림책

1. 0, 1세의 발달에 적합한 그림책

출생~만 1세의 발달 특징에 기초하여 그림책 선정 및 읽어주기 시사점, 그림책의 예를 정리하면 〈표 1-5-1〉과 같다.

〈표 1-5-1〉 0, 1세 발달에 적합한 그림책

발달영역	발달 특성	시사점	그림책의 예
언어발달	• 쿠잉, 옹알이 시기를 거치며 음성 놀이를 즐김 • 반향적 모방을 함 • 책과 놀잇감을 구분, 그림책 속 사물을 가리키며 이름을 말함 • 책 읽기 행동 규칙을 인식 • 명명(어휘) 폭발기 • 전보식 언어 사용	• 어휘 습득과 명명하기를 위한 매체로서의 그림책: 친숙한 사물, 동물, 사람(가족), 신체 부위 등의 이름과 그림을 짚어 가며 읽어주기 • 재미있는 말, 리듬과 운율이 있거나 노래가 담긴 그림책 • 제한된 단어로 이루어진 짧은 문장의 그림책	『눈코입』, 『코코코 초록잎』, 『동물 미술관』, 『누구야?』, 『누가 누가 잠자나』, 『자장자장 엄마 품에』, 『사랑해 자장자장 사랑해』,『깜박깜박 스르르』, 『냠냠냠 쭉쭉쭉』, 『풍덩 시원해요』, 『동물들아, 뭐하니?』, 『무엇이 무엇이 똑같을까?』, 『잡아라, 잡아라』, 『반대말』, 『자동차 뒤에 누구?』

발달영역	발달 특성	시사점	그림책의 예
지각 및 인지발달	• 오감을 통한 탐색을 하는 감각운동기 • 인간의 목소리를 선호, 언어 패턴에 반응 • 그림책을 보는 데 필요한 기본 지각 능력을 갖춤 • 대상영속성, 인과관계의 기초 개념, 공간과 시간에 대한 초보개념을 얻고, 매일의 사건에 어떤 계열이 있음을 인식	• 시각적 환경으로서의 그림책: 주변에 그림책을 펼쳐 두기 • 감각을 통한 탐색 대상으로서의 그림책: 빨고 흔들고 구기므로 세탁이 가능한 헝겊이나 부드러운 비닐로 된 책, 입에 넣거나 찢기도 하므로 안전하고 견고한 책 • 까꿍놀이 그림책, 간단한 인과가 담겨 있거나 일상이 순서에 따라 전개되는 그림책	『미피 까꿍 헝겊책』, 『꿈꾸는 달팽이』, 『누가 숨었지?』, 『짠! 까꿍놀이』, 『어디 있니, 까꿍!』, 『무지개 까꿍!』, 『어디 숨었니?』
정서발달	• 기본 정서 출현 • 낯가림, 격리불안	• 교사나 양육자와의 정서적 교감을 위한 대화 매개체로서의 그림책 • 정서적 안정감을 주는 그림책	『사랑해 사랑해 사랑해』, 『내가 안아 줄게』, 『엄마랑 뽀뽀』, 『아빠한테 찰딱』
사회성 발달	• 부모와의 기본적인 신뢰감 형성 • 상대방에게 자신의 욕구를 표현 • 주 양육자와 애착 관계 형성 • 다른 사람과 분리된 자아에 대한 개념 생성	• 교사나 양육자와의 긍정적 관계를 위한 매개체로서의 그림책 • 성인에 대해 신뢰감을 주고 애착 관계 형성에 도움이 되는 그림책 • 영아 자신의 몸이나 일상사(옷 입고 벗기, 식사하기, 놀이 등)를 담은 그림책	『모두 모두 정말 좋아』, 『달님 안녕』, 『손이 나왔네』, 『구두구두 걸어라』, 『싹싹싹』, 『옷을 입자 짠짠』
신체 및 운동발달	• 고개 들기에서 걷기까지 가능 • 엄지와 검지로 물건 집기, 사물에 손가락 넣기 가능 • 배변 지도 가능	• 따라 할 수 있는 동작들이 담긴 책 • 다음 책장이 쉽게 튀어 오를 수 있게 만들어진 보드북 • 배변 지도와 관련되는 내용의 그림책	『움직여요』, 『보아요』, 『들어요』, 『만져요』, 『꼬마야 꼬마야』, 『아기가 아장아장』, 『나도 나도』, 『응가, 뿌지직 뿡!』

2. 2, 3세의 발달에 적합한 그림책

2, 3세의 발달 특징에 기초하여 그림책 선정 및 읽어주기 시사점, 그림책의 예를 정리하면 〈표 1-5-2〉와 같다.

〈표 1-5-2〉 2, 3세 발달에 적합한 그림책

발달영역	발달 특성	시사점	그림책의 예
언어발달	• 다어문 시기로 문법 발달이 이루어지기 시작 • 가리키기-말하기-연결하기 행동 가능 • 책 읽기를 좋아하고(혼자 시늉하기, 성인과 함께 읽기), 선호하는 책이 있으며, 책은 읽는 것임을 인식 • 책 읽어주기 시간에 기꺼이 참여 • 주인공의 행동을 모방하고 책의 내용이나 사건을 이해하고 기억함 • 글 없는 그림책의 이야기를 꾸며 말할 수 있음	• 초기 서사 그림책: 간단한 형식의 서사를 갖춘 단순한 플롯(상황이나 사건이 반복, 시간순으로 진행, 서두와 결말이 분명)의 이야기 그림책 • 예측 가능한 책, 숨은그림찾기 책, 묻고 대답하는 형식의 그림책을 읽어주며 유아의 참여를 격려하기, 대화적 읽기 • 인물이나 내용에 대해 상호작용을 하며 읽어주기 • 그림책을 자주 읽어주고 그림을 보며 이야기를 구성하게 하기	『사과가 쿵!』, 『배고픈 애벌레』, 『누구게?』, 『누가 숨겼지?』, 『아기 오리는 어디로 갔을까?』, 『잘 자요, 달님』, 『모두 행복한 날』, 『검피 아저씨의 뱃놀이』, 『곰 사냥을 떠나자』, 『커다란 순무』, 『바람이 불었어』, 『장갑』, 『낮잠 자는 집』, 『잘잘잘 123』, 『꿀!』
인지발달	• 상징적 표상을 시작하였지만 진정한 개념화에는 어려움이 있는 전개념기 • 자기중심적 사고를 하며, 물활론, 인공론, 실재론적 사고의 초보적 특징을 보임 • 상징놀이를 많이 하고, 호기심이 많음	• 비교적 단순한 표상에 기초한 상상 이야기, 의인화된 이야기, 그 외 허구의 그림책 • 책을 읽으며 이전 경험 떠올리기, 이후 이야기 예측하기 • 인물이나 배경 등 이야기 구성요소와 관련한 상징 놀이 격려하기 • 호기심을 충족시킬 수 있는 그림책	『두드려 보아요』, 『모자가 빼꼼』, 『모두 달아났네』, 『누가 내 머리에 똥 쌌어?』
정서발달	• 기본 정서에 대한 원인과 결과 등을 이해 • 기본 정서가 세분되고, 정서 표현이 더욱 확연해짐	• 등장인물의 정서 이해하기 • 책 내용에 대한 감상이나 인물에 대한 감상 표현하기	『안아 줘!』, 『우리 엄마 어디 있어요?』, 『악어도 깜짝, 치과의사도 깜짝!』, 『병아리』, 『구름 놀이』, 『그건 내 조끼야』, 『달을 먹은 고양이』, 『다음엔 너야』

발달영역	발달 특성	시사점	그림책의 예
사회성 발달	• 자율성의 시기 • 또래와의 사회적 상호작용이 가능 • 친사회적 행동이 가능 • 성 정체감을 인식하기 시작	• 자율성 형성에 도움이 되는 그림책 • 또래와의 놀이, 갈등과 해결을 내용으로 한 그림책 • 친사회적 행동이 담긴 그림책 • 성 정체감 인식에 도움이 되는 그림책	『미피의 특별한 생일』, 『둘이서 둘이서』, 『나랑 친구 할래?』, 『나는 내가 좋아요』, 『너에게 주는 선물이야』, 『괜찮아』
신체 및 운동발달	• 매우 활동적 • 대근육 · 소근육 활동이 영아 초기와 비교해 정확하고 세련되어짐	• 다양한 놀이에 관한 그림책 • 움직임을 따라 할 수 있는 그림책	『걷는 게 좋아』, 『달려』

3. 4, 5세의 발달에 적합한 그림책

만 4~5세의 발달 특징에 기초하여 그림책 선정 및 읽어주기 시사점, 그림책의 예를 정리하면 〈표 1-5-3〉과 같다.

〈표 1-5-3〉 4, 5세 발달에 적합한 그림책

발달영역	발달 특성	시사점	그림책의 예
언어발달	• 책에는 여러 종류가 있다는 것을 알고 다양한 유형의 책을 좋아함 • 책을 읽는 방법, 읽는 방향, 페이지, 제목 등을 인식 • 책 표지의 제목을 하나씩 짚으며 읽거나 책의 어떤 부분은 성인 대신 자기가 읽으려고 하는 등 책의 글자 읽기에 관심이 많음	• 다양한 내용과 형식, 다양한 장르의 그림책 • 주변텍스트를 비롯하여 그림책의 기호 읽기 • 교사와 번갈아 책 읽기 또는 혼자 책 읽기	『로지의 산책』, 『모자 사세요!』, 『시리동동 거미동동』, 『사자와 생쥐』, 『이 작은 책을 펼쳐 봐』, 『앗, 그림책이 살아있어!』, 『우체부 아저씨와 비밀편지』, 『100층짜리 집』, 『도깨비 방망이』, 『머나먼 여행』, 『말썽꾸러기 개미 두 마리』
인지발달	• 전조작기의 직관적 사고기에 해당함 • 전후 관계나 인과관계에 근거하여 추론하려 함	• 책을 읽으며 이전 경험 떠올리기, 이후 이야기 예측하기 • 등장인물의 행동이나 사건의 이유에 대해 추론하며 읽기	『까만 토끼』, 『도둑을 잡아라!』, 『이상한 자연사 박물관』, 『미술관에 간 윌리』, 『치과 의사 드소토 선생님』, 『마술 연

발달영역	발달 특성	시사점	그림책의 예
인지발달	• 상징놀이를 많이 함 • 다양한 호기심 • 마음이론이 발달함	• 책 내용과 다른 문제해결 방식에 대해 토의하며 읽기 • 인물이나 배경 등 이야기 구성요소와 관련한 상징놀이 격려하기 • '왜' 이야기 구성의 그림책	필』, 『그림자 놀이』, 『만약...』, 『간질간질』, 『준치가시』, 『거미 아난시』, 『모기는 왜 귓가에서 앵앵거릴까?』
정서발달	• 다양한 정서를 이해하고 명명할 수 있음 • 타인의 정서를 읽고 해석하고 예측하며, 감정이입을 하고 위로할 수 있음 • 자신의 감정을 조절하려고 노력 • 성취나 경쟁 욕구가 강해짐	• 등장인물의 감정을 이해하거나 명명하며 읽기 • 등장인물의 감정 공감하며 읽기 • 등장인물이 자신의 정서를 적절하게 조절하고 표현하는 모습이 담긴 그림책 • 등장인물이 좌절, 실망 같은 부정적 정서나 상황을 겪는 그림책 경우, 긍정적으로 조절, 극복하는 그림책	『눈 오는 날』, 『룰루』, 『괴물들이 사는 나라』, 『파랑이와 노랑이』, 『오리 아빠』, 『고 녀석 맛있겠다』, 『엄마 까투리』, 『겁쟁이 빌리』, 『터널』 『부엉이와 보름달』, 『오른발, 왼발』, 『알사탕』, 『내 친구 커트니』
사회성 발달	• 주도성의 단계로 목적을 위해 스스로 계획을 세우고 실행함 • 또래와의 사회적 상호작용이 활발해지면서 또래 간 갈등이 늘어남 • 친사회적 행동이 많아짐 • 협동심과 책임감을 느끼고 점차 사회적 규칙과 가치를 고려함 • 문제 상황에서 공정성을 고려한 해결방법을 모색함	• 하고자 하는 일을 주도적으로 성취하여 긍정적 자아개념 형성에 도움이 되는 그림책 • 친구 사귀기, 친구와의 갈등 해결하기 등 친구 관계에 대한 그림책 • 친사회적 행동이나 이타성을 내용으로 하는 그림책 • 다양한 사회적 관계에서 자신의 사회적 역할을 하는 그림책 • 그림책 속 문제 상황에서의 합리적인 해결방법을 토의할 수 있는 그림책	『휘파람을 불어요』, 『앨피가 일등이에요』, 『용감한 아이린』, 『구룬파 유치원』, 『아씨방 일곱 동무』, 『헤엄이』, 『토끼의 의자』, 『뒷집 준범이』, 『할머니의 기억은 어디로 갔을까?』, 『샌지와 빵집 주인』, 『흔들흔들 다리에서』
신체 및 운동발달	• 매우 활동적이며 능숙한 운동능력을 보여 줌 • 달리기, 공 던지기, 자전거 타기 등의 대근육 발달과 그림 그리기나 세세한 근육을 사용하는 소근육 활동이 이전과 비교해 정확하고 능숙해짐 • 식사하기, 옷(또는 신발) 혼자 입고 벗기를 할 수 있고, 음식에 대한 선호가 강해짐	• 다양한 놀이에 관한 그림책 • 움직임을 따라 할 수 있는 그림책	『눈 오는 날』, 『야호, 비 온다!』, 『난 토마토 절대 안 먹어』, 『오늘은 무슨 옷을 입을까?』, 『수영장 가는 날』

Ⅲ 유아의 문학에 대한 반응

유아는 그림책을 읽으며 다음과 같은 다섯 종류의 문학적 반응을 한다(Sipe, 2011). 분석적 반응과 상호텍스트적 반응은 유아가 그림책의 내용과 형식을 이해하고 해석하려는 의지에서 나오는 반응이고, 개인적 반응은 이야기를 자기 쪽으로 끌어들이거나 이야기를 사용하여 자신의 생각이나 삶을 바꾸고자 하는 의지에서 나오는 반응이다. 그리고 동화된 반응과 연행적 반응은 심미적 의지가 활성화된 반응인데, 그중 전자는 본질적으로 수용적, 후자는 표현적이라 할 수 있다. 다섯 종류의 반응은 유아의 마음에서 상호작용하며 이루어지고, 교사와 친구들과 사회적 상호작용을 하는 가운데 계발된다. 그러므로 교사는 유아의 다섯 가지 반응이 활성화될 수 있게 다양한 교사 역할을 실행해야 한다. 구체적인 교사의 역할에 대한 설명은 pp. 230-234를 참고하고, 2부 실제편의 6장, Ⅳ. 읽어주기 상호작용(pp. 314-323)에 유아의 문학적 반응의 예가 실려 있으므로 참고할 수 있다.

A. 분석적 반응

글과 그림으로부터 서사적 의미를 구성하는 반응으로, 주변텍스트 분석, 이야기의 구조에 대한 해석, 그림의 순서 이해, 글텍스트와 그림텍스트의 관련성 이해, 이야기에 대해 가설 세우기, 등장인물, 배경, 플롯, 주제 같은 문학 요소에 대한 분석, 내용의 요약, 관습적인 시각적 기호라 할 수 있는 장면 배치, 색, 디자인, 매체, 양식, 움직임, 그림의 순서 등을 읽기, 암시 또는 서사 시간 장치에 대한 인식, 불합리한 이야기에 대한 비평, 문화적 생산물로서의 책에 대한 반응, 특정 언어에 대한 분석 등이 포함된다.

예를 들면, 주인공이 빨리 뛰느라 옷자락이 휘날리는 그림을 보며 "로지가 더 빨리 더 빨리 달리기 시작해요."라고 한다든지, 갑자기 크게 그려진 부엉이 그림을 보며 "부엉이가 아주 가까이 있는 것 같아요." 한다든지, 다른 형제들과 다르게 엄마 말씀에 귀 기울이지 않고 혼자만 다른 곳을 바라보고 있는 주인공의 모습을 보고 "피터는 돌아서 있어요. 이미 문제를 일으킬 생각을 하는 거예요." 하면서 이야기의 진행과 의미를 구성하는 반응을 한다.

B. 상호텍스트적 반응

읽어주는 텍스트를 다른 책, 다른 예술가와 일러스트레이터의 작품, 영화, 비디오, 선전, 텔레비전 프로그램, 친구가 쓴 글이나 그림처럼 다른 문화적 성격의 텍스트나 물건들과 관련짓는 반응이다. "그것은 ㅇㅇ 같다." 또는 "그것으로 인해 ㅇㅇ가 떠오른다." 같은 연상적 반응, 텍스트 간의 유사점과 차이점을 이야기하는 반응, 여러 텍스트를 일반화하거나 결론짓는 종합적 반응이 이에 해당한다.

예를 들면, 교사가 읽어주는 『아기 돼지 삼 형제』 이야기를 듣다가 첫째 돼지가 잡아먹히는 대목에서 "우리 집에서는 도망가요."라는 반응을 한다. 이에 대해 교사가 자세하게 묻자 집에서 읽은 『아기 돼지 삼 형제』 이야기에서는 첫째 돼지가 둘째 돼지네로 도망갔다며 집에서 읽은, 같은 옛이야기의 다른 판본 이야기를 한다. 또는 "난 이거 영화로 보았어요."와 같은 반응도 상호텍스트적 반응이다.

C. 개인적 반응

개인적 반응은 텍스트를 유아 자신의 삶과 관련지어 나타내는 반응으로, 텍스트를 접할 때 가장 초기에 나타나는 중요하고도 기초적인 반응이다. 여기에는 두 가지가 포함된다. 하나는 이야기의 일부 사항과 자신의 생활 중 일부를 관련짓기, 개인 경험을 근거로 이야기에 의문 갖기와 같이 텍스트에 삶을 연결 짓는 반응이다. "나도 이 토끼 인형 집에 있는데.", "우리 엄마도 밤에 꼭 책 읽어주는데." 같은 반응이다. 다른 하나는 이야기의 해석보다는 자신의 삶을 이해함으로써 앞으로의 삶을 바꾸기라도 할 것처럼 자신의 삶에 텍스트를 연결 짓는 반응이다. 예를 들면, "나도 경찰 돼야지." 하며 다짐하는 반응이다.

그 외, 놀이에 텍스트의 내용을 관련짓는 반응이나 이야기 속 인물의 대리인이라도 된 것처럼 "나라면 ○○ 할 거예요.", "나라면 ○○ 하지 않을 거예요."라고 하는 반응도 개인적 반응이다. 또한, 이야기를 해석하기보다 자신과 같은 행동을 하는 등장인물을 보며 즐거워하는 반응이나 텍스트에 대해 "난 트럭 책만 좋아요, 이런 이야기는 싫어요.", "그런 이야기는 슬퍼요. 더 듣기 싫어요.", "이건 여자아이들을 위한 이야기에요." 하며 책에 대한 선호를 표현하는 반응도 개인적 반응이다.

D. 동화된 반응

이야기의 서사 세계 속으로 들어가서 그것과 하나가 되었음을 암시하는 반응이다. '이차 세계'(Benton, 1992)로 들어가거나 '생생한 체험'(Rosenblatt, 1978)처럼 이야기 세계에 들어간 채 이야기 안의 세계에 응답하는 반응이자 우연히 자발적으로 나오는 반응으로 의사소통을 의도하지 않은 것처럼 보이는 반응이다. 유아의 내면세계가 투명하게 나타나는 반응이라 할 수 있다.

우선, 마치 이야기 세계 안의 등장인물들과 함께 있는 것처럼 이야기 속 등장인물에게 직접 말을 거는 반응이 포함된다. 예를 들면, "헤엄이야, 더 빨리 헤엄쳐. 더 빨리 헤엄치라고!", "야, 늑대에게 말을 걸면 안 돼! 왜 그렇게 바보 같냐?", "가면 안 돼! 가면 안 돼!" 같은 반응이다. 다음으로, 이야기 속 등장인물이 되어 그 역할을 하는 듯한 반응이다. 예를 들면, 등장인물이 되어 "날 잡아먹지 마!" 하며 간청을 한다든지, 늑대가 되어 "오, 참 맛있겠군!" 하는 반응을 한다.

E. 연행적 반응

그림책의 내용이나 그림, 언어를 재료로 자신의 상상력이나 창의성을 발휘하여 유머, 말놀이, 상황극을 하듯 새로운 대사를 꾸미는 반응이다. 동화된 반응은 부지불식간에 나오는 반응이지만, 연행적 반응은 자신의 이야기를 듣는 청중이 있음을 전제한, 의도적 표현 반응이다. 예를 들면, 그림책 속 인물을 높고 과장된 목소리로 칭찬하며 "그레이스, 그레이스, 너 굉장했어!"라고 한다든지 "제가 피터 팬이 되면 좋겠어요. 제제 제발!" 이라고 한다. 『돼지책』의 피곳씨 부인이 계속 일하는 모습을 보며, "신데렐라네요, 신데렐라! 여기 엉덩이를 좀 붙이세요!" 하거나, 화려한 물속 그림을 보며 "용왕님, 저에게 보물을 주세요."라고 하는 반응이 연행적 반응이다.

정리 및 탐구

1. 매슬로우가 말한 욕구 중 자신이 현재 느끼는 욕구는 무엇이며, 그 욕구를 충족시키는 데 부합되는 그림책을 소개해 봅시다. 그리고 그 그림책이 유아에게도 적절한지 평가해 봅시다. 적절하다면, 또는 적절하지 않다면 어떤 점에서 그렇다고 생각하는지 이야기해 봅시다.
2. 에릭슨의 성격발달 단계별 위기를 성공적으로 이루기 위한 그림책들을 찾아 소개해 봅시다.
3. 0~1세, 2~3세, 4~5세로 나누어 연령별 발달에 적합한 그림책을 선정하고, 모둠별로 발표하고 서로 교차 확인해 봅시다.
4. 유아교육기관이나 어린이도서관에 방문하여 개별 또는 집단별 유아의 그림책에 대한 반응을 녹음한 후 유아가 어떤 문학적 반응을 하는지 분류하고, 특정 반응을 많이 하는 이유에 대해서 생각해 봅시다.

PART
02

실제편

CHAPTER 1.

유아교육과정과 유아문학교육

I 누리과정과 유아문학교육

A. 유아문학교육의 목표

2019년 개정 누리과정에서 유아문학교육 관련 내용이 들어가 있는 영역은 의사소통 영역과 예술경험 영역이라고 할 수 있다. 의사소통 영역의 목표와 예술경험 영역의 목표는 〈표 2-1-1〉과 같다. 의사소통 영역의 목표는 이야기를 듣고 말하기를 즐기며, 주변의 상징을 읽고 글자와 비슷한 형태로 써보기에 관심을 가지며, 다양한 책과 이야기를 통해 상상하기를 즐기는 것이다. 예술경험 영역의 목표는 자연과 예술에서의 아름다움을 느끼며, 예술을 통해 창의적으로 표현하는 과정을 즐기며, 다양한 표현을 존중하는 것이다(교육부 · 보건복지부, 2019).

〈표 2-1-1〉 2019년 개정 누리과정 의사소통 영역의 목표와 예술경험 영역의 목표

영역	목표
의사소통 영역	• 일상생활에 필요한 의사소통 능력과 상상력을 기른다. 1) 일상생활에서 듣고 말하기를 즐긴다. 2) 읽기와 쓰기에 관심을 가진다. 3) 책이나 이야기를 통해 상상하기를 즐긴다.
예술경험 영역	• 아름다움과 예술에 관심을 가지고 창의적으로 표현한다. 1) 자연과 생활 및 예술에서 아름다움을 느낀다. 2) 예술을 통해 창의적으로 표현하는 과정을 즐긴다. 3) 다양한 예술 표현을 존중한다.

B. 유아문학교육의 내용

우선, 2019년 개정 누리과정 의사소통 영역의 내용 범주는 '듣기와 말하기', '읽기와 쓰기에 관심 가지기', '책과 이야기 즐기기'로 구성되어 있다. 그중 '듣기와 말하기'에서는 '말이나 이야기를 관심 있게 듣는다.'와 '자신의 경험, 느낌, 생각을 말한다.'가 유아문학교육과 관련지을 수 있는 내용이라 할 수 있으며, '읽기와 쓰기에 관심 가지기'에서는 '말과 글의 관계에 관심을 가진다.', '주변의 상징, 글자 등의 읽기에 관심을 가진다.', '자신의 생각을 글자와 비슷한 형태로 표현한다.'가 유아문학교육과 관련지을 수 있는 내용이라 할 수 있다. 그리고 2019년 개정 누리과정 의사소통 영역에 신설되어 포함된 '책과 이야기 즐기기'가 유아문학교육과 관련지을 수 있는 내용이라 할 수 있다. 의사소통 영역의 내용 범주별로 문학교육이 관련되는 부분을 차례로 살펴보면 다음과 같다.

내용 범주	내용
듣기와 말하기	말이나 이야기를 관심 있게 듣는다.
	자신의 경험, 느낌, 생각을 말한다.

듣기와 말하기 범주의 '말이나 이야기를 관심 있게 듣는다.'는 유아가 다른 사람이 하는 말과 흥미로운 주제, 익숙한 경험이 담긴 이야기에 관심을 가지며 듣는다는 내용이다. 이 부분에서 문학교육과 관련된 부분을 관련지어 살펴보면, 유아기는 대체로 스스로 읽기보다 다른 사람이 들려주는 이야기나 읽어주는 책을 듣는 '듣기 문학'의 시기다. 그러므로 운율과 가락이 있는 자장가로부터 말에 의한 옛이야기, 그림책에 나타난 글과 그림에 의한 다양한 장르의 이야기 문학을 들려주어야 한다. 또한, 질 높은 문학작품을 다양한 매체를 통해 경험하게 하여 유아가 문학에 친숙해지게 해야 한다. '자신의 경험, 느낌, 생각을 말한다.'는 유아가 상대방에게 자신의 경험, 느낌, 생각을 자유롭게 말한다는 내용이다. 다양한 문학작품을 듣고 그 내용에 대한 경험과 느낌, 생각 등의 반응을 자유롭게 표현할 수 있도록 해 주며 적절한 발문을 통해 말할 수 있도록 해야 한다.

내용 범주	내용
읽기와 쓰기에 관심 가지기	말과 글의 관계에 관심을 가진다.
	주변의 상징, 글자 등의 읽기에 관심을 가진다.
	자신의 생각을 글자와 비슷한 형태로 표현한다.

읽기와 쓰기에 관심 가지기에서 내용을 살펴보면, '말과 글의 관계에 관심을 가진다.'는 유아가 일상에서 말이 글로, 글이 말로 옮겨지는 것에 관심을 갖는다는 내용이다. 또한, '주변의 상징, 글자 등의 읽기에 관심을 가진다.'는 유아가 일상에서 자주 보는 상징(그림문자 등)이나 글자 읽기에 관심을 가지며, 상징이나 글자에는 사람들의 생각과 감정, 정보가 담겨 있다는 것을 이해한다는 내용이다. 유아는 교사가 그림책을 읽어주는 것을 들으면서 말과 글의 관계에 자연스럽게 관심을 갖게 되며, 그림책의 내용을 들으면서 상징이나 글자에는 여러 의미가 담겨 있다는 것을 알게 되기 때문에 교사는 다양한 그림책을 들려주고, 유아가 간단한 문장으로 된 책을 반복해서 들으면서 실제 읽어 보는 경험을 하게 한다. '자신의 생각을 글자와 비슷한 형태로 표현한다.'는 유아가 자신의 생각이나 말을 끼적거리거나 글자와 비슷한 형태로 표현한다는 내용이다. 이를

위해 교사는 유아가 책을 본 후 책 표지 꾸미기, 등장인물이나 작가에게 편지 쓰기 등 자신의 생각과 느낌을 나타낼 수 있도록 유아가 쓴 것에 관심을 보이고 격려해야 한다.

내용 범주	내용
책과 이야기 즐기기	책에 관심을 가지고 상상하기를 즐긴다.
	동화 · 동시에서 말의 재미를 느낀다.
	말놀이와 이야기 짓기를 즐긴다.

책과 이야기 즐기기에서의 내용을 살펴보면, '책에 관심을 가지고 상상하기를 즐긴다.'는 유아가 책에 흥미를 가지며 책 보는 것을 즐기고 상상하는 즐거움을 경험한다는 내용이다. 유아는 다양한 책 읽기 경험을 통하여 책의 재미와 가치를 알게 되면서 책을 보고자 하는 동기를 갖게 되고 책 보기를 즐기게 된다. 이를 위해 교사는 유아의 수준에 맞는 다양한 장르의 책을 선정하여 제시해 주고 책을 매일 읽어주어 유아가 책에 대한 흥미를 갖게 해 주어야 하며, 그러한 경험을 통해 상상하는 즐거움을 경험할 수 있다. 책과 이야기 즐기기에서 '동화 · 동시에서 말의 재미를 느낀다.'는 유아가 동화와 동시를 자주 들으며 우리말의 재미와 아름다움을 느낀다는 내용이다. 이를 위해 교사는 다양한 장르의 그림책과 동시를 듣고 우리말의 표현을 통해 우리말의 아름다움과 재미를 경험할 수 있도록 해 준다. '말놀이와 이야기 짓기를 즐긴다.'는 유아가 끝말잇기, 수수께끼, 스무고개 등 다양한 말놀이를 즐기고, 자신의 경험, 생각, 상상을 기초로 새로운 이야기를 만드는 과정을 즐긴다는 내용이다. 유아는 이야기 지어 말하는 경험을 통하여 문학적 요소를 경험하게 되며, 유아가 이야기를 짓는 것을 좋아하는 성향을 지니게 됨을 의미한다. 교사는 이를 위해 유아가 경험한 그림책을 기초로 마음속에 있는 이야기를 지어 말하는 것을 즐길 수 있도록 격려한다.

다음으로, 2019년 개정 누리과정 예술경험 영역의 내용 범주는 '아름다움 찾아보기', '창의적으로 표현하기', '예술 감상하기'로 구성되어 있다. 그중 '아름다움 찾아보기'에서는 '예술적 요소에 관심을 갖고 찾아본다.'가 유아문학교육과 관련지을 수 있는 내용이라고 할 수 있다. '창의적으로 표현하기'에서는 '신체나 도구를 활용하여 움직임과 춤으로 자유롭게 표현한다.'와 '다양한 미술 재료와 도구로 자신의 생각과 느낌을 표현한다.', '극놀이로 경험이나 이야기를 표현한다.'가 유아문학교육과 관련지을 수 있는 내용이라고 할 수 있다. '예술 감상하기'에서는 '다양한 예술을 감상하며 상상하기를 즐긴다.', '서로 다른 예술 표현을 존중한다.'가 유아문학교육과 관련지을 수 있는 내용이라고 할 수 있다. 예술경험 영역의 내용 범주별로 문학교육이 관련되는 부분을 차례로 살펴보면 다음과 같다.

내용 범주	내용
아름다움 찾아보기	예술적 요소에 관심을 갖고 찾아본다.

아름다움 찾아보기에서의 내용은 '예술적 요소에 관심을 갖고 찾아본다.'이며, 이는 유아가 주변의 자연과 생활에서 다양한 소리나 리듬 등의 음악적 요소, 색이나 형태 등과 같은 미술적 요소를 발견하고, 사물이나 동식물의 움직임에서 아름다움을 경험하는 것이다. 이를 위해 교사는 유아들이 그림책의 표지, 그림의 색채 등 심미적인 아름다움을 적극적으로 발견하도록 예술적으로 우수한 그림책을 제공해 주고 유아의 심미적 감상을 돕는다.

내용 범주	내용
창의적으로 표현하기	신체나 도구를 활용하여 움직임과 춤으로 자유롭게 표현한다.
	다양한 미술 재료와 도구로 자신의 생각과 느낌을 표현한다.
	극놀이로 경험이나 이야기를 표현한다.

창의적으로 표현하기에서의 '신체나 도구를 활용하여 움직임과 춤으로 자유롭게 표현한다.'는 유아가 자연과 생활에서 발견한 다양한 움직임을 자유롭게 표현하고 나아가 자신의 생각과 느낌을 자신의 신체나 다양한 도구를 활용하여 움직임과 춤으로 표현한다는 내용이다. 이를 위해 교사는 유아가 문학작품의 내용을 감상하고 문학작품 속 장

면이나 글씨, 등장인물 등에서 느낀 감정을 신체나 도구를 활용하여 자유롭게 표현할 수 있도록 편안하고 허용적인 분위기를 조성해 준다.

'다양한 미술 재료와 도구로 자신의 생각과 느낌을 표현한다.'는 유아가 자연과 생활에서 발견한 다양한 재료와 도구를 활용하여 여러 가지 방법으로 표현한다는 내용이다. 이를 위해 교사는 유아가 문학작품에서 경험한 내용과 생각, 느낌 등을 다양한 미술 재료와 도구를 사용하여 창의적으로 표현하는 과정을 즐길 수 있도록 기회를 제공한다.

'극놀이로 경험이나 이야기를 표현한다.'는 유아가 자신의 경험, 다양한 상황, 이야기를 자유롭게 상상하며 극놀이로 표현하는 과정을 즐긴다는 내용이다. 이를 위해 교사는 유아가 문학작품을 감상하고 이것을 토대로 인형극, 동극, 역할극 등을 표현하는 과정을 즐길 수 있도록 환경을 조성해 주고 소품 등을 제공해 주어 극놀이 표현을 활성화할 수 있도록 한다.

내용 범주	내용
예술 감상하기	다양한 예술을 감상하며 상상하기를 즐긴다.
	서로 다른 예술 표현을 존중한다.

예술 감상하기에서 '다양한 예술을 감상하며 상상하기를 즐긴다.'는 유아가 자신과 또래의 작품이나 음악, 춤, 미술작품, 극 등 다양한 예술을 감상하고 자유롭게 상상하기를 즐긴다는 내용이고, '서로 다른 예술 표현을 존중한다.'는 유아의 다양한 예술 표현을 서로 존중한다는 내용이다. 교사는 문학작품, 그림책과 관련하여 유아의 다양한 예술적 표현에 대해 유아 간에 서로 존중하고, 그것을 감상하며 상상하기를 즐길 수 있도록 환경을 조성해 주고 반응해 준다.

Ⅱ 표준보육과정과 유아문학교육

A. 유아문학교육의 목표

0~5세 표준보육과정(제4차 어린이집 표준보육과정, 2020년 고시) 개정안은 2019년에 개정된 누리과정과 같은 방향으로 구성되어 있다(보건복지부 육아정책연구소 보도자료, 2020. 3. 12.). 3~5세는 앞서 누리과정과 동일하므로 여기서는 0~1세와 2세의 표준보육과정을 살펴보고자 한다. 0~2세 표준보육과정 6개의 영역 중 문학교육과 관련되는 교육과정은 의사소통 영역과 예술경험 영역이라고 할 수 있으며, 이 두 영역의 연령별 목표는 다음과 같다.

〈표 2-1-2〉 0~1세, 2세 표준보육과정 의사소통 영역의 목표와 예술경험 영역의 목표

	목표(0~1세)	목표(2세)
의사소통 영역	의사소통 능력과 상상력의 기초를 마련한다. 1) 일상생활에서 듣고 말하기를 즐긴다. 2) 읽기와 쓰기에 관련된 관심을 가진다. 3) 책과 이야기에 관심을 가진다.	의사소통 능력과 상상력의 기초를 형성한다. 1) 일상생활에서 듣고 말하기를 즐긴다. 2) 읽기와 쓰기에 관련된 관심을 가진다. 3) 책과 이야기에 재미를 느낀다.
예술경험 영역	아름다움을 느끼고 경험한다. 1) 자연과 생활에서 아름다움에 관심을 가진다. 2) 예술적 경험을 표현한다.	아름다움을 느끼고 즐긴다. 1) 자연과 생활에서 아름다움을 느끼고 관심을 가진다. 2) 예술을 통해 자유롭게 표현한다.

B. 유아문학교육의 내용

표준보육과정에서 0~1세에 제시된 의사소통 영역은 듣기와 말하기, 읽기와 쓰기에 관심 가지기, 책과 이야기 즐기기의 내용 범주로 나뉘어 있으며, 0~1세, 2세로 나뉘어 내용이 제시되어 있다. 또한, 예술경험 영역은 아름다움 찾아보기, 창의적으로 표현하

기의 내용 범주로 나뉘어 있으며, 0~1세, 2세로 나뉘어 내용이 제시되어 있다(보건복지부, 2020). 이에 대해 유아문학교육 내용과 관련된 것만 중심으로 0~1세, 2세로 나누어 살펴보면 다음과 같다.

1. 0~1세

내용 범주	내용
듣기와 말하기	• 표정, 몸짓, 말과 주변의 소리에 관심을 갖고 듣는다. • 상대방의 이야기를 들으면서 말소리를 낸다. • 표정, 몸짓, 말소리로 의사를 표현한다.
읽기와 쓰기에 관심 가지기	• 주변의 그림과 상징에 관심을 가진다. • 끼적이기에 관심을 가진다.
책과 이야기 즐기기	• 책에 관심을 가진다. • 이야기에 관심을 가진다.

표준보육과정 0~1세 의사소통 영역의 내용 범주 중 '듣기와 말하기'는 영아가 다른 사람의 표정, 몸짓, 말 등에 관심을 갖고 들으며, 표정, 몸짓, 말소리로 자신의 의사를 표현하는 내용이다. 여기에는 0~1세 영아가 주변 사람의 표정과 몸짓에 관심을 가지고 반응하며, 주변에서 들리는 말소리와 소리에 관심을 보이면서 다양한 말과 소리에 주의를 기울여 듣고, 표정과 몸짓의 비언어적인 방법과 말소리와 같은 언어적인 방법으로 소통의 방식을 다양하게 활용하여 의사 표현을 한다는 내용이 담겨 있다. 교사는 영아가 교사의 표정, 몸짓, 말소리에 관심을 가질 수 있도록 그림책을 읽어주며, 책을 보는 영아의 시선, 몸짓, 표정을 주목하여 반응을 살피면서 자유롭게 표현하도록 지도한다.

'읽기와 쓰기에 관심 가지기'는 영아가 주변의 그림과 상징에 관심을 가지고, 자유롭게 끼적이기에 관심을 가지는 내용이다. 여기에는 0~1세 영아가 자신의 주변에 친숙한 그림이나 주변의 친숙한 상징에 관심을 가지며, 손에 무엇인가를 쥐고 끼적이기를 시도하며, 의도적으로 움직여 어떤 결과가 나타나는 것에 관심을 가지는 내용이 포함된다. 교사는 영아가 다양한 종류의 그림책을 경험하도록 하여 그림과 상징에 관심을 가지도록 지도하며, 그림책을 보고 자유롭게 끄적이는 환경을 마련해 준다.

'책과 이야기 즐기기'는 영아가 책과 이야기에 관심을 가지는 내용이다. 여기에 포함된 내용을 좀 더 자세히 살펴보면, '책에 관심을 가진다'는 0~1세 영아가 다양한 형태의 책을 탐색하는 경험을 하며, 책에 대한 관심을 가지고 책과 자신의 경험을 관련짓고, 상징 행동을 하며 상상해 보면서 책에 대한 선호가 생기는 내용이다. 또한, '이야기에 관심을 가진다'는 0~1세 영아가 이야기를 자주 접하게 되면서 점차 자신이 좋아하는 이야기에 대한 선호가 생기게 되는 것과 관련되는 내용이다. 교사는 다양한 그림책을 자주 읽어주어 책과 이야기에 관심을 가지게 하고, 영아가 책과 자신의 경험을 관련짓고 상징 행동을 하며 상상할 수 있게 지도한다.

내용 범주	내용
아름다움 찾아보기	• 아름다움에 관심을 가진다.
창의적으로 표현하기	• 소리와 리듬, 노래로 표현한다. • 감각을 통해 미술을 경험한다. • 모방행동을 즐긴다.

다음으로 4차 표준보육과정의 0~1세 대상 예술경험 영역의 내용 범주 중 '아름다움 찾아보기'는 영아가 자연과 생활 예술에서 아름다움을 느끼고 관심을 가지며 감상하는 경험을 반영한 내용이다. 교사는 영아가 그림책의 그림에서 아름다움을 느끼고 관심을 가지며 감상하는 경험을 하도록 지도한다. '창의적으로 표현하기'는 영아가 자신의 느낌과 경험을 소리, 음악과 리듬, 미술경험, 모방행동 등을 통해 표현하는 과정을 즐기는 내용이다. 교사는 영아가 그림책의 내용과 그림에 대한 자신의 느낌과 경험을 소리, 음악과 리듬, 미술경험, 모방행동으로 표현하며 즐길 수 있도록 지도한다.

2. 2세

내용 범주	내용
듣기와 말하기	• 표정, 몸짓, 말에 관심을 갖고 듣는다. • 상대방의 이야기를 듣고 말한다. • 표정, 몸짓, 단어로 의사를 표현한다. • 자신의 요구와 느낌을 말한다.
읽기와 쓰기에 관심 가지기	• 주변의 그림과 상징, 글자에 관심을 가진다. • 끼적이며 표현하기를 즐긴다.
책과 이야기 즐기기	• 책에 관심을 가지고 상상한다. • 말놀이와 이야기에 재미를 느낀다.

4차 표준보육과정의 2세 대상 의사소통 영역의 내용 범주 중 '듣기와 말하기'는 영아가 다른 사람의 표정, 몸짓, 말에 관심을 가지고 듣고, 상대방의 이야기를 듣고 말하며, 표정, 몸짓, 단어로 자신의 의사를 표현하며, 자신의 요구와 느낌을 자유롭게 말하는 내용이다. 여기에는 2세 영아가 상대방의 표정과 몸짓, 말에 관심을 가지고 적극적으로 들으며, 상대방의 생각과 의도를 파악하며, 다양한 말과 소리의 차이에 관심을 가지고 듣는 내용이 포함된다. 또한, 표정과 몸짓의 비언어를 포함하여 단어 혹은 말로 자신의 의사를 표현하여 상대방에게 자신의 요구와 느낌을 자유롭고 편안하게 말하는 경험을 하는 내용이 포함된다. 교사는 영아가 교사의 표정, 몸짓, 말소리에 관심을 가질 수 있도록 그림책을 읽어주는 동시에 책을 보는 영아의 시선, 몸짓, 표정을 살피면서 영아가 자신의 느낌을 자유롭게 표현하도록 지도한다.

'읽기와 쓰기에 관심 가지기'는 영아가 주변의 그림과 상징, 글자에 관심을 가지고, 이를 활용하여 자유롭게 끼적이며 표현을 즐기는 내용이다. 여기에는 2세 영아가 주변 인쇄물의 그림이나 상징, 자신의 이름과 같이 친숙한 글자에 관심을 가지며 상징 읽기를 시도하고, 다양한 쓰기 도구를 이용하여 의도적으로 끼적이며 이를 상징화하며 표현하는 것에 관심을 가지고 즐기는 내용이 포함된다. 교사는 영아가 그림책의 그림과 상징, 글자에 관심을 가질 수 있도록 그림책을 함께 읽어주며, 이를 활용하여 자유롭게 끼적이며 다양한 표현을 즐기도록 지도한다.

'책과 이야기 즐기기'는 영아가 다양한 책과 이야기에 관심을 가지고 상상하기를 즐기며, 말놀이와 이야기 짓기에 재미를 느끼는 내용이다. 여기에 포함된 내용을 좀 더 자세히 살펴보면, '책에 관심을 가지고 상상한다'는 2세 영아가 주변의 다양한 책을 보는 것을 즐기며 책의 내용을 자유롭게 상상하며, 선호하는 책이 생기고, 책을 만들기도 하며 책보기를 즐기게 되는 내용이다. '말놀이와 이야기에 재미를 느낀다'는 2세 영아가 다양한 표현의 말과 이야기 짓기를 즐기면서 말과 이야기의 변화에 재미를 느낀다는 내용이다. 교사는 다양한 책을 볼 수 있는 환경을 조성해 주어 자유롭게 상상하며, 이야기를 지어 볼 수 있도록 한다.

내용 범주	내용
아름다움 찾아보기	• 아름다움에 관심을 갖고 찾아본다.
창의적으로 표현하기	• 익숙한 노래와 리듬을 표현한다. • 움직임과 춤으로 자유롭게 표현한다. • 미술 재료와 도구로 표현해 본다. • 일상생활 경험을 상상놀이로 표현한다

다음으로, 4차 표준보육과정의 2세 대상 예술경험 영역의 내용 범주 중 '아름다움 찾아보기'는 영아가 일상에서 접하는 사물과 공간, 동식물과 사람, 자신과 또래의 표현 등에서 아름다움을 느끼고 즐기며, 아름다움에 관심을 가지고 찾아보는 내용이다. 교사는 영아가 그림책의 그림이나 그림책에 대한 또래의 표현에서 아름다움을 느끼고 즐기며, 아름다움에 관심을 가지고 찾아보도록 지도한다.

'창의적으로 표현하기'는 2세 영아가 노래와 리듬, 움직임과 춤, 미술 표현, 상상놀이의 다양한 방법으로 생각과 느낌을 자유롭게 표현하는 내용이다. 교사는 영아가 그림책을 읽고 노래와 리듬, 움직임과 춤, 미술 표현, 상상놀이를 통해 자신의 그림책에 대한 생각과 느낌을 자유롭게 표현하도록 지도한다.

Ⅲ 유아문학교육의 목표 및 내용, 문학활동

A. 유아문학교육의 목표 및 내용

서정숙(2001)은 독자, 작가, 문학 평론가라는 역할 모델과 미술 교육의 목적과 내용을 도출한 방식에 기초하여 유아문학교육의 목표 및 내용을 제시한 바 있다. 유아문학교육의 목표는 문학적 능력을 함양하고 문학적 태도를 형성하는 것이다. 이를 위한 교육내용을 구체적으로 열거하면 다음과 같다.

1. 문학적 능력의 함양

1) 이해 및 감상 능력

- 다양한 장르의 이야기와 그림책을 감상하고 이해한다.
- 자신의 경험이나 다른 텍스트와 관련짓는다.
- 등장인물과 동일시하며 이야기를 감상한다.
- 등장인물, 배경, 사건, 이야기 구조, 주제, 줄거리, 문체 등을 감상하고 이해한다.
- 색, 선, 배치, 모양, 매체 등 그림의 특징을 감상하고 이해한다.
- 주변텍스트를 본텍스트와 관련지어 이해한다.
- 글과 그림을 통합하여 내용을 이해한다.
- 등장인물에 대한 공감과 정서적 순화 과정을 통해 자신의 감정과 타인의 감정을 이해한다.
- 그림책 속 세계에 대한 간접 경험을 통해 다양한 사람, 다양한 삶, 다양한 문제에 대해 이해한다.

2) 비평 능력

- 등장인물, 배경, 사건, 이야기 구조, 주제, 줄거리, 문체, 색, 선, 배치, 모양, 매체, 작가 등에 대한 이유나 근거를 바탕으로 작품에 대해 비평(비판적 읽기)한다.
- 비슷한 특성이 있는 문학작품 간의 비교를 통해 장점, 단점을 평가한다.
- 같은 작가의 여러 작품 간의 비교를 통해 공통점과 차이점을 파악한다.

3) 창작 능력

- 작품의 일부 요소를 바꾸어 짓기, 그리기, 그림책 만들기, 그 외의 방법으로 작품 일부를 바꾸어 표현한다.
- 새로운 이야기로 바꾸어 짓거나 그리거나 그림책을 만든다.

2. 문학적 태도의 형성

① 문학에 관한 관심과 호기심을 갖는다(흥미, 호기심, 관심).
② 문학작품이나 활동을 좋아한다(선호).
③ 문학작품이나 활동을 자발적으로 선택한다(자발성).
④ 문학작품이나 활동에 적극적이고, 몰입한다(적극성, 진지함, 집중).
⑤ 평상시, 문학작품에 대해 즐겨 말하고 표현하고, 생활과 관련짓는다(지속성).

B. 유아문학교육 내용에 따른 문학활동

문학활동은 유아가 이야기를 들을 때 했던 심미적 문학경험을 더 깊어지게 할 수 있는 것이어야 한다. 즉, 그림책을 읽으면서 느끼고 떠오른 것들에 더욱 주의를 기울일 기회를 제공할 수 있는 활동이어야 한다. 이를 위해 유아가 자신의 경험과 관련 짓게 하거나 그림책에서 인상 깊었던 장면이나 요소를 자원으로 문학활동으로 이어가며, 정보추출적 성격의 활동보다는 심미적 감상을 가능하게 하는 활동에 비중을 두도록 한다.

1. 이해 및 감상

- 읽은 후의 느낌 표현하기
- 가장 인상 깊었던 인물이나 장면에 대한 느낌 표현하기
- 그림책의 내용과 관련된 자신의 경험을 표현하기
- 등장인물의 마음 표현하기
- 등장인물이 되어 목소리 연기하기, 표정 짓기, 동극 하기, 인형극 하기
- 등장인물을 캐릭터로 꾸미기, 의상/소품 만들기, 분장하기, 배경 무대 만들기
- 등장인물의 모습, 성격에 관심 갖기(등장인물에 대한 생각 모으기, 등장인물에게 편지 쓰기, 등장인물과 가상의 인터뷰하기)
- 이야기 회상하기
- 읽은 그림책에 대한 광고나 포스터 만들기
- 읽은 그림책에 대한 다른 제목 붙이기
- 읽은 그림책을 소재로 책갈피 만들기
- 읽은 그림책에 대한 주제가(가사) 만들기
- 등장인물 이름 붙이기
- 이야기 지도(이야기의 진행 과정표) 만들기, 벤다이어그램
- 주인공이 간 곳을 그림으로 그려 보기
- 관련 그림이나 음악, 책 등을 감상하기
- 그 외 문학적 요소나 예술적 요소와 내용과 관련짓기

2. 비평

비평을 위한 문학활동 중에는 이해 및 감상을 위한 문학활동이 많이 포함될 수 있다. 그러나 이해 및 감상으로서의 활동과 비평으로서의 활동은 같은 이름의 활동이라고 해도 그 성격이 같은 것은 아니다. 이해 및 감상 활동이 자기 생각이나 느낌, 경험에 기초한 것이라면, 비평 활동은 작품이나 작가에 대한 평가에 기초한 것이다. 그러나 이 둘이 아주 별도의 것도 아니다. 왜냐하면, 유아가 이해 및 감상을 위한 활동을 하면서, 또는 하다 보면 작품에 대한 평가로 자연스럽게 이어질 때도 있기 때문이다.

예를 들면, 이야기에 대한 느낌 표현하기(말하기, 쓰기, 그리기, 움직이기 등)의 경우, 이해 및 감상 활동은 유아가 그림책을 읽은 후 느낀 것들을 언어나 미술을 통해 표현하는 것이고, 비평 활동은 유아가 그림책의 장단점에 기초하여 그것을 평가하는 것이다. 그런데, 이해 및 감상을 위해 이야기에 대한 느낌을 표현하다 보면 이야기나 그림에 대한 평가로 이어지는 경우가 많다.

그러므로 이해 및 감상 활동과 비평 활동을 완전히 분리된 활동으로 생각하는 것보다 이해 및 감상 활동을 계획했다가 유아가 작품 속 몰입에서 벗어나 작품평가를 하면 교사는 이때 유아의 비평적 반응을 격려하기 위해 적절한 질문과 반응을 해 주어야 한다.

- 그림책의 문학적 · 예술적 요소에 대해 평가하기
- 같은 내용의 다른 책이나 매체(애니메이션, 영화 등)와 비교하기
- 비슷하면서 다른 그림책 벤다이어그램
- 같은 작가의 여러 그림책 벤다이어그램
- 작가나 일러스트레이터에 대해 생각 나누기

3. 창작

- 그림책에서 흥미로웠던 소재나 장면을 모티브로 다른 이야기(그림책) 짓기나 표현활동하기
- 이야기의 전 이야기 짓기
- 이야기의 첫 부분, 중간 부분, 결말 부분 바꾸기
- 이야기의 뒷이야기 짓기
- 같은 제목의 다른 그림책 만들기
- 다른 장르로 재구성하기(예: 같은 소재나 주제의 이야기를 동시로 짓기)
- 그림책에서 사용된 매체로 미술활동하기
- 창작 그림책 만들기

정리 및 탐구

1. 2019년 개정 누리과정에 담긴 문학교육의 내용에 관해 설명해 봅시다.
2. 표준보육과정의 어떤 영역에 문학교육이 어떻게 관련되어 있는지 설명해 봅시다.
3. 좋아하는 그림책을 선택하여 그 그림책에 대한 이해 및 감상, 비평, 창작을 위해 할 수 있는 문학활동을 각각 정하여 서로 이야기 나누어 봅시다.

CHAPTER 2.

유아문학교육의 교수방법

I 유아문학교육의 접근법

문학교육은 그동안 크게 두 가지 접근법에 기초하여 이루어졌다(경규진, 1993; 김재숙, 2002). 하나는 텍스트 중심의 문학교육이고, 다른 하나는 학습자 중심의 문학교육이다. 텍스트 중심의 문학교육에 영향을 미친 문학 이론은 영미권의 신비평이론(뉴크리티시즘), 러시아의 형식주의, 프랑스의 구조주의인데, 이 중 우리나라 문학교육에 많은 영향을 미친 것은 신비평이론이다. 그리고 학습자 중심의 문학교육에 영향을 미친 문학 이론은 독일의 수용미학(수용이론), 미국의 독자반응이론인데, 이 중 유아문학교육에 많은 영향을 미친 것은 독자반응이론이다. 그러므로 여기서는 신비평이론과 독자반응이론을 중심으로 유아문학교육 접근법을 살펴보았다.

A. 텍스트 중심의 문학교육

1. 신비평이론의 개괄

신비평이론은 영국의 엘리엇(T. S. Elliot)과 리차즈(I. A. Richards)의 영향을 받아 미국을 중심으로 1920년대에 일어난 문학비평 운동으로, 1940년대 후반에서 1950년대 후반에 걸친 10년 동안 정점을 지나 하나의 주된 흐름이 되었다. 그러다 1970년대에 독자반응이론가, 구조주의자, 해체주의자, 페미니스트, 인종주의자, 좌파 문학 비평가들로부터 거센 도전을 받았다(홍문표, 2003). 영미권의 신비평이론은 러시아에서는 형식주의로, 프랑스에서는 구조주의로 형성되었다.

신비평이론은 텍스트 중심의 비평 이론이다. 텍스트 중심의 비평은 이전의 모방론적 비평이나 효용론적 비평에 반발하는 비평 이론이라고 할 수 있다. 고대에는 문학을 자연의 모방이라 했고, 중세에는 신을 찬양하는 수단으로 여겼고, 근대에는 귀족과 왕권을 찬양하는 수단으로 여겼다. 이렇게 문학은 그 자체로 독립적이지 못하고 다른 가치에 봉사하는 수단으로 존재해 왔다. 그러나 20세기 들어 문학은 역사와 사회와 이데올로기로부터 독립선언을 하는데, 이것이 텍스트 중심 비평의 출발이다(홍문표, 2003).

신비평이론에서는 문학의 전통적인 삼분법, 즉 작가, 텍스트, 독자 중 텍스트를 객관적 탐구가 가능한 요소로 보고 텍스트를 강조한다. 이전에 역사주의나 전기적 비평이 작가의 사상이나 감정, 작품에서 다루고 있는 사회상, 사회에 끼친 영향 등을 통해 인과적으로 분석하는 관점인 것과 달리 신비평이론은 작품 자체가 지닌 형식적인 요건들, 즉 언어적 형식이나 언어적 구조 등을 통해 작품을 객관적으로 분석하는 관점의 비평 방법이다. 다시 말해서, 작품의 사회성이나 역사성에 초점을 두던 이전의 연구, 즉 '외적 연구'를 거부하면서 작품의 구조와 언어를 분석하는 '내적 연구'의 성격을 띤다(문덕수, 1991).

신비평이론에서 텍스트는 메시지고, 독자는 정해진 메시지를 해독하는 사람으로서 읽기의 목적은 텍스트를 객관적으로 이해할 줄 아는 것이다. 그러므로 문학을 이해하려면 텍스트의 구조와 문형을 해설하고 상징과 이미지 또는 주제를 하나로 통합시켜 텍스트에서 단 하나의 의미를 찾을 줄 알아야 한다고 본다(Sipe, 2011).

2. 신비평이론과 문학교육

신비평이론은 학문 중심 교육과정과 연계되어 우리나라의 문학교육에도 큰 영향을 미쳤다. 권혁준(1997)은 이전에 문학을 교실에서 가르칠 수 없다고 생각했던 것에 비하면 작품의 객관적 해석과 작품 읽기의 방법을 연구하는 신비평이론은 문학을 교실에서 가르칠 수 있는 과목으로 만드는 데 이바지하였다고 보았다.

그런데 신비평이론에 따라 학생들을 가르치려면 본문이 전적으로 중시되어 실제 교육현장에서는 문학 전문가가 분석하고 해석한 내용을 교사가 학생들에게 전달하는 주입식 교수법이 채택되었다. 이로써 신비평이론은 문학작품에 대한 학습자의 이해나 감상을 돕기보다는 본문에 대한 지식 위주의 교육을 초래하였다. 신비평이론은 결국 학습자를 수동적인 위치로 전락시켰다는 비판, 개인의 자발성과 창의성을 존중하는 현대의 교육 패러다임에 맞지 않는 구시대적 이론이라는 비판을 받게 되었다(박대호, 1990; 이상옥, 1992).

B. 학습자 중심의 문학교육

1. 독자반응이론의 개괄

수용미학이나 독자반응이론은 모두 독자의 중요성을 강조하는 비평 이론으로, 수용미학은 1930년대에 독일의 잉가르덴(Raman Ingarden)에서 시작되었다. 이후 독일의 문예이론가 야우스(H. R. Jauss)가 1967년에 콘스탄츠 대학에 취임하면서 그 논의가 본격화되어 이저(W. Iser)에 와서 논리적으로 확충되고 체계화되었다(차봉희, 1988).

미국에서는 1920~1930년대에 문학작품의 이해에서 독자의 중요성을 인식하는 독자

반응이론(reader-response theory)이 발전되었다. 박찬기(1992)는 독자반응이론에 대해 "문학작품을 읽고 그것을 수용하는 독자의 측면에서 문학과 문학사에 관여하고 작용하는 기능을 살피고 그 가치를 연구하는 것"이라고 하였다. 하나의 문학작품이 창작되었을 때, 그 작품이 지니는 미와 가치는 작가 정신의 반영이기는 하지만 그 작품이 독자에게 주는 감동과 미적 체험은 반드시 작가의 의도와 일치할 수는 없기 때문이다. 더구나 작가는 독자를 의식하며 창작을 하기도 하고, 그들의 수용과 반응에 따라 다음 작품에 대한 자극을 받을 수도 있으므로 한 시대의 문학사는 작가와 독자의 공동작업이라고까지 하면서 이것이 독자반응이론의 출발점이라고 하였다.

독자반응이론의 기본 가정은 신비평이론과 다르게, 같은 텍스트를 독자마다 자연스럽고 불가피하게 다른 의미로 구성한다는 것이다. 즉, 독자반응이론은 텍스트에 단 하나의 객관적 의미가 있다는 전제를 거부한다(Sipe, 2011). 문학작품을 읽는다는 것은 독자가 참여하여 종이 위에 써진 상징을 의미로 전환하는 과정인 동시에 독자와 텍스트 사이에 살아 있는 회로가 새롭게 창조되는 하나의 사건(event)이다. 또한, 고정된 의미를 담고 있는 텍스트에서 정해진 답을 꺼내는 과정이 아니라 독자가 능동적 참여를 통해 문학작품에 대해 즉각적으로 겪는 생생한 체험 과정(lived-through process)이다.

독자반응이론가들은 독자의 반응을 중시하지만, 그들이 모두 같은 정도로 독자의 지위나 해석을 중시하지는 않는다. 싸이프(Sipe, 2011)는 직선상에 서로 다른 정도로 독자를 중시하는 다양한 독자반응이론이 놓일 수 있다고 하였다. 예를 들어, 독자를 텍스트로부터 거의 전적으로 자율적인 존재로 보는 데이비드 블레이치(David Bleich) 같은 학자는 일직선의 오른쪽 끝에 배치될 수 있다. 그의 입장을 지지하는 교사라면, 학습자가 하는 어떤 반응도 수용하고 높이 평가해야 한다. 반면, 독자를 작가나 텍스트의 영향이나 지배를 받는 존재로 보는 조르주 풀레(Georges Poulet) 같은 독자반응이론가는 일직선의 왼쪽 끝에 배치될 수 있다. 그의 입장을 지지하는 교사라면, 학습자의 문학적 이해를 위해 학습자 자신이 읽은 구문이나 문장에 대해 상위인지적으로 생각하게 가르쳐야 한다.

2. 독자반응이론과 문학교육

로젠블랫(Rosenblatt)은 중간 입장의 독자반응이론가라 할 수 있다(Sipe, 2011). 그의 이론에서 텍스트란 "텍스트를 읽는 중에 독자 마음속에 일어난 일 중에서 독자가 선택하고 거부하고, 순서 짓게 안내해 주는 청사진"이다. 텍스트가 독자를 지배하지도, 독자가 텍스트로부터 완전히 자율적이지도 않기 때문에 텍스트와 독자는 동등한 파트너라 할 수 있다. 독자와 텍스트에 대한 그의 이런 관점을 담아 로젠블랫은 자신의 이론을 교류 이론(transactional theory)이라 불렀다.

로젠블랫에 따르면, 문학은 아는 것이 아니라 겪는 것이다. 그러므로 문학교육은 텍스트에 있는 정해진 어떤 것 또는 교사가 아는 것을 학습자에게 전수하거나 해설하여 재생산하는 것이 아니라 학습자가 능동적으로 경험하고 의미를 만들게 안내하고 협조하는 것이다. 그러므로 문학교육에서 학습자가 자신의 개별적이고 즉각적이며 정서적인 반응을 자유롭고 거리낌 없이 하게 해 주는 일은 중요하다. 그렇다고 학습자의 모든 반응(단순한 몽상, 일련의 자유로운 연상 작용 등)이 문학교육의 목적 자체는 아니다. 학습자의 사적(personal)이고 자발적인 반응은 그들의 문학적 성취에 필요조건일 뿐, 충분조건은 아니기 때문이다(Sipe, 2011). 학습자가 다양하고 자연스러운 반응에 이어 다른 학습자들과 문학경험을 공유하고, 다시 텍스트로 돌아가서 자신의 반응을 수정하고 다듬고 확장할 수 있도록 해야 한다.

독자반응이론은 텍스트 안에 정해진 답이 들어 있는 게 아니라는 견해, 그 답을 교사가 가르쳐 주는 것이 문학교육은 아니라는 견해를 제공해 줌으로써 유아의 능동적 참여에 의한 문학경험과 문학 구성의 가능성을 열어 준 문학교육 접근법이라 할 수 있다.

3. 로젠블랫의 교류이론(transactional theory)

다음은 로젠블랫이 교류이론을 전개하면서 사용한 용어들로, 이를 살펴보는 것은 그의 이론을 좀 더 이해하고 문학교육을 실행하는 데 도움이 될 것이다.

1) 교류(transaction)와 상호작용(interaction)

로젠블랫은 문학 텍스트의 의미가 텍스트 또는 독자에 의해 형성되는 것이 아니라 텍스트와 독자 간 교류를 통해 형성된다고 보고, 상호작용과 차이를 두어 설명하였다. 상호작용이라는 용어가 분리된 존재 간의 기계적 영향을 의미한다면, 교류는 각 존재를 이루는 요소 간의 유기적 영향을 의미한다(Rosenblatt, 1978). 여기서 기계적 영향이란 독자가 마치 과학자처럼 텍스트라는 대상으로부터 텍스트에 내포된 의미를 추출하는 것을 의미하는 반면, 유기적 영향이란 독자와 텍스트 각각에 관련되는 요소들이 전체적으로 서로 연계되는 상황에서 상호 영향을 미치는 것을 의미한다. 텍스트를 이루는 요소로는 텍스트의 난이도, 복잡성, 장르 등이며, 독자를 이루는 요소는 경험, 사전 지식, 읽기 목적, 연령, 인지능력, 성격, 흥미, 현 상태, 선입견 등 개인적 · 사회문화적 맥락의 요소들이다. 즉, 읽기가 독자와 텍스트에 관련되는 요소들의 영향을 받으며 총체적으로 진행되는 과정이 교류이다.

2) 텍스트(text)와 작품(work)

텍스트는 언어적 상징으로 해석될 수 있는 기호이고, 작품은 독자가 텍스트와 교류를 하는 동안 만든 문학예술품이다. 텍스트와 독자 간 양방향의 교류 과정에서 독자는 각자의 배경에 따라 작품을 만드므로 작품은 매우 능동적인 과정의 결과물이라 할 수 있다. 이에 대해 로젠블랫(1986)은 "독자가 종이 위의 물리적 텍스트와 교류하기 전까지 텍스트는 단순히 하나의 표시에 불과하다"라고 하였다. 독자는 이 능동적인 관점에서 자신에게 있는 고유한 공적 의미와 사적 의미의 저장물, 즉 삶에서 언어나 텍스트와 나눈 과거 경험과 감수성이라는 자산을 텍스트에 선택적으로 가져와 문학작품을 구성한다(Rosenblatt, 1978). 이런 점에서 독자는 텍스트를 매개체로 자신만의 의미를 구체화하여 작품을 생성시킨다고 할 수 있다.

3) 환기(evocation)와 반응(response)

환기는 독자가 텍스트를 읽으면서 심미적 교류를 하는 동안 자신의 언어적, 문화맥

락적 삶의 과거 경험으로부터 끌어온 아이디어, 감각, 느낌, 이미지를 선택하여 그것을 새 경험인 시나 소설, 또는 희곡으로 종합하는 과정으로, 텍스트에 의해 구조화된 경험이다(Rosenblatt, 1985). 이에 반해 반응은 텍스트와의 교류를 통해 독자 개개인의 머릿속에 환기된 의미 또는 작품에 대한 것이다. 질문, 코멘트, 자신의 경험이나 다른 텍스트와의 비교, 이해가 안 되거나 다른 이유(무서움, 낯선 경험 등)로 인한 거부감, 읽기의 즐거움, 기분 좋은 소리나 어색한 소리에 대한 인식, 말에 담긴 움직임에 대한 인식, 등장인물에 대한 찬성과 불만, 독자가 텍스트에 끌어온 기대나 가정과 텍스트와의 교류 과정에서 경험하는 세계와의 차이에 대한 인식 등이 포함된다(Rosenblatt, 1982). 환기는 반응에 선행하는 것으로(Rosenblatt, 1982), 환기는 텍스트와의 심미적 교류 과정에서 생성되지만, 반응은 읽는 과정뿐 아니라 읽은 후에도 가능하다.

4) 심미적 읽기(aesthetic reading)와 정보추출적 읽기(efferent reading)

독자가 책을 읽는 동안 의식의 초점을 어디에 두느냐에 따라 읽기 방식은 달라진다. 이를 읽기 입장(reading stance)이라 하는데, 이는 심미적 읽기와 정보추출적 읽기로 나눌 수 있다(Rosenblatt, 1978). 심미적 읽기는 '느끼다(to sense)', '지각하다(to perceive)' 라는 의미의 그리스어 심미적(aesthetic)에 근원을 두고 있다. 독자는 텍스트를 읽는 동안 자신이 겪는 것에 일차적인 관심을 두며, 텍스트에 대해 느껴지는 사적이고 질적이며 신체적 · 감각적 · 내적 감응에 주의를 기울인다. 텍스트에 대한 환기와 사적 반응이 중시되는 읽기 방식이다(Rosenblatt, 1982). 정보추출적 읽기는 라틴어 '가져가다(to carry away)'에 근원을 두고 있다. 독자는 텍스트를 읽은 후 남게 되는 것, 즉 파악해야 할 정보나 개념, 논리적 해결책, 수행해야 할 조치 등 무엇인가를 밖으로 끌어내는 데(이런 이유에서 원심적 읽기로 번역되기도 함)에 일차적인 관심을 두며, 텍스트의 공적 의미를 추출하는 데 주의를 기울인다. 어떤 읽기도 심미적 읽기와 정보추출적 읽기를 양극으로 하는 연속선 상 어딘가에 위치하며, 어떤 텍스트이건 독자의 선택에 따라 두 읽기 방식이 가능하다. 로젠블랫은 문학 텍스트에 대해서는 학습자가 심미적 읽기를 하도록 지도할 필요가 있다고 하였다(Rosenblatt, 1982).

Ⅱ 유아문학교육의 교수원리

독자반응이론에서는 독자마다 자신의 서로 다른 경험에 기초하여 텍스트를 다른 의미로 구성한다는 가정을 하면서 독자의 역할을 강조한다. 사회적 구성주의 역시 지식은 학습자가 외부에 있는 것을 발견하는 것이 아니라 학습자 자신이 생산하고 구성하는 것으로 봄으로써 학습자의 역할을 중시한다. 이때 유능한 타자인 교사의 비계설정자로서의 역할이 중요하다. 다음은 독자반응이론과 사회적 구성주의에서 강조하는 개념을 바탕으로 제안하는, 그림책을 읽어주거나 다른 매체로 문학교육을 할 때 교사가 염두에 두어야 할 교수원리이다.

첫째, 유아는 능동적 의미 구성자다.

독자는 텍스트에 있는 단 하나의 객관적 의미를 찾는 사람이 아니라 총체적 자아를 기반으로 의미를 구성해내는 사람이며, 텍스트로부터 마음속에 일어난 것을 선택하고, 거부하고, 순서 짓고 종합하는 사람이다(Rosenblatt, 1985). 그러므로 교사는 그림책의 선택이나 그림책 읽기 이후의 문학활동에 대한 유아의 선택뿐 아니라, 그림책을 읽기 전, 읽어주는 동안, 읽어준 후, 유아가 그림책에 대해 보여 주는 다양한 반응을 허용하고 격려해야 한다. 유아가 자유롭게 반응하고 각자 작품의 의미를 구성할 수 있도록 교사는 텍스트에 대한 유아의 반응을 잘 살피고 유아가 텍스트에 반응할 수 있는 충분한 시간과 허용적인 분위기를 제공해야 한다.

둘째, 유아의 개별 문학적 반응 내용에 유의한다.

문학 읽기는 독자인 유아와 텍스트가 동등한 파트너가 되어 서로에게 영향을 미치는 교류 과정이다(Rosenblatt, 1978). 텍스트를 읽는 동안 독자와 텍스트는 각각에 관련되는 요소들이 전체적으로 상호 영향을 미친다. 텍스트와의 교류 과정에서 독자는 과거의 언어적 · 사회문화적 경험이나 텍스트를 읽는 목적 등에 따라 텍스트에 독자마다 다른 느낌, 이미지, 아이디어를 선택적으로 불러옴으로써 '작품'을 구성하고, 이어서 그림책 속 인물이나 사건, 언어에 반응하게 된다. 교사는 이런 일련의 과정에서 유아가 개별적으로 만드는 '작품'은 어떠한지, 반응뿐만 아니라 이에 영향을 미친 텍스트 요인과 유아 요인은 무엇인지에 관심을 가짐으로써 이후 그림책의 선정과 유아와의 상호작용을 비롯하여 문학수업을 계획, 실행, 평가하는 데 시사점을 얻는다.

셋째, 유아의 그림책과의 심미적 교류를 장려한다.

문학 읽기는 생생한 체험의 과정으로, 이때 문학 텍스트는 읽기 '대상'이라기보다 '읽는 순간의 사건'이자 '경험'이다(Rosenblatt, 1964). 교사는 유아가 문학 텍스트로서의 그림책을 들으면서 그림책 세계를 충분히 상상하고 생생하게 체험할 수 있게, 즉 유아의 환기와 반응이 활성화될 수 있게 읽어주어야 한다. 이를 위해 교사는 서사가 담긴 그림책이나 시 그림책을 읽어줄 때는 정보추출적 읽기 자세보다 심미적 읽기 자세를 취해야 한다. 교사는 유아의 사적 경험이 반영된 반응이나 자발적이고 즉각적인 반응을 출발점으로 상호작용을 하고, 텍스트로부터 답을 끌어내도록 하는 질문보다는 유아가 자신의 개별적인 문학경험에 주의를 기울여 답할 수 있는 질문을 한다.

넷째, 유아에게 의미구성 및 재구성의 기회를 준다.

읽기 과정은 "수정된 기대와 변형된 기억이 계속해서 상호작용하는 과정으로, 본질적으로 회귀적 성격을 띤다"(Iser, 1978). 교사는 유아가 텍스트 속 틈을 채우거나 의미를 구성하며 읽을 수 있도록 그림책의 경우, 내용과 주변텍스트, 내용과 그림 요소를 관련짓기, 그림의 내용 읽기, 다음 내용을 예측하며 읽기, 다른 텍스트와 관련지으며 읽기 등을 격려하는 상호작용을 한다. 그러나 이런 상호작용은 유아의 텍스트와의 심미적 교류를 더욱 깊이 할 수 있게 해 주기 위해서지 텍스트에 대해 더 많이 알게 해 주기 위해서가 아니라는 점을 기억해야 한다. 또한, 교사는 유아에게 읽어준 책을 이후에 다시 볼 기회를 주어 같은 책에 대한 새로운 문학적 경험과 의미의 재구성이 일어날 수 있게 해 준다.

다섯째, 해석 공동체의 구성으로 문학 읽기를 심화시킨다.

해석 공동체(interpretive community)란 그림책을 읽고 이에 대해 각자 해석한 것을 함께 나누는 집단을 말한다(Fish, 1980). 그림책에 대한 유아의 개인적 반응은 중요하지만 모든 개인적 반응이 그림책 감상의 궁극 목표는 아니므로(Rosenblatt, 1996) 유아 간에 적절한 공동 합의 범위를 정할 수 있게 교사의 지도가 필요하다. 이때 교사나 일부 유아에 의해 의견이 일방적으로 선도되어 개별 유아가 텍스트에 대해 환기 또는 반응한 심미적 문학경험이 경시되지 않도록 주의해야 한다. 교사는 유아가 친구들과 그림책에 대한 느낌이나 생각을 나누면서 같은 책에 대해 서로 다른 감상이 가능하다는 인식과 함께 서로 다른 감상을 수용하는 태도를 배울 수 있게 지도해야 한다.

Ⅲ 교사의 역할

문학교육에서 유아가 능동적 의미 구성자라고 해서 교사가 역할을 포기하는 것을 의미하지는 않는다. 교사는 비계설정자로서 유아의 능동적 문학 반응에 수동적으로 따라가기보다 상황에 따라 교육적으로 적절한 지원 및 제안을 적극적으로 해야 한다. 유아는 유아대로 주도적으로 문학경험을 하고 이에 교사는 적극적으로 참여하면서 교육적 지원을 하고, 교사가 계획하고 주도한 문학내용을 유아 또한 적극적으로 참여할 수 있게 안내하고 지원해야 한다. 이는 교사의 비계설정자로서의 역할은 제로섬 게임(zero-sum game: 유아와 교사 간 주도성 또는 힘의 합이 0(제로)이 되는 것)이 되지 않도록 하는 것임을 의미한다(Sipe, 2011).

유아에게 그림책을 읽어줄 때 교사는 순간순간 상황에 따라 역할을 바꿔 가며 다음과 같은 다양한 역할을 해야 한다(Sipe, 2011). 이것은 모두 유아가 반응을 자유롭게 하도록 하기 위해서고, 적극적이고 활발하게 의미구성을 하도록 하기 위해서다. 다음의 교사의 역할은 주로 그림책의 예를 중심으로 설명하였지만 다른 매체로 동화를 들려줄 때도 적용 가능한 역할이다. 2부 실제편의 6장, Ⅳ. 읽어주기 상호작용(pp. 314-323)에 교사 역할의 예가 실려 있으므로 참고할 수 있다.

A. 낭독자/안내자

그림책의 분위기에 맞는 속도와 목소리로 텍스트를 읽어주는 낭독자 역할에 더하여 여행안내자나 해설자, 또는 도슨트처럼 그림책에 대해 안내를 하는 역할이다. 서지 정보나 책날개의 글을 읽어주고, 책의 여러 부분을 가리키며 그림책의 구성이나 명칭(색, 제목, 앞표지, 면지 등)을 알려주는 역할을 한다.

- "이 책은 색이 좀 어두우니 천천히 읽어줄게."
- "오늘 읽어줄 책 제목은 『괴물들이 사는 나라』야."
- "앞표지를 보니 어떤 이야기일 것 같아?"
- "면지에도 그림이 있네?"

B. 관리자/진행자

순서를 기다려 반응을 하도록 하거나 친구가 이야기하는 동안 이야기에 귀 기울이게 하는 등의 역할을 한다. 또는 유아의 반응이 내용과 너무 다른 방향으로 벗어나거나 잘못 이해된 경우에는 유아의 관심을 텍스트로 다시 돌린다.

- "생각이 잘 안 나는 모양이구나. 조금 있다가 다시 이야기해 보자."
- "지금 ㅇㅇ이가 이야기하고 있으니 잘 들어 보자."
- "이제 다시 다음 내용 읽어 보자."

C. 수용자/격려자

책을 읽어주는 동안 언제라도 자유롭게 코멘트를 해도 된다는 점을 유아에게 미리 알려 주고, 유아의 말을 바꾸어 다시 말해 주거나 반복해서 말함으로써 유아의 반응을 수용한다. 또는 유아가 반응을 계속할 수 있게 기다려 주거나, 유아의 반응에 동의하거나 칭찬해 준다.

- 구름 그림을 보면서 "멋지다."는 유아의 반응에 대해 "○○는 구름 모양이 멋있다고 생각했구나."
- "○○도 피터처럼 해 보고 싶구나. 선생님도 피터처럼 해 보고 싶어."
- "○○가 아주 멋진 생각을 했구나."

D. 의문자/추측자

유아처럼 다음 페이지에서 일어날 일을 예측하기도 하고, 그림을 보고 놀라며 의아해하기도 한다. 이런 태도는 유아에게 모델이 되기도 하고, 유아의 반응을 더 끌어내는 방법이 된다.

- 『아기 늑대 삼형제와 못된 돼지』에서 꽃으로 집을 짓는 늑대들을 보며 "늑대들이 어쩌려고 이러지?"
- "갑자기 맥스 방에서 나무가 자라기 시작했대. 무슨 일일까?"
- "글쎄, 왜 그럴까? 왜 그런지 이상하네? 선생님도 잘 모르겠는걸?"
- 『구름빵』에서 아이들이 구름빵을 먹고 날아오르기 시작할 때, "엄마도 지붕 위로 날아오르는 거 아닐까? 아니네? 하지만 괜찮아, 다음에 어떤 일이 일어날지를 알아맞히는 건 재미로 하는 거니까."

E. 가교자

이야기에 유아나 교사 자신을 끌어들이며 읽어주는 역할이다. 이를 위해 교사는 등장인물 이름 대신 유아의 이름을 넣기도 하고, 교사 자신의 경험을 끼워 넣어 이야기를 읽어준다.

- “ㅇㅇ(유아의 이름)은 동물원에 갔어요.”
- “만약 내가 이 책(『구룬파 유치원』)에 나오는 아이라면 제목에 우리 유치원 이름을 넣어 『꿈동산 유치원』이라고 했을 텐데.”
- “선생님도 어릴 적 할머니 댁에 갔을 때 할머니께서 고구마를 쪄 주셨어.”

F. 명료자/탐사자

유아가 이미 말한 것에 대해 더 자세하고 명확하게 설명하도록 하거나 그림책의 내용이나 등장인물에 대해 자기 생각을 구체화할 수 있게 교사가 적극적이고 직접적인 방식으로 비계설정을 하는 역할이다. 그런데 이는 유아로부터 정답을 끌어내기 위한 것이 아니라 유아의 표현이나 사고에 생기를 불어넣어 유아의 사고를 계발하는 것을 돕고, 문학적 이해 수준을 높이기 위한 것이므로 개방형으로 질문하도록 한다.

- (『늑대가 들려주는 아기돼지 삼형제 이야기』에서) “늑대가 거짓말을 하고 있다고? 왜 그렇게 생각하니?”
- (『구름빵』에서) “ㅇㅇ가 앞면지랑 뒷면지가 다르다고 했는데, 어떻게 다른지 이야기해 줄래?”
- (『헨젤과 그레텔』에서) “그레텔의 행동(마녀를 오븐에 밀어 넣은 것)에 대해 어떻게 생각하니?”

G. 확장자/계발자

이즈와 웰즈(Eeds & Wells)가 “가르치는 게 가능한 순간”이라고 표현했던 교사의 역할이다(Sipe, 2011). 유아가 자신이 했던 반응의 의미를 확장하거나 개선하도록 하여 이전에는 몰랐던 것을 새롭게 알 수 있게 해 주는 역할이다.

- 앞면지와 뒷면지가 어떻게 다른지에 대해 묻는 교사(p. 233의 명료자 역할의 교사)에게 유아가 "색이 달라졌어요. 비가 그쳤기 때문이에요."라고 했을 때, 교사가 "그래, 작가는 이렇게 앞면지랑 뒷면지에서도 이야기를 할 때가 있지. 면지 그림은 그림책 내용이랑 관계가 깊단다."
- 글 없는 그림책(『빨강 파랑 강아지 공』)의 그림을 보고 "앗, 공이 터졌네. 멍멍 내 공." 하는 ㅇㅇ의 반응에 대해 "그래, ㅇㅇ처럼 그림만으로도 이야기를 만들 수 있어."

H. 이야기해 주는 사람(스토리텔러)

글텍스트를 그대로 읽어주기보다 텍스트 일부를 재창조하며 읽어주는 역할이다. 몰입해서 듣고 있는 아이들의 이해 수준이나 감흥을 고려하여 등장인물 편에서의 탄성을 첨가하며 읽어주기도 하고, 텍스트에 이야기를 적절하게 끼워 넣거나 자신의 코멘트와 생각을 섞어 넣어 이야기를 읽어준다. 대상이 어릴수록 이 역할이 필요하다.

- 『휘파람을 불어요』의 피터가 결국 휘파람을 불 수 있게 되자 부모님 앞에서 입을 내밀며 자랑스럽게 휘파람을 부는 장면을 읽어주며 "엄마, 아빠, 내가 드디어 해냈어요! 이제 윌리가 내 휘파람 소리를 듣고 달려와요."(글텍스트에 없는 내용임)라고 덧붙인다.

Ⅳ 상호작용 유형

책을 읽어주면서 유아와 나누는 상호작용에 대한 연구(Many & Wiseman, 1992; Wiseman, Many, and Altieri, 1992; Eeds & Wells, 1989) 결과들을 종합하면, 문학적 경험과 문학적 이해는 서로 얽혀 있으며, 문학적 이해를 위해 유아와 나누는 분석적 상호작용이 문학적 경험을 손상하지는 않는다는 것이다. 다만, 학습자는 텍스트보다 교사의 반응을 중시하는 태도를 보이므로 문학에 대한 상호작용 시, 교사의 영향력이 너무 크지 않은 대화를 하는 게 중요하다는 점을 염두에 두어야 한다. 또한, 이들 연구에 기초할 때, 교사가 그림책이나 다른 매체로 문학수업을 하며 유아와 나누는 상호작용 방식은 무엇에 초점을 두느냐에 따라 크게 두 가지 유형으로 나눌 수 있다.

분석적 접근방식은 주로 동화에 어떤 인물이 등장하였는지, 등장인물은 사건에 어떤 영향을 미치는 인물인지, 등장인물은 그 일을 어떻게 해결했는지, 이야기는 언제, 어디서 일어난 일인지, 어떤 일이 벌어졌는지, 무엇에 관한 이야기(주제가 무엇인지)인지 등 문학적 구성요소를 확인하고 분석하는 데 관심을 두도록 하는 상호작용 방식이다. 반면, 경험적 접근방식은 그림책의 글이나 그림에 대한 유아의 생각이나 느낌에 관심을 두도록 하는 접근법으로, 주로 등장인물이 되어 반응하게 하거나 등장인물이 한 경험과 자신의 경험을 관련지어 보도록 독려하는 것이다. 또한, 서사 진행을 예측해 보게 하고, 이야기를 들으며 떠오르는 이미지나 연상, 느낌 같은 심미적 요소에 관심을 두게 하는 것이다. 만약, 동화(그림책)를 읽어주기 전에 "이 이야기에 누가 나오는지, 그 아이에게 어떤 일이 생기는지 보자."라는 안내를 한다면 그것은 분석적 접근방식이며, "네게도 이 그림책 속 아이에게 일어난 일이 생긴다면 어떨지 잘 생각하면서 들어 보자."라고 한다면 경험적 접근방식이라 할 수 있다.

이 두 가지 접근방식은 모두 문학에 대한 유아의 반응을 활성화하여 유아가 이야기를 더욱 잘 이해하고 자신의 삶에 이야기의 의미를 한층 더 깊이 부여할 수 있도록 하기 위한 것이다. 그러므로 그림책의 장르나 읽어주는 목적, 그리고 그림책을 읽은 후의 활동 종류에 따라 다르게 선택할 수 있다. 시나 동화(그림책)를 읽어주는 경우에 주로 경험적 접근법에 기초한 질문을, 정보 그림책을 읽어주는 경우에 주로 분석적 접근법에 기초한 질문을 한다. 그러나 동화(그림책)의 경우라도 동극 활동을 할 때처럼 등장인물이 한 말을 비롯하여 이야기의 구성요소나 구조를 회상하거나 이해하는 것이 필요하다면, 분석적 접근방식에 기초하여 유아와 상호작용을 한다. 그리고 정보 그림책을 읽어주는 경우라도 담겨 있는 정보와 그림이 지닌 사실성보다는 그것으로부터 느낄 수 있는 감상, 예를 들면 유아 자신의 경험에 초점을 맞추고 싶다면 경험적 접근방식에 기초한 질문을 할 수 있다. 다음은 그림책을 읽어준 후 유아에게 할 수 있는 두 가지 접근방식에 기초한 질문들이다. 2부 실제편의 6장, Ⅳ. 읽어주기 상호작용(pp. 314–323)에 질문의 예가 실려 있으므로 참고할 수 있다.

A. 분석적 접근법의 질문

- "이 동화(그림책)에 누가 나왔니?"
- "이 동화(그림책)에서 제일 중요한 사람(혹은 동물)은 누구지? 어떻게 알았니?"
- "이 동화(그림책)는 언제 어디서 일어난 이야기일까?"
- "이 동화(그림책)에서 어떤 일이 일어났니?"
- "이 동화(그림책)의 ㅇㅇ는 왜 그렇게 한 걸까?"
- "주인공이 그 일을 어떻게 해결했니?"
- "이 동화(그림책)가 어떻게 끝이 났니?"

B. 경험적 접근법의 질문

- "이 동화(그림책)를 좋아하니? 왜 좋아하니 혹은 왜 싫어하니?"
- "이 동화(그림책)에서 가장 오래 기억하고 싶은 것(장면, 말 등)은 무엇이니?"
- "등장인물 중 누가 가장 마음에 드니? 왜 그렇니?"
- "만약 네가 이 동화(그림책)에 나오는 어떤 사람(동물)이 될 수 있다면, 누가 되고 싶니?"
- "등장인물은 어떤 기분이었을까? 너도 그 기분을 느낄 수 있니?"
- "만약 네가 이 동화(그림책)의 ㅇㅇ라면 어떻게 했을까?"
- "이 동화(그림책)를 다르게 만들어 볼 수 있을까? 이야기해 줄 수 있겠니?"
- "이 동화(그림책)의 등장인물과 비슷한 사람(혹은 동물)이 나오는 다른 이야기를 알거나 들은 적이 있니? 그들이 어떤 점에서 비슷하니?"

V 환경 구성

유아는 환경과의 상호작용을 통하여 자신을 둘러싼 세상의 의미를 발견해 나가므로 문학교육에서 환경 구성은 중요하다. 문학교육을 위한 교실에서의 환경 구성의 원리는 다음과 같다.

첫째, 자유로운 의사소통이 가능한 환경이어야 한다.

유아는 또래 유아와 함께, 또는 유아 스스로 그림책을 읽으며 그 내용을 중심으로 의사소통을 하고 그림책을 통해 여러 가지 활동을 통합적으로 끌어내기도 한다. 그러므로 교실 분위기는 기본적으로, 유아가 자기 생각을 언어활동이나 다른 활동으로 창조적으로 표현할 수 있는, 허용적이고 민주적인 문학 환경이어야 한다.

둘째, 안정적이고 편안한 분위기의 공간이어야 한다.

그림책을 듣고 읽는 활동을 위해 조용하고 채광이 좋은 곳에 책보기 영역을 배치하고, 쿠션, 소파, 카펫, 인형 등을 마련하여 친근하면서도 아늑한 분위기를 조성하여 유아가 편안하게 문학활동을 즐길 수 있도록 해야 한다. 특히, 영아를 위해서는 그림책을 쉽게 꺼낼 수 있는 낮은 책장, 색상이 있는 베개, 누비이불, 매트 등을 비치해 두어 영아의 마음을 편안하게 해 주며, 그 외에도 모빌, 영아용 소파, 부드러운 인형을 비치하여 영아의 상상력을 자극하는 것이 좋다.

셋째, 유아 스스로 문학활동을 할 수 있도록 간단한 소품을 비치한다.

그림책을 통해 들을 것을 재현하거나 그것에 기초하여 창작하는 데 자극을 줄 수 있는 융판 동화, 막대 동화, 인형극 틀, 퍼펫, 역할놀이용 머리띠, 그림책 속 등장인물 인형이나 물건을 함께 비치해 두거나 그림책의 장면 등을 마련해 두어 유아가 그림책의 내용을 재현하고 창작할 수 있게 해 준다. 또한, 동요나 동시를 도서영역의 벽면에 제시하는 것도 유아가 그림책과 친숙하게 하는 방법이며, 유아가 그림책에 감정이입을 하여 편지를 써 볼 수 있고 뒷이야기, 새로운 이야기를 창작할 수 있도록 편지지와 다양한 쓰기 도구를 제공하는 것이 좋다.

넷째, 심미적 아름다움이 있어야 한다.

그림책을 읽고 문학활동을 하는 공간은 유아의 시선을 집중시킬 수 있게 미적 아름다움을 느낄 수 있는 곳이어야 한다. 미적 아름다움을 만들어 내기 위하여 조명, 책장, 그림책 전시 방법, 전체적인 색상의 조화 등에 관심을 가져야 한다.

다섯째, 독립적이되 통합적으로 구성해야 한다.

유아 문학활동을 위한 환경 구성은 주로 자유선택활동의 언어영역에 독립적으로 구성한다. 호기심이 생긴 그림책을 언제든지 꺼내 볼 수 있게 진열해 주고, 그림책에서 본 것을 극화활동을 통해 표현할 수 있는 독립된 공간이 필요하다. 또한, 유아는 그림책을 보면서 다른 활동영역으로 자연스럽게 옮겨가거나 다른 활동영역과 통합하여 활동을 할 수 있게 활동영역의 통합 구성도 필요하다. 예를 들어, 환상 그림책 『괴물들이 사는 나라』를 들은 후 도서영역과 역할놀이영역을 통합하여 숲이나 맥스의 방을 꾸미기도 하는데, 이러한 매력적인 배경이 있음으로써 유아는 더욱 창의적인 문학활동을 할 수 있게 된다.

Ⅵ 평가

A. 문학 능력 평가

유아의 문학 능력을 평가하는 기준으로는 유아가 그림책의 내용이나 장르, 작가 등에 대해 비교하거나 나라별 이야기의 차이를 발견할 수 있는지, 그림책을 읽은 후 말이나 그림, 그 밖의 방식으로 유아가 한 반응의 질이 어떠한지, 유아가 그림책 읽기나 그 외의 매체로 하는 문학적 경험에 얼마나 열정적으로 몰입하고 참여하는지 등이 포함된다. 문학적 경험에 참여하거나 문학에 대해 반응하려는 유아의 의지와 각 유아가 언제 읽는 것을 좋아하고 어떤 종류의 책을 읽는 것을 좋아하며 어떤 집단에서 읽는 것을 좋아하는지, 그리고 그림책을 읽기 전, 읽으면서, 읽은 후의 반응 양상은 어떠한지 등 전반적인 유아의 읽기 습관에 대해서는 비형식적인 질문이나 평상시 관찰을 통해 알 수 있다.

크리스토(Kristo)는 문학작품에 대한 유아의 반응 단계를 4단계로 나눈 바 있다(Glazer, 1997). 1단계는 비언어적(nonword) 반응으로, 예를 들면 재미있는 그림책을 들으면서 낄낄거리는 반응이다. 2단계는 문자대로의(literal) 반응으로, 교사와 함께 그림책의 반복 구절을 따라 하는 반응이다. 3단계는 평가적(evaluative) 반응으로 이야기가 얼마나 어떤 점에서 좋은지를 말할 수 있는 반응의 단계이다. 4단계는 확장의(extension) 반응으로, 이야기를 극화하거나 이야기에 대한 그림을 그릴 수 있는 반응 단계이다. 교사는 이 단계를 기준으로 유아의 문학에 대한 반응 수준을 파악할 수 있고, 동시에 그림책에 대한 유아의 경험 정도에 따라 적절한 단계의 반응을 격려하도록 한다.

유아를 위한 문학교육의 좀 더 구체적인 평가 방법은 다음과 같은데, 이는 컬리넌과 갈다(Cullinan et al., 1998)를 참고한 것이다.

1. 기록하기

그림책을 읽고 반응하는 것을 관찰하여 기록하고, 유아가 그림책에 대해 반응한 결과물을 검토하여 기록해 둔다. 구체적으로, 교사는 유아가 읽은 그림책의 장르, 저자를 기록하고 유아가 읽은 책에 대해 나눈 토의 내용도 기록한다. 또한, 유아에게 오늘 읽어준 것과 이전에 읽어준 것을 얼마나 연관 짓는지도 기록한다. 그리고 유아의 책 선택 방식도 기록한다. 예를 들면, 너무 쉬운 책만 읽어 달라고 하는가, 특정 장르나 특정 그림 양식의 책만 선택하는가 등에 대해서도 기록한다.

2. 읽기 행동 관찰

1) 책 읽기 전 관찰

- 읽고 싶은 책을 선택하는가?
- 책 읽어준다고 할 때 좋아하는가?

2) 책 읽는 동안의 관찰

- 그림을 보면서 들은 이야기를 말할 수 있는가?
- 의미에 초점을 두는가 아니면 단어 하나하나에 집착하는가?
- 어디서 읽는 것을 좋아하는가, 누구와 읽기를 좋아하는가?

3) 책 읽기 후 관찰

- 어떤 활동을 선택하기 좋아하는가?
- 읽은 책을 얼마나 잘 이해하고 있고, 얼마나 그 책을 좋아하고 있는가?

3. 경청하기

유아들이 그림책에 관해 이야기를 나눌 때 귀를 기울이는 것은 좋은 평가 방법이다. 이야기의 내용에도 귀를 기울이고, 유아가 다른 사람의 의견에 주의를 기울이는지, 다른 사람의 아이디어로 자기 생각과 반응을 발전시키는지를 살피는 것이 중요하다.

그림책에 대해 유아들과 이야기를 나눈 내용을 녹음하여 들어보는 것은 교사가 자신이 하는 질문의 종류를 평가하거나, 교사가 유아의 견해와 생각을 진심으로 묻는 개방된 질문을 하는지를 평가하는 데 유용하다. 그리고 교사는 읽어주고 있는 그림책에 대해 유아가 더 잘 이해하고 더 많은 상상력을 발휘하도록 하는 상호작용을 하는지 살펴보아야 한다.

4. 문학 포트폴리오를 모아 두기

포트폴리오는 읽은 그림책에 대한 유아의 이해와 반응이 시간의 경과에 따라 어떻게 변하는지를 잘 보여 준다. 그림책을 읽어준 후 유아가 쓴 글이나 그림, 또는 유아의 활동 과정을 담은 사진 등을 포트폴리오에 담는다. 유아 자신이 어떤 것을 포트폴리오에 넣을까를 결정하는 과정에 참여하는 것이 특히 효과적이다.

B. 유아와 교사에 대한 평가

글레이저(Glazer, 1997)는 문학교육을 한 후 유아와 교사 각각에 대해 평가할 수 있는 항목을 다음과 같이 제안하였다. 다음의 항목은 교사 자신과 유아를 평가하는 기준이 될 수 있을 것이다.

1. 유아에 대한 평가

① 유아는 다양한 장르의 책을 읽을 것이다.
② 유아는 읽기 활동을 선택할 것이다.
③ 유아는 여러 유형의 읽기 자료를 알고, 그것들을 다른 목적을 갖고 읽을 것이다.
④ 유아는 문학과 자신의 생활을 관련지을 것이다.
⑤ 유아는 서로 다른 책을 연결 지을 것이다.
⑥ 유아는 문학에 대한 자신의 반응에 자신감을 가질 것이다.
⑦ 유아는 문학에 대한 다른 사람의 반응을 존중할 것이다.
⑧ 유아는 평생 독자가 될 것이다.

2. 교사의 자기 평가

① 유아에게 매일 그림책을 읽어주는가?
② 시를 포함하여 다양한 장르의 글을 읽어주는가?
③ 유아가 자신이 선택한 그림책을 읽을 수 있는 시간을 제공하는가?
④ 교실에서 다양한 장르의 많은 그림책을 제공하는가?
⑤ 문화적 · 인종적 다양성을 나타내는 그림책을 제공하는가?
⑥ 유아가 목적에 따라 다르게 그림책을 읽을 수 있게 지도하는가?
⑦ 유아가 그림책에 대해 자신이 하는 다양한 방식의 반응을 함께 공유하도록 격려하는가?
⑧ 특정 그림책에 대한 유아들의 견해 차이를 존중하는가?
⑨ 유아가 그림책 간에, 그리고 문학과 생활을 연결 지을 수 있게 격려하는가?
⑩ 유아의 읽기 관심을 자극하기 위해 부모나 사서와 공조하는가?

정리 및 탐구

1. 신비평이론과 독자반응이론이 문학교육에 미친 영향을 설명해 봅시다.
2. 로젠블랫이 교류이론에서 강조하는 개념들(교류, 작품, 환기, 반응, 심미적 읽기)에 관해 설명해 봅시다.
3. 유아문학교육의 교수원리를 설명해 봅시다.
4. 유아문학교육에서 비계설정자로서의 교사의 역할을 설명해 봅시다.
5. 분석적 접근법과 경험적 접근법에 관해 설명해 봅시다.

CHAPTER 3.

그림책 읽어주기

이 장에서는 실제 그림책을 읽어주기 위해 어떤 기준으로 그림책을 선정하고 어떻게 읽어줄지, 그리고 읽은 후 어떤 활동을 어떻게 하면 좋을지 구체적인 계획안을 포함하여 일련의 수업 준비 및 계획 과정을 제시하였다.

I 그림책 선정 기준

그림책의 선정 기준은 한마디로, '나타내고자 하는 바(이야기, 정보나 개념)가 명확하게 잘 나타나 있어야 하고, 그것을 표현한 방식이 우수하고 참신하며, 유아의 동심이나 이해 수준에 적합하며, 유아의 성장에 도움이 되는 그림책'이다. 좀 더 구체적으로, 교사는 그림책 선정에 앞서 다음의 세 기준(작품성, 대상성, 교육성)에 긍정적으로 답할 수 있어야 한다. 이 장의 '정리 및 탐구'에 '그림책 선정 기준'에 따라 그림책을 평가하는 형식(format)을 제시하였으니 연습할 수 있고, 2부 6장에 『알사탕』에 대한 실례(p. 309)가 있으니 참고할 수 있다. 그림책을 고를 때마다 이런 형식에 따라 글로 써서 계획하지 않는다 할지라도 책에 대한 교사의 정리된 생각은 그림책 선정에 도움이 될 것이다.

A. 작품성

작가의 개성 유무와 작품의 수월성을 검토한다.

- 내용과 형식이 참신하고 예술적인가?
- 작가가 표현하고자 하는 것이 있는가?
- 작가는 그것을 문학적 요소나 예술적 요소, 글과 그림의 조화를 통해 자연스럽게 표현했는가?

B. 대상성

내포 독자(그림책에서 가정하고 있는 독자)의 수준과 실제 유아의 수준과의 적합성을 검토한다.

- 유아의 발달과 경험 수준에 적합한가? 혼자 보기에 적합한가, 아니면 교사의 도움으로 도전할 만한 수준인가?
- 유아의 동심을 반영하는가?
- 유아의 흥미를 끌 만한가?(리듬감이나 재미있는 말, 반전이나 의외성, 상상력을 자극하는 이야기, 빠른 전개 등)

C. 교육성

교훈을 직접 전달하지 않으면서도 유아의 발달과 훈육에 유익함이 있는지 검토한다.

- 유아의 문학적 · 예술적 경험에 도움이 될 만한가?
- 유아의 감정 정화에 도움이 될 만한가?
- 유아의 사회적 관계나 경험에 도움이 될 만한가?

- 유아의 언어발달이나 창의성, 상상력 등에 도움이 될 만한가?
- 유아의 훈육에 도움이 될 만한가?

Ⅱ 영아기 그림책 읽어주기

0~24개월의 영아기에는 개별적으로 그림책을 읽어주는 것이 바람직하다. 촉감을 느낄 수 있거나 소리가 나는 그림책은 영아가 물리적 성질을 탐색할 수 있도록 읽어주고 영아기에는 서사 그림책보다는 주로 감각 그림책, 명명 그림책, 개념 그림책을 읽어주므로 책 전체의 내용 흐름보다는 읽어주는 장면을 중심으로 단어, 동작, 일어나는 일에 관심을 갖게 하고 그것과 자신의 감각이나 경험을 관련짓도록 읽어준다.

0~12개월경에 교사는 그림을 가리키며(pointing) 그것의 이름을 읽어주고(naming), 한 단어 시기가 시작되는 12개월경 이후부터는 교사가 그림을 가리키며 질문을 하면 영아는 그림을 보며 그것의 이름을 말하거나 실제 대상과 관련짓는다. 상호작용의 예는 다음과 같다.

- "이것 봐라, 여기 자동차가 나오는 그림책이 있네." 하는 말과 함께 영아가 좋아하는 대상이 담겨 있는 그림책을 영아 앞에 내밀면서 우선 영아의 주의를 끈다.
- "이건 뭘까?", "이 아이가 뭘 하고 있을까?" 하면서 책 속의 그림을 가리키며 영아에게 책 속의 그림이 무엇인지, 어떤 일이 벌어지고 있는지에 관심을 갖게 한다. 이때, 그림의 동작을 함께 따라 할 수도 있다. 또한, 교사는 글로 표현되어 있지 않은 그림을 말로 덧붙이며 읽어줄 수 있다.
- 질문을 한 경우, 영아가 대답할 때까지 기다리고, 필요하면 답을 해 준다. 또한, 영아가 무엇인가 먼저 이야기를 하려고 할 때도 기다려 주어 영아가 그림책에 관심을 이어가도록 한다.
- 영아가 대답한 경우, "그래, 맛있는 사과구나. 너도 사과 좋아하니?", "네 말대로

이 아이는 신을 신고 있구나. 어디를 가려는 걸까?" 하면서 영아의 반응을 긍정적으로 수용 또는 확장해 주면서 적절한 피드백을 준다.

Ⅲ 유아기 그림책 읽어주기

① 책에 관심을 가질 수 있게 매일 읽어준다.

② 책에 관심을 가질 수 있게 다양한 그림책을 읽어준다.

- 다양한 장르(옛/현대, 시/산문) · 주제 · 인물 · 배경 · 사건 · 작가 · 매체 · 기법 · 한국/외국의 그림책 읽어주기

③ 정해진 해석을 강요하지 말고 유아의 다양한 반응을 수용 · 격려하며 읽어준다.

- 그림책의 내용, 장르, 문학요소, 예술요소, 그림책 구조에 대한 유아의 느낌, 생각 등의 감상을 자유롭게 이야기 나누기
- 자신의 경험이나 생활과 관련지어 이야기 나누기

④ 문학적 상상력을 발휘하여 이야기를 구성하고 지을 기회를 주며 읽어준다.

⑤ 유아가 반응할 충분한 시간을 주며 읽어준다.

⑥ 그림책을 읽어주는 동안이나 읽어준 후 또래 간 상호작용을 격려한다.

⑦ 다음 내용을 예측하게 하며 읽어준다.

⑧ 내용과 주변텍스트(표지, 면지, 판형 등)를 관련지으며 상호작용한다(예: 표지 탐색, 면지 탐색하며 읽기).

⑨ 글과 그림을 통합하며 읽게 한다.

- 글이 그림으로 어떻게 표현되어 있는지 살피기
- 글 내용 외에 덧붙여진 그림 이야기를 읽기
- 그림으로 표현된 부분을 이야기로 채우며 읽기
- 글과 그림이 서로 다른 부분을 이해하며 읽기

⑩ 글과 그림의 요소(색, 선, 구도, 배치 등)를 관련지으며 읽게 한다.

⑪ 자신의 경험과 관련지으며 읽게 한다.

⑫ 다른 책이나 문화 경험과 관련지으며 읽게 한다.

⑬ 그림책을 읽어준 후 반복해서 볼 기회를 준다.

⑭ 편안하게 그림책을 읽을 수 있는 환경을 마련한다.

Ⅳ 단계별 그림책 읽어주기

그림책을 읽어주는 과정을 읽어주기 전, 읽는 과정, 읽어준 후로 나눈 매이슨, 피터맨, 커(Mason, Peterman, & Kerr, 1989)에 기초하여 단계별 읽어주기 방법을 제시하면 다음과 같다.

A. 읽어주기 3단계

1. 읽어주기 전

- 교사는 읽어줄 그림책을 미리 소리 내어 읽어 보고, 그림책의 내용과 특징에 대해 미리 알고 어떤 속도로 어느 부분을 어떻게 읽어주는 게 적합할지 생각한 후 읽어준다.
- 유아들이 모두 그림이 잘 보이는 자리에 앉았는지 자리 배치를 적절하게 한 후 읽어준다.
- 유아에게 표지의 제목과 그림, 또는 판형(책 모양)을 보여 주며 어떤 이야기가 들어 있을지 예측해 보게 하거나, 관련 경험이 있는지, 떠오르는 다른 그림책이 있는지에 대해 이야기를 나눈다.
- 필요한 배경지식(시대적 배경, 장르, 그림책 작가 이야기 등)을 알려 주되 너무 길어지지 않도록 한다.

2. 읽어주는 동안

- 유아가 그림책에 몰입할 수 있게 등장인물들의 감정과 이야기의 분위기에 맞는 목소리로 재미있고 실감 나게 읽어준다.
- 그림책으로 교사의 얼굴을 가리지 않도록 한다. 유아와 눈을 맞추면서 읽어준다. 유아의 반응을 계속 보기 위함이고, 이야기의 즐거움을 함께 나누기 위함이다.
- 일방적으로 읽어주기만 하지 말고 그림책에 대한 유아의 생각이나 느낌, 질문을 허용, 격려하고 적절한 피드백을 주며 읽어준다.
- 그림도 보면서 의미를 구성할 수 있게 시간을 충분히 주면서 읽어준다.
- 간혹 인물의 표정이 어떠한지, 어떤 행동을 하고 있는지, 배경은 어떠한지 등 그림에 주의를 기울이게 함으로써 유아가 스스로 글자와 그림 간의 '빈칸'을 채우며 들을 수 있게 한다.
- 적절한 시점에 다음 이야기를 예측하게 하면서 읽어준다.
- 유아들 간의 대화나 교사의 질문에 대한 유아들의 대답이 길어져서 그림책을 읽는 데 흐름을 깰 정도가 될 때는 그림책을 계속 읽은 후에 이야기를 더 나누자고 제안한다.

3. 읽어준 후

- 그림책에 대한 전체적인 감상 및 평가를 나눈다. 이때 유아들 간의 상호작용을 격려한다. 서로 다른 반응을 수용하면서 자기 생각을 수정 및 확장할 수 있기 때문이다.
- 유아가 원한다면 그림만 다시 한번 보면서 이야기를 나눈다.
- 유아가 많은 관심을 보인 특정 장면에 대해 더 이야기를 나눈다.
- 유아가 하고 싶어 하는 활동을 선택하도록 한다.
- 언어활동에 치우치지 말고 다양한 감각적 경험을 불러일으키는 활동을 한다.

- 그림책을 읽어준 후, 도서영역에 책을 비치하여 유아가 반복해서 볼 수 있도록 해 준다.
- 문학활동 후, 작품에 대해 다시 한번 이야기를 나누어 텍스트의 의미를 재구성하게 해 준다.

B. 단계별 그림책 읽어주기의 예시

선정된 그림책의 어떤 장면 또는 어떤 부분에서 유아와 어떤 방식으로 상호작용을 할지 미리 생각해 보는 것도 좋은 방법이다. 책의 특징이라 생각하는 것과 읽어주기 단계별 고려사항을 간단히 적어 두면 유아와 즐거운 책 읽기 경험을 공유할 수 있다. 그림책을 고를 때마다 이런 내용을 글로 써서 계획하지 않는다 할지라도 3단계별 교사의 생각을 미리 정리해 보면 실제 그림책을 읽어줄 때 유아의 그림책에 대한 문학적 반응에 더욱 적절하게 대응, 지원해 줄 수 있다. 그런데 이런 계획은 그림책의 특성에 따라 달라질 수 있고, 실제 읽어주는 과정에서 유아의 반응에 따라 선택적으로 이루어져야 하며, 때에 따라서는 아무런 질문을 하지 않을 수도 있다는 점을 염두에 두어야 한다.

『검피 아저씨의 뱃놀이』를 읽어줄 때 단계별 읽어주기를 위한 교사의 계획을 예시하면 다음과 같다. 다음 내용의 표기에서 s는 그림책의 본텍스트를 중심으로 책을 펼쳤을 때 나타나는 양쪽 펼침면을 말하며 spread의 약어이다. 1s는 첫 번째 펼침면을 뜻한다.

1. 책의 특징

- 동물들이 더해지면서 같은 패턴의 문형이 반복
- 반복되는 동안 점점 일이 커지다 12s에서 갈등이 최고조에 이르고 13s에서 모두 물에 빠지는 구조
- 약속을 지키지 않은 동물들과 아이들에게 너그러운 아저씨가 등장

2. 단계별 그림책 읽어주기 계획

1) 읽어주기 전

앞뒤 표지를 펼쳐 보이며 관련 경험, 등장인물에 관해 이야기 나누기

- 뱃놀이 경험(읽은 책이나 들은 경험 포함) 나누기: 배 타 봤니? 어떤 배를 타 봤니? 이렇게 노를 젓는 배도 타 봤어?
- 등장인물 살피기: 누가 나오는 이야기일까?

2) 읽어주는 동안

- 그림을 보며 인물이나 내용에 대해 이해할 수 있게 천천히 읽어주기
- 왼쪽의 글을 읽어준 후 그림만 있는 오른쪽 페이지의 내용을 유아가 생각해 볼 시간을 주며 읽어주기
- 검피 아저씨가 동물들을 태울지, 뭐라고 할지 예측하게 하며 읽어주기
- 반복 문형에 대해 유아가 따라 하는 반응이나 배가 뒤집히는 장면에 대한 유아의 자유로운 반응을 수용, 격려하며 읽어주기
- 2s: 검피 아저씨는 뭐 하는 분일까?
- 4s: 배에 누가 타고 있어?
- 5s: 지금은 배에 누가 타고 있어?
- 6s: 지금은 배에 누가 타고 있어?
- 12s: 어떻게 될까?
- 12s의 긴장과 13s의 긴장 해소가 느껴질 수 있게 읽어주기
- 15s: 여기 씌어 있지 않아서 선생님도 모르겠지만, 차 마시며 어떤 이야기를 했을까?

3) 읽어준 후

- 제일 재미있었던 장면은 어디야?
- 따라 해 보고 싶은 말이나 행동이 있었니?
- 인물 이해하기: 검피 아저씨는 어떤 분이야? 아이들과 동물들은 마음에 들어?

V 글 없는 그림책 읽어주기

디안젤로(D'angelo, 1981)는 교사가 유아와 글 없는 그림책을 보면서 할 수 있는 네 가지의 질문을 제시하였다. 유아가 질문에 대한 반응을 적절하게 하지 못할 경우, 교사가 대신 이에 답하며 이야기를 구성하여 들려줌으로써 글 없는 그림책 읽기의 모델 역할을 할 수 있다. 또한, 다음의 질문을 중심으로 유아가 기본적으로 서사를 이해하도록 하되 각자 상상력과 창의력을 동원하여 의미를 구성하도록 하고, 분석적 · 개인적 반응을 비롯하여 다양한 문학적 반응을 할 수 있게 격려하며 함께 읽는다.

- 이 그림에는 어떤 것들이 있니?
  - 이런 질문은 유아의 현재 어휘 능력에 교사가 새로운 어휘를 추가할 기회가 된다.
- 이 그림에서 무슨 일이 일어났지?
  - 이런 질문은 그림에 있는 행위와 사건을 구와 문장으로 묘사하는 능력을 길러 준다.
- 다음에 어떤 일이 생길 것 같니?
  - 이런 질문은 이야기를 예측하고 구성하는 능력을 길러 준다.
- 왜 그렇게 생각하니?
  - 이런 질문은 유아가 이해한 사건, 행위, 감정들을 기초로 이야기를 추론할 기회를 준다.

Ⅵ 그림책 읽어주기 평가표

다음은 그림책 읽어주기에 대해 평가할 수 있는 표다(Glazer, 1997). 교사 자신이 각 평가 항목별로 스스로 평가하거나 다른 사람의 평가를 받도록 하여 자신의 약점을 보완하도록 한다.

〈표 2-3-1〉 그림책 읽어주기 평가표

	뛰어남	만족함	개선해야 함(구체적 문제)
속도			
목소리 크기			
발음			
눈 맞춤			
그림 보여 주기			
전체 코멘트			

Ⅶ 교수계획안

그림책 선정과 읽어주기 계획에 이어, 그림책을 읽은 후 하는 문학활동을 위한 교수계획안은 다음의 두 가지, 즉 문학단원 교수계획안과 문학작품 교수계획안으로 구체화할 수 있다(서정숙, 2001). 이 교수계획안은 누리과정의 생활주제에 맞추어 짤 수도 있고, 생활주제와 상관없는 문학단원을 정하여 짤 수도 있다. 이 두 가지의 교수계획안에 포함되는 문학활동들은 이해 및 감상, 비평, 창작의 문학교육 내용으로 구성된다. 이

때, 가능하면 이해 및 감상, 비평, 창작을 위한 문학활동이 골고루 포함(그 외 연계 활동도 포함 가능)되도록 균형 있게 계획하는 것이 좋지만, 너무 모든 종류의 활동을 억지로 포함하려 무리할 필요는 없다. 중요한 것은 유아가 책을 이해하고 자신의 감상을 표현하면서 그 책에 대한 각자의 의미를 잘 구성할 수 있게 하는 것이다. 이를 위해 어떤 책을 읽어주고 어떤 활동을 할지 미리 교수계획을 해 보는 것은 도움이 될 것이다.

교수계획안은 각 종류별로 예시를 두 개씩 제시하였고, 그림책별로 제시한 문학활동 중에서 초록색 글씨로 쓴 활동은 2부 5장의 문학활동 계획안에 차례대로 제시하여 찾아보기 쉽게 하였다.

A. 문학단원 교수계획안

'문학단원' 교수계획안은 두 가지 방식으로 짤 수 있다. 문학단원을 정한 다음에 관련 그림책을 이 문학단원과 바로 연결하는 방법, 그리고 정해진 문학단원을 다시 하위 단원으로 나눈 다음 그 하위 단원과 관련이 되는 그림책을 묶는 방법이다. 편의상, 전자를 A-1 유형, 후자를 A-2 유형이라 부르기로 한다. A-1 유형은 어떤 한 요소를 문학단원으로 정하고 그 단원명과 관련되는 그림책을 연결 지은 후 그 책으로 할 수 있는 활동의 종류를 계획해 보는 방법이다. 문학단원이 될 수 있는 것들로는 이야기의 상황, 등장인물의 특성, 소재, 문체, 작가, 그림의 특징 등인데, 그 구체적인 예는 밤에 잠자는 상황, 책을 소재로 한 그림책, 의인화된 동물, 형제간 질투, 호랑이 등장의 옛이야기 그림책, 크리스마스, 에즈라 잭 키츠 등을 들 수 있다.

이 중 밤잠을 소재로 한 그림책을 문학단원으로 하여 교수계획안을 짜면 다음과 같다. 이것은 누리과정의 '건강과 안전'이라는 생활주제를 할 때 들어갈 수 있는 문학단원 교수계획안으로, 만 1~2세 대상의 교수계획안이다. 이렇게 생활주제와 관련이 있는 A-1 유형을 A-1(a) 유형이라 하자. 여기에 관련 문학활동을 연결 지으면 [그림 2-3-1]이 된다.

잠자리 책

「잠자는 책」
「잘 자요, 달님」
「이렇게 자 볼까? 저렇게 자 볼까?」
「잠이 오는 이야기」

「잠자는 책」: 제목 바꿔 책 만들기(창작) – 문학활동 계획안 참조
「잘 자요, 달님」:내가 자는 방에 있는 물건 이름을 넣어 '잘 자요, ○○'으로 동시 짓기(창작)
「이렇게 자 볼까? 저렇게 자 볼까?」: 자장자장 잘 밤에, 우툴두툴 바윗돌, 엉금엉금 청거북, 어질어질 나무 위, 파닥파닥 산새 같은 말을 따라하며 말의 재미 느끼기(이해 및 감상)
「잠이 오는 이야기」: 잠 친구는 가방에 어떤 꿈을 담아 왔을까?(창작)

[그림 2-3-1] 문학단원 교수계획안 A-1(a) 유형
(하위 범주가 없고, 생활주제와 관련이 있는 경우 - 예시 1)

같은 방식으로, 생활주제 '교통기관'을 할 때 할 수 있는 '재미있는 기차놀이' 문학단원 교수계획안은 [그림 2-3-2]와 같다.

재미있는 기차 놀이

「야, 우리 기차에서 내려!」
「기차 ㄱㄴㄷ」
「까만 크레파스와 요술 기차」
「후루룩~ 냠냠 라면 기차」

기차놀이(이해 및 감상)
우리 반 상상 기차 함께 만들기(창작)

「야, 우리 기차에서 내려!」: 다른 인물이 등장하는 동극 대본 짓기(창작) – 문학활동 계획안 참조
「기차 ㄱ, ㄴ, ㄷ」: ㄱㄴㄷ 그림책 만들기(창작)
「까만 크레파스와 요술 기차」: 점토로 다른 교통기관 만들기(창작)
「후루룩~ 냠냠 라면 기차」: 내가 상상한 기차 책 만들기(창작)

[그림 2-3-2] 문학단원 교수계획안 A-1(a) 유형
(하위 범주가 없고, 생활주제와 관련이 있는 경우 - 예시 2)

다음은 에즈라 잭 키츠의 그림책을 문학단원으로 하여 교수계획안을 짠 예인데, 이렇게 누리과정의 생활주제와는 관련 없는 문학단원을 계획할 수도 있다. 이것을 A-1(b) 유형이라 하기로 한다.

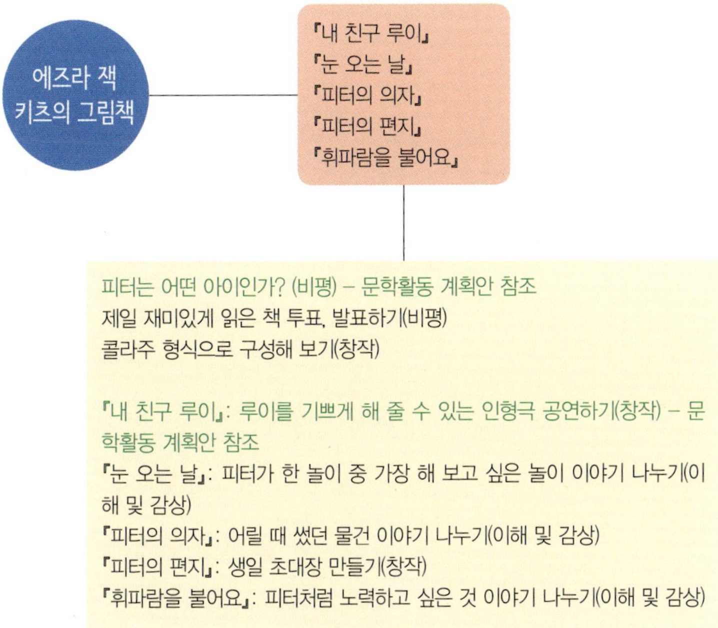

[그림 2-3-3] 문학단원 교수계획안 A-1(b) 유형
(하위 범주가 없고, 생활주제와 관련이 없는 경우 - 예시 1)

같은 방식으로, 생활주제와 관련되지 않는 '신기한 그림책'의 문학단원 교수계획안은 [그림 2-3-4]와 같다.

신기한 그림책

「내가 찾던 바로 그 강아지/내가 찾던 바로 그 아이」, 「도깨비 방망이」 – 앞뒤로 시작하는 그림책
「기묘한 왕복여행」, 「바로 또 거꾸로」, 「휘리리후 휘리리후」 – 똑바로 거꾸로 그림책
「동강의 아이들」, 「숲 속에서」, 「아슬아슬한 여행」, 「앵무새 열 마리」 – 숨은그림찾기 놀이 그림책
「산양을 따라갔어요」, 「안녕, 내 친구!」, 「요셉의 작고 낡은 오버코트가...?」 – 구멍 뚫린 그림책
「100층짜리 집」, 「도깨비와 범벅장수」, 「풍덩!」 – 긴 모양 그림책
「세상에서 가장 행복한 100층 버스」, 「눈물바다」, 「마고할미」 – 펼치는 그림책

신기한 그림책을 만들어요(창작) – 문학활동 계획안 참조
가장 신기한 그림책 뽑기(비평)

「내가 찾던 바로 그 강아지/내가 찾던 바로 그 아이」: 강아지를 만난 아이의 기분 표현하기(이해 및 감상)
「휘리리후 휘리리후」: 뒤집어도 같은 글자 찾기 놀이(이해 및 감상)
「아슬아슬한 여행」: 숨은 동물 찾기 놀이(이해 및 감상)
「산양을 따라갔어요」: 그림 그린 후 다음 책장이 보이게 구멍 뚫기(창작)
「100층짜리 집」: '10층짜리 유치원' 그리기(창작)
「세상에서 가장 행복한 100층 버스」: 내가 상상한 버스 만들기(창작)

[그림 2-3-4] 문학단원 교수계획안 A-1(b) 유형
(하위 범주가 없고, 생활주제와 관련이 없는 경우 - 예시 2)

다음으로, A-2 유형에 대해 알아보자. 이것은 단원을 정하고 다시 이에 대한 하위 단원을 정한 후, 그 하위 단원과 관련되는 그림책으로 문학단원 교수계획안을 짜는 것이다. 문학단원과 관련되는 그림책 중 유아에게 읽어줄 그림책이 많은 경우에 하위 단원을 두어 계획을 하는 것인데, A-1 유형보다 기간도 더 길게 잡아 실행한다.

[그림 2-3-5]는 '나와 가족' 생활주제를 할 때 할 수 있는 '나'를 문학단원으로 한 교수계획안으로, 하위 범주로 '내가 좋아하는 것', '내가 무서워하는 것', '내가 할 수 있는 것', '내가 되고 싶은 것'을 정하고 관련 그림책을 연결 지은 것이다. 이렇게 하위 단원이 있고 생활주제와 관련지어진 유형을 A-2(a) 유형이라고 하자.

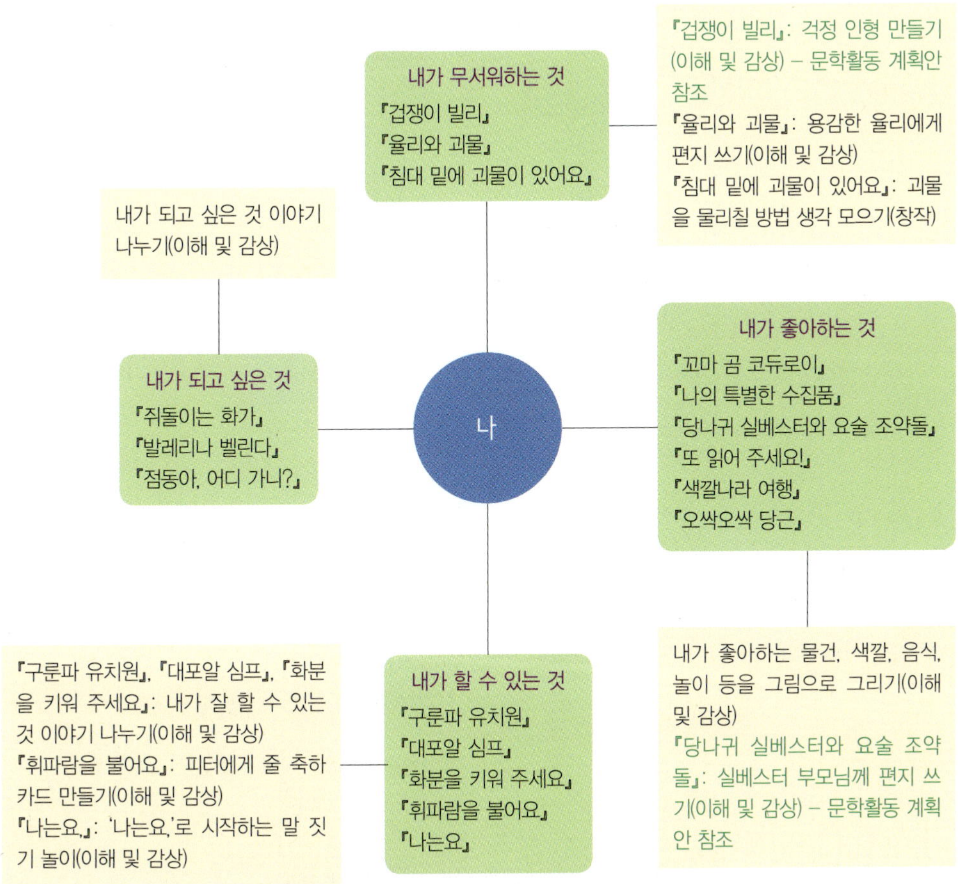

[그림 2-3-5] 문학단원 교수계획안 A-2(a) 유형
(하위 범주가 있고, 생활주제와 관련이 있는 경우 - 예시 1)

같은 방식으로, '우리 동네' 생활주제와 관련되는 '이웃에서 볼 수 있는 것'의 문학단원 교수계획안은 [그림 2-3-6]과 같다.

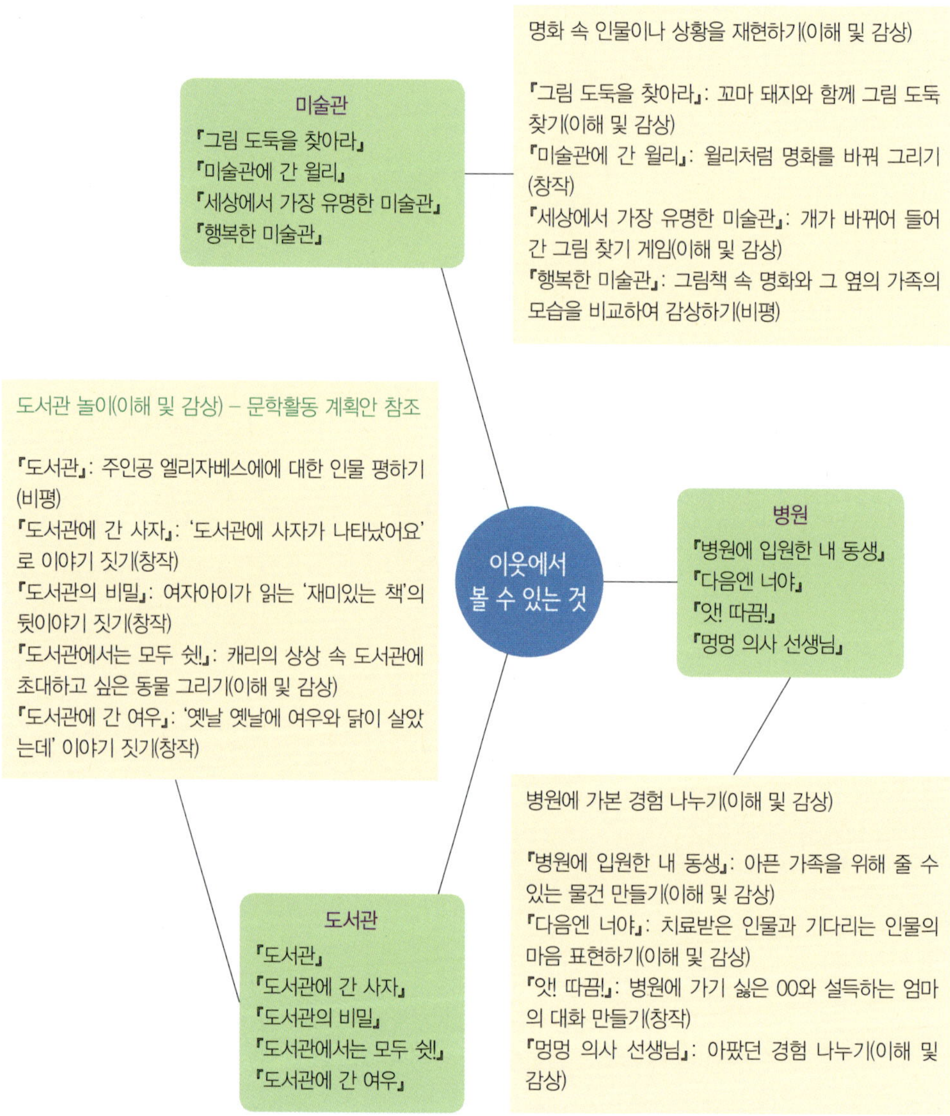

[그림 2-3-6] 문학단원 교수계획안 A-2(a) 유형
(하위 범주가 있고, 생활주제와 관련이 있는 경우 - 예시 2)

다음은 콜라주를 문학단원으로 하고 콜라주의 종류, 즉 오리거나 찢어서 한 콜라주, 사진 콜라주, 입체 콜라주로 다시 분류한 다음 각각의 하위 단원에 해당하는 그림책을 포함한 것인데, 이렇게 문학단원을 정하고 이에 대한 하위 단원을 정하는 두 단계의 과정을 거침과 동시에 생활주제와 관련 없는 문학단원으로 정하는 것도 가능하다. 이렇게 생활주제와 관련이 없는 A-2 유형을 A-2(b)라 하자. [그림 2-3-7]은 콜라주를 문학단원으로 교수계획안을 짠 것이다.

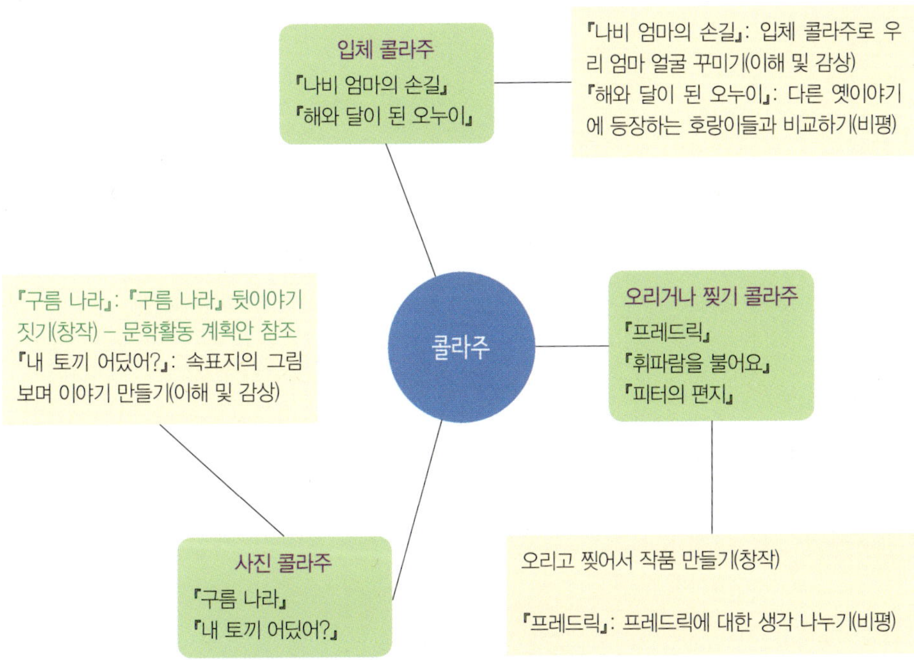

[그림 2-3-7] 문학단원 교수계획안 A-2(b) 유형
(하위 범주가 있고, 생활주제와 관련이 없는 경우 - 예시 1)

같은 방식으로, 생활주제와 관련 없는 '상상의 세계로 떠나요'의 문학단원 교수계획안은 다음과 같다.

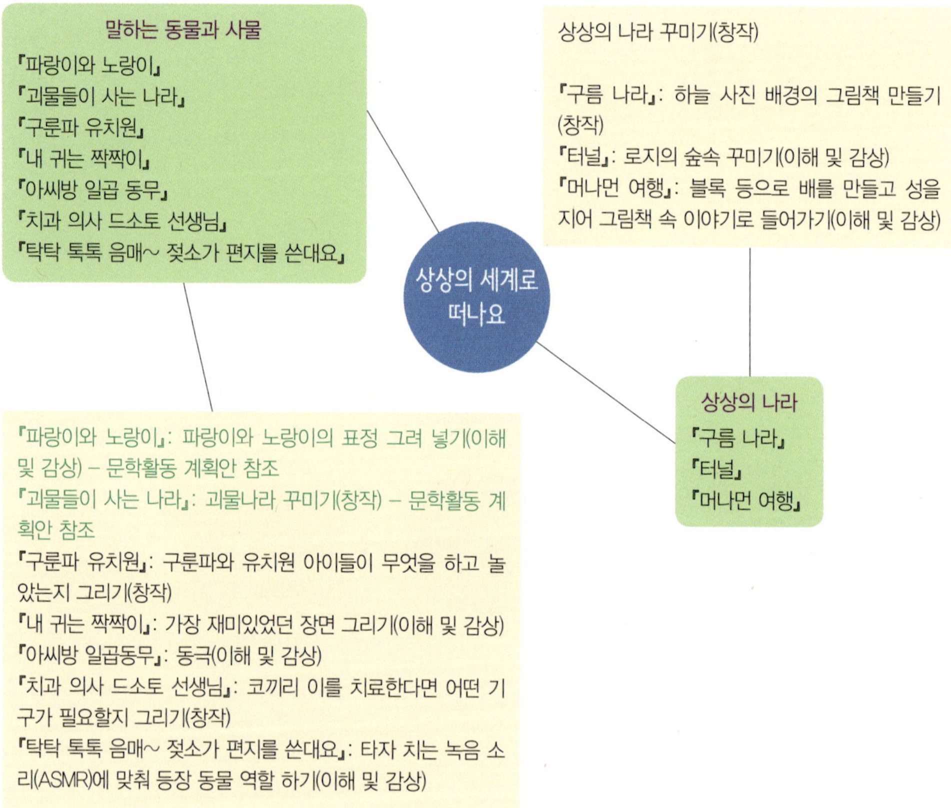

[그림 2-3-8] 문학단원 교수계획안 A-2(b) 유형
(하위 범주가 있고, 생활주제와 관련이 없는 경우 - 예시 2)

문학단원 교수계획안은 문학단원을 중심에 두고 관련 그림책을 웹으로 연결한 것이므로 유아가 웹의 중앙에 있는 문학단원의 주제에 집중할 수 있게 해 준다. 또한, 하나의 문학단원으로 묶인 그림책 간의 공통점을 자연스럽게 이해할 수 있게 해 주고, 그림책 간 비교도 가능하게 해 준다.

B. 문학작품 교수계획안

'문학작품' 교수계획안을 B 유형이라고 할 때, B 유형에도 두 가지 방법이 있다. 하나는 그림책 한 권을 선정한 다음 그것의 특징을 몇 가지로 범주화하고 이 범주에 속하는 그림책을 묶는 방법이고, 다른 하나는 선정된 그림책을 중심에 놓고 그것으로 할 수 있는 이해 및 감상, 비평, 창작활동을 직접 연결 짓는 것이다. 편의상, 하위 범주가 있는 전자의 문학작품 교수계획안을 B-1 유형, 하위 범주가 없는 후자의 문학작품 교수계획안을 B-2 유형이라 부르기로 한다. B 유형은 해당 생활주제가 진행될 때 읽어주어도 되고, 생활주제와 상관없이 읽어주어도 된다. B-1 유형의 예는 [그림 2-3-9]와 같다.

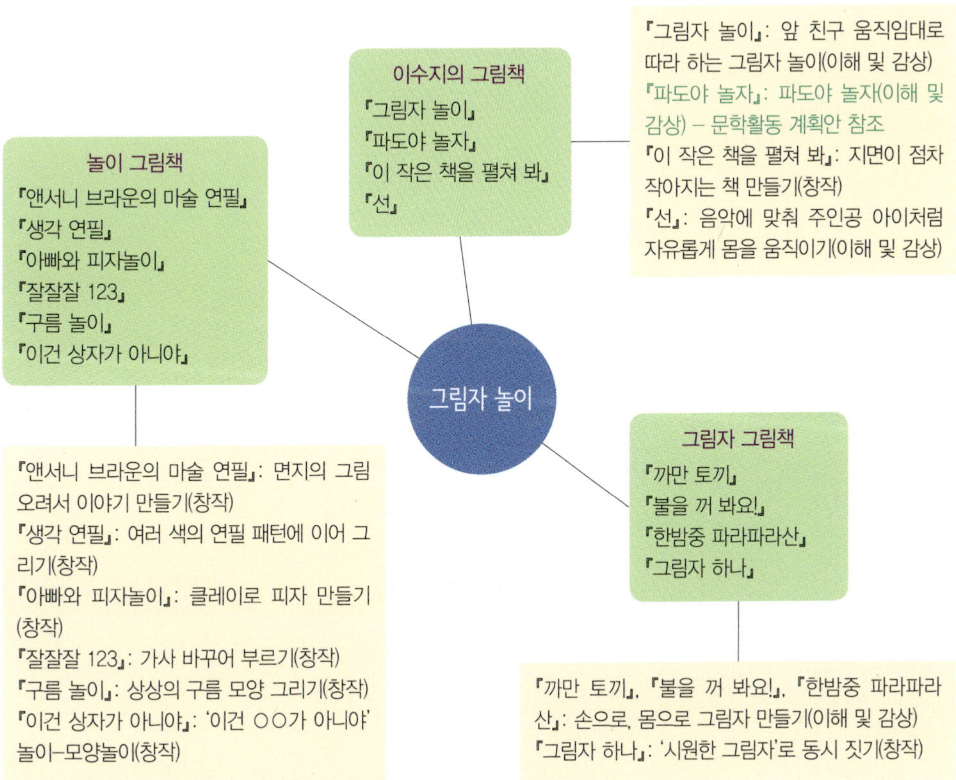

[그림 2-3-9] 문학작품 교수계획안 B-1 유형
(하위 범주가 있는 경우 - 예시 1)

같은 방식으로, 하위 범주가 있는 문학작품 교수계획안을 『검피 아저씨의 뱃놀이』로 짜면 다음과 같다.

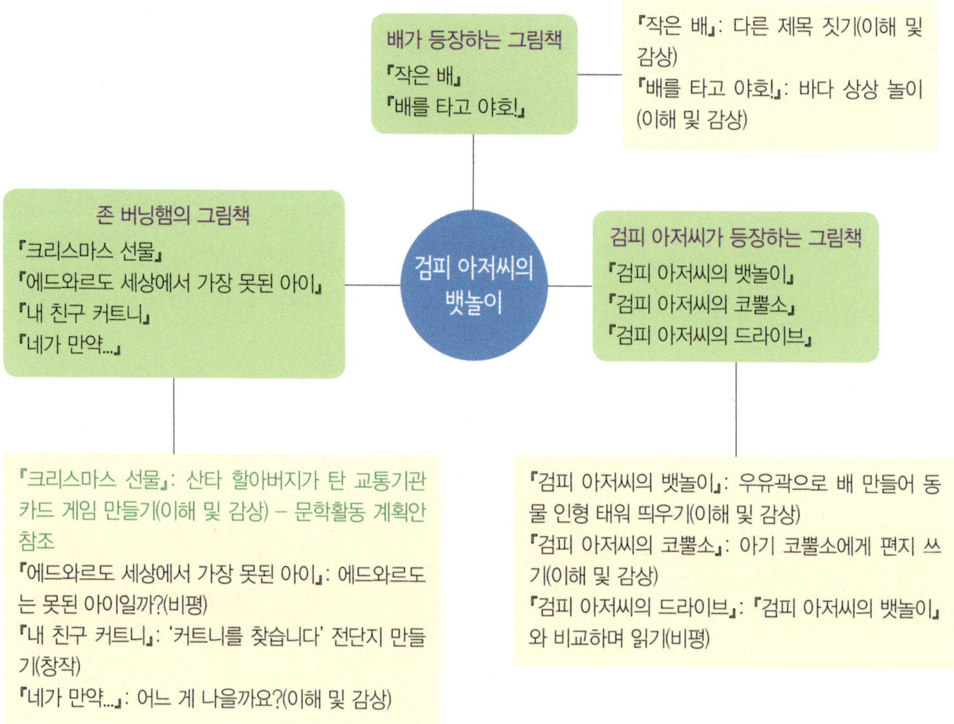

[그림 2-3-10] 문학작품 교수계획안 B-1 유형
(하위 범주가 있는 경우 - 예시 2)

다음은 하위 범주가 없는, 문학작품 B-2 유형의 교수계획안의 예다. 이 교수계획안은 가장 간편하고 쉽게, 짧은 기간 동안 실행에 옮길 수 있는 교수계획안이라고 할 수 있다.

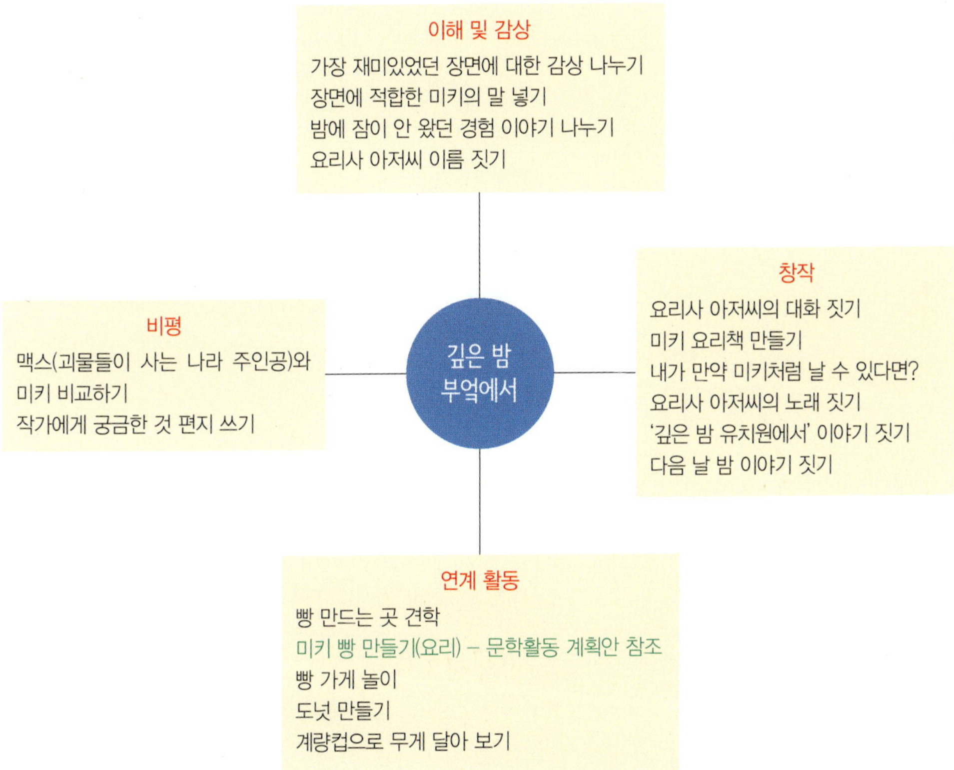

[그림 2-3-11] 문학작품 교수계획안 B-2 유형
(하위 범주가 없는 경우 - 예시 1)

같은 방식으로, 하위 범주가 없는 문학작품 교수계획안을 『내 토끼 어딨어?』로 짜면 [그림 2-3-12]와 같다.

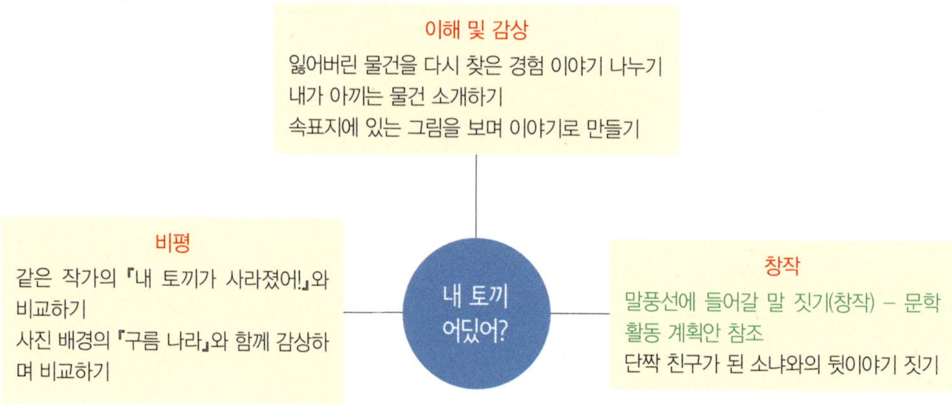

[그림 2-3-12] 문학작품 교수계획안 B-2 유형
(하위 범주가 없는 경우 - 예시 2)

문학작품 교수계획안은 그림책 한 권을 중심으로 웹을 구성하는 것이므로 비교적 쉽게 실시할 수 있는 장점이 있다. 이 교수계획안은 웹의 중앙에 놓인 그림책의 여러 가지 특징을 깊이 경험하게 하는 동시에 관련 그림책 간 비교를 하게 해 준다.

앞서 문학교육을 위해 그림책을 조직하는 두 가지 교수계획 방식(A 유형과 B 유형)과 각각의 하위 종류를 살펴보았다. 이 두 가지의 교수계획안은 모두 그림책에 초점을 두는 교수계획 방식으로서 하나의 문학단원 또는 한 권의 그림책을 중심에 두고 관련 그림책들로 웹을 구성하는 것이므로, 유아는 웹의 중심이 된 문학단원의 주제나 그림책의 특징에 집중하게 된다. 그리고 그 주제나 그림책의 특징과 관련되는 그림책을 다양하게 경험하는 과정을 통해 유아는 해당 문학단원이나 그림책의 특징이 얼마나 다양하게 또는 어떻게 유사하게 표현될 수 있는지를 자연스럽게 알게 된다. 이것은 웹의 중심이 된 문학단원의 주제나 그림책의 특징이 유아에게 유의미한 맥락을 제공하기 때문이다. 이렇게 하나의 문학단원의 주제나 그림책의 특징과 관련되는 그림책들을 집중적으로 읽고 보는 경험은 각 문학단원의 주제나 그림책의 특징을 깊이 이해하고 감상하는 기회가 되어 결국 그림책을 읽는 즐거움을 느끼고 그림책의 문학적 경험에 몰입하는 태도를 형성해 준다(서정숙, 김정원, 남규, 2006; 2008).

정리 및 탐구

1. 읽어줄 그림책을 다음의 형식에 맞게 평가해 봅시다(6장의 『알사탕』 예(p. 309) 참고).

〈표 2-3-2〉 그림책 선정 포맷

<table>
<tr><th colspan="3">그림책 서지 정보</th></tr>
<tr><td rowspan="5">(그림책
표지 사진)</td><td>제목:</td><td>원제:</td></tr>
<tr><td>작가(글 · 그림):</td><td>역자:</td></tr>
<tr><td>출판사:</td><td>출판일자:</td></tr>
<tr><td colspan="2">대상연령:</td></tr>
<tr><td colspan="2">책 소개 또는 줄거리:</td></tr>
<tr><th colspan="3">그림책 선정 이유</th></tr>
<tr><td>작품성</td><td colspan="2"></td></tr>
<tr><td>대상성</td><td colspan="2"></td></tr>
<tr><td>교육성</td><td colspan="2"></td></tr>
</table>

2. 선정한 그림책을 어떻게 읽어주면 유아의 의미 있는 문학경험을 도울 수 있을지, 읽어주기 전, 읽어주는 동안, 읽어준 후, 3단계로 나누어 어떤 대화를 나눌 수 있을지(앞서 pp. 249-251의 『검피 아저씨의 뱃놀이』를 참고) 적어 봅시다.
3. 생활주제 관련 문학단원 교수계획안 두 가지(하위 단원이 있는 것과 없는 것), 생활주제 관련 없는 문학단원 교수계획안 두 가지(하위 범주가 있는 것과 없는 것), 그리고 문학작품 교수계획안 두 가지를 다음의 문학단원의 예를 참고하여 구성해 봅시다.
   - 문학단원의 예: 서로 다른 친구, 사랑하는 우리 가족, 하늘이 변해요, 그림책 속 동물, 공룡, 자동차, 음식, 기분을 말해 봐, 옛날 옛날에, 지구가 아파요, 사계절, 존 버닝햄, 상상의 나라, 그림책 속 친구, 글 없는 그림책

CHAPTER 4.

매체를 활용한 동화 들려주기

유아를 대상으로 매체를 활용하여 동화를 들려줄 때 사용되는 매체의 종류와 제작 및 주의사항을 소개하면 다음과 같다.

I 매체의 제작 및 선택

유아문학교육에서 매체를 활용하는 것은 문학을 다양한 방식으로 색다르게 경험하게 할 수 있다는 장점이 있다. 이를 위해 첫째, 교사는 질적으로 뛰어난 문학작품을 선정한다. 작품의 질을 뛰어넘는 매체를 만들기는 어렵기 때문이다. 둘째, 본래 문학작품이 지닌 미덕을 왜곡하지 않기 위해 교사는 각 문학작품의 특성이나 장점을 충분히 이해한 후 매체를 만든다. 셋째, 교사는 등장인물의 특징, 분위기, 이야기 구성의 특징 등에 맞게 적절한 매체를 선택한다. 넷째, 매체마다 특징을 파악한 후 매체를 통해 유아가 작품을 경험하는 데 충분한 상호작용이 일어날 수 있도록 제작한다.

Ⅱ 매체의 종류

A. 그림동화

유아들이 대집단에서 인쇄물을 보면서 함께 읽으려면 그림책보다 큰 책이 필요하다. 그동안 우리나라 유아교육기관에서 많이 사용해 온 낱장 그림의 그림동화가 그 역할을 한다. 최근에는 출판사에서 빅북 형태로 나오기도 한다. 그림동화는 유아의 문해 능력, 읽기 능력, 쓰기 능력 및 내용 이해 능력에 긍정적인 영향을 미치며, 인쇄물의 개념에 대한 인식에도 긍정적인 효과가 있는 등 유아기 문해 학습과 책 읽기 활동에 중요한 역할을 하는 것으로 나타났다. 특히, 읽기 수준이 낮거나 읽기에 어려움을 느끼는 유아에게 효과적이었으며, 읽기 태도, 책에 대한 흥미 및 심미감에 긍정적인 영향을 미치는 것으로 나타났다(Walton, 1993; Williams & Davis, 1994; Zdaniak, 1984).

그러나 그림이나 형식이 그림책보다는 단순하고 전문 일러스트레이터의 작품처럼 만들기 어려우므로 유아의 흥미 유발에 문제가 있을 수 있다. 그러므로 낱장 그림동화를 만들 때는 사전에 책의 내용을 잘 파악한 후 내용을 상상하는 데 도움을 줄 수 있는 장면을 고르며, 어떤 재료로 그림을 그릴 것인지, 어떤 방법으로 그림을 표현할 것인지를 결정해야 한다. 낱장 그림동화를 만드는 방법과 유의할 점은 다음과 같다.

첫째, 그림동화를 만들 때는 집단의 크기를 고려하여 8절 이상 4절 이하 크기의 얇지 않은 종이를 고르며, 전체 장면 수는 유아의 발달 수준을 고려하여 정하는 것이 적절하다. 둘째, 내용을 강조하거나 생동감 있게 표현하기 위해 입체적 표현을 그림동화에 활용하면 움직임을 동반하기 때문에 유아에게 흥미롭고, 상상력을 자극하며, 장면 수를 줄일 수 있는 장점이 있다. 입체적 표현으로는 그림 일부를 돌출되게 표현하거나 다른 종이로 제작한 등장인물을 칼집을 넣어 연결하여 움직이도록 하는 방법이 있으며, 할핀을 이용하여 움직일 수 있게 하는 방법 등이 있다. 셋째, 교사가 그림동화를 보여 줄 때 들려줄 이야기는 다음 장의 뒷면 상단에 번호와 함께 적어 놓고, 내용을 충분히 숙지하여 교사는 유아와 시선을 맞추며 상호작용해야 한다. 넷째, 그림동화의 입체적인 표현과 조작 방법은 사전에 충분히 숙지하여 유아가 동화 내용을 끊김 없이 들을 수 있도록 하는 것이 바람직하다.

[그림 2-4-1] 『겁쟁이 빌리』에 기초한 그림동화: 할핀 사용

[그림 2-4-2] 『후루룩~ 냠냠 라면 기차』에 기초한 그림동화: 내용에 맞게 전깃줄, 아코디언 형식을 활용함

B. TV 동화

TV 동화는 그림동화의 변형된 형태로서, 두루마리로 제작된 그림동화를 TV 형태의 틀에 넣어 돌려 가며 보여 주는 동화다. TV 동화는 화면이 돌아가는 느낌을 주기 때문에 그림책과 비교해서 이야기를 더 연속해서 전달할 수 있다. TV 동화를 만드는 방법과 TV 동화를 들려줄 때의 유의할 점은 다음과 같다.

첫째, 작은 그림책을 크게 제작하거나 연속적인 그림이 있는 경우 TV 동화를 사용하면 더 효과적이다. 예를 들면, 데이비드 위즈너의 『자유낙하』는 연속적으로 한 장면이 다른 장면과 이어지는 그림책으로 TV 동화를 제작할 때 효과가 크다. 둘째, 화면이 잘 넘겨지도록 양쪽 원기둥 부분을 밑면에서 2~3cm 위로 올라오게 만들며, TV 동화의 틀은 너무 얇지 않게 상자나 하드보드지 등을 사용하여 유아가 직접 조작해 볼 수 있도록 튼튼하게 제작하는 것이 좋다. 셋째, 교사는 TV 동화가 교사의 얼굴을 가리지 않도록 하여 유아의 반응을 살피면서 이야기를 들려주도록 한다. 넷째, TV 동화를 들려줄 때는 화면을 넘기는 데 시간이 걸리기 때문에 다음 장면으로 돌리면서 이야기를 들려주어 오랫동안 이야기의 흐름이 끊기지 않도록 주의한다. 다섯째, TV 동화는 그림책과 함께 비치하여 비교해 볼 수 있도록 하며, 뒷이야기 등을 유아가 그려 보고 우리 반만의 TV 동화를 직접 제작해 보는 것도 가능하다.

[그림 2-4-3] 『검피 아저씨의 드라이브』에 기초한 TV 동화

C. 융판 동화/자석 동화

융판 동화는 융판 위에 이야기에 등장하는 등장인물이나 배경을 붙이면서 이야기를 들려주는 동화다. 자석 동화 또한 자석 판 위에 등장하는 등장인물이나 배경을 부착하였다가 떼었다가 하면서 이야기를 들려주는 동화다. 이러한 매체들은 유아가 주의를 집중하기에 좋고 동화를 들려주고 나서 유아가 흥미 영역에서 스스로 활용해 보기에 좋다. 융판 동화/자석 동화를 들려줄 때의 유의할 점은 다음과 같다.

첫째, 융판 동화/자석 동화는 등장인물이 점차 늘거나 줄어드는 구성의 이야기, 등장인물이 너무 많지 않은 그림책을 선정하여 만든다. 예를 들면, 『검피 아저씨의 뱃놀이』, 『야, 우리 기차에서 내려!』, 『장갑』, 『바람이 불었어』, 『커다란 순무』 등의 그림책이 적합하다. 둘째, 융판 동화/자석동화의 그림은 이야기의 내용에 적절한 배경이나 등장인물을 선택하여 크기를 잘 조절하여야 한다. 셋째, 배경판을 교사의 어느 쪽에 둘 것인지를 정하고 그림을 제작하며, 내용을 충분히 숙지하여 배경판에만 시선을 두면서 동화를 들려주는 일이 없도록 한다. 넷째, 한꺼번에 너무 많은 그림을 보여 주는 것은 내용 이해에 방해가 되므로 이야기의 흐름을 잘 파악하여 등장인물을 어떤 순서로 붙이면서 들려줄지 자료를 바구니에 정리해서 넣었다가 순서대로 붙이면서 들려준다.

[그림 2-4-4] 『그건 내 조끼야』에 기초한 융판 동화

[그림 2-4-5] 『무지개 물고기』에 기초한 자석 동화

D. 앞치마 동화

앞치마 동화는 융판 대신 교사가 융이나 부직포로 만든 앞치마를 입고, 이것을 배경으로 융판 자료를 앞치마에 붙여 가며 동화를 들려주는 것이다. 앞치마 동화도 유아의 집중도를 높여 주는 동화다. 앞치마 동화로 제작하기에 적절한 동화는 융판 동화와 자석 동화와 마찬가지로 등장인물의 수가 점차 늘어나거나 줄어드는 동화며, 등장인물의 수가 너무 적거나 너무 많으면 효과적이지 못하다. 배경색을 앞치마의 색으로 선택하는 것이 좋고, 앞치마에 주머니를 달아 그림 조각을 넣어 두었다가 꺼내어 사용하면 편리하다. 교사가 실연할 때 앞치마 아래 입은 옷의 색이 너무 눈에 띄거나 무늬가 있으면 동화를 들려줄 때 효과를 떨어뜨릴 수 있으므로 주의한다. 교사는 내용을 충분히 숙지하여 유아와 시선을 맞추며 들려줄 수 있도록 한다.

[그림 2-4-6] 『존 선생님의 동물원』에 기초한 앞치마 동화

E. OHP 동화

OHP(overhead projector) 동화는 TP(transparence: 무색투명 플라스틱판)에 그림을 그려서 스크린에 비춰서 보여 주는 동화다. 이는 작은 화면을 크게 보여 주는 장점이 있으며, 빛을 통과시키는 물체를 제물대 위에 올려놓으면 그 물체의 본래의 색이 나타나므로 더 생동감 있는 장면을 연출할 수 있다. 필름을 여러 장 겹쳐 일부 그림을 가리거나 펼쳐 보임으로써 새로운 요소를 쉽게 첨가하거나 제거할 수 있다. 그러므로 한 요소는 그대로 있고 다른 요소들이 계속 변화하는 동화가 이 매체에 적합하다.

제작을 위해 먼저, TP 자료에 유성 매직이나 마커로 그림을 그린다. 그림책 위에 필름을 덧대고 선을 따라 그림을 그리거나 OHP 필름에 그림책을 컬러 복사하면 질 좋은 그림을 편리하게 얻을 수 있다. 필름을 마운트라고 하는 틀에 끼워 두면 보관도 쉽다. 마운트가 없는 경우, 마닐라지를 사용하여 겉 테두리를 붙여 놓으면 자료를 오래 보관할 수 있다. 또한, 한 면의 마운트에 너무 많은 등장인물을 붙여 놓으면 자료가 엉킬 수 있으므로 마운트에 번호를 써넣는 것이 좋다.

교사는 동화를 들려줄 때 TP 자료를 조작하면서 들려줄 수도 있고 녹음기를 사용할 수도 있다. 교사가 들려줄 때는 작품을 완전히 숙지하고 교사 자신의 언어로 재화해서 들려줄 필요가 있다. 책에 있는 내용을 그대로 읽어주거나, 충분히 소화되지 않은 상태로 들려주면 TP 자료 조작과 더불어 어수선한 느낌을 주어 OHP 동화의 장점을 살릴 수가 없다.

[그림 2-4-7] 『옛날 옛날에 파리 한 마리를 꿀꺽 삼킨 할머니가 살았는데요』에 기초한 OHP 동화

F. 인형극

인형극이란 사람이 무대 위에서 연극을 하듯이 조형물인 인형에게 생명을 불어넣어 그것을 조종하고 연기하며 이야기를 꾸며 나가는 것을 말한다. 인형극은 유아의 상상력과 어휘력을 발달시키며 창조적인 사고력과 예술성 계발을 도와준다. 또한, 유아의 긴장을 풀어 주고 등장인물과 자연스럽게 대화하면서 동일시할 수 있게 해 준다.

인형극의 인형은 조작 방법, 조종 위치, 제작 시 사용되는 재료에 따라 여러 가지로 구분할 수 있다. 첫째, 줄 인형극은 인형의 각 부분을 줄로 연결하여 조종하는 인형극으로, 동작 연기를 할 수 있으나 제작과 조종에 상당한 기술이 필요하다. 둘째, 막대인형극은 인형의 중심을 막대로 지탱하는 인형으로, 얼굴 부분을 아주 정교하게 조종할 수 있고 관절의 움직임까지 자유롭게 표현할 수 있을 정도라 사실적 표현이 가능한 것이 특징이다. 셋째, 종이 인형, 병 인형, 스펀지 인형, 봉제 인형, 장갑 인형 등의 손 인형극에 사용되는 인형은 인형의 목을 통해 얼굴 부위를 손이나 손가락으로 잡아 조종하는 모든 인형을 총칭하며, 조종자가 직접 조종할 수 있어 조종이 그리 어렵지 않다.

이러한 인형극의 장점은 다음과 같다. 첫째, 유아에게 익숙하고 친숙한 인형으로 들려주는 인형극은 유아의 직관적 · 상징적 · 물활론적 사고에 적합하므로 유아 측의 적극적 참여를 가능하게 한다. 둘째, 인형극은 유아가 실제 의사소통 상황을 모방하여 상호 의사소통을 해 볼 기회를 주며, 카타르시스의 경험 및 사회적 기술을 연습할 기회를 준

[그림 2-4-8] 동물 손가락 인형

[그림 2-4-9] 『룰루』에 기초한 장갑 인형

다. 즉, 평소 부끄러움이 많은 유아도 인형을 통해 자신의 감정을 표현할 수 있는데, 이는 인형극이 유아 자신보다는 인형에게 초점이 맞추어지기 때문이다. 셋째, 인형극은 집중력을 높여 준다. 인형극은 유아의 호기심을 유발하기에 충분하고 다양한 움직임과 변화가 유아의 시선과 주의를 집중시킨다.

G. 멀티미디어 동화

최근 컴퓨터, 통신 매체 등을 활용한 멀티미디어가 일상생활에 널리 보급되면서 문학을 표현하는 양상이 달라지고 있고, 이에 따라 유아는 멀티미디어를 통하여 문학을 경험하고 있다. 과거에는 문자로 창작된 책을 통하여 느꼈던 감동과 깨달음을 오늘날에는 전자책, 플래시 동화, 영상과 음향 등의 디지털 매체를 통해 얻기도 한다. 이로써 유아들이 정보 소양을 자연스럽게 갖추게 된다는 긍정적인 측면도 있지만, 다른 한편으로는 인쇄 매체로부터 멀어지는 경향도 있다. 유아의 문학교육에서도 유사한 어려움이 초래될 수 있다. 유아가 인쇄된 자료보다는 컴퓨터, 인터넷 같은 매체를 더 친숙하게 여기게 되어 책 읽기를 멀리하고 문학에 대한 흥미를 잃을 수 있기 때문이다.

그러나 멀티미디어는 유아의 삶에 이미 깊이 관여하고 있고, 이러한 추세에 따라 유아발달에 적합하고 질적으로 우수한 멀티미디어를 교육과정에 통합하려는 노력이 이루어지고 있는데, 멀티미디어의 장점은 다음과 같다. 첫째, 다양한 멀티미디어 정보를 공유하고 시간과 장소에 따른 제한이 없으므로 유아가 부담 없이 자율적으로 학습할 수 있는 환경을 제공한다. 둘째, 유아의 작품에 대한 태도를 변화시키고 문학능력을 신장시킬 가능성이 있다. 셋째, 여러 매체의 속성을 모두 만족시키는 의사소통 매체다. 즉, 음성과 문자, 영상 언어를 모두 실현하는 다중 매체다. 넷째, 융통성과 다양성을 제공하여 개별화 교육을 가능하게 한다. 컴퓨터의 융통성 있는 구조는 개별 유아의 흥미와 학습 수준에 맞게 학습 내용을 선택할 수 있고 속도를 조절할 수 있다(Topping, 1997).

멀티미디어 동화로는 우선 파워포인트(Power Point), 포토샵(Photoshop) 등의 프로그램을 활용한 애니메이션 동화를 들 수 있다. 이것들은 컴퓨터에서 쉽게 제작하여 활용할 수 있으며, 유아에게 색다른 경험이 된다. 다음으로, 영상, 음성, 문자 등을 통합하여 인터넷이나 모바일 기기를 통해 제공하는 것으로 전자책, 플래시 동화 등이 있다. 이는 종이책과 같은 내용이면서 그림, 문장, 음성, 영화 등이 상호 연결되면서 제공되는 형태다.

특히, 과거 전자책은 종이책을 기반으로 하여 전자 문서로 옮기거나 멀티미디어 요소를 추가하여 구성하였으나, 최근에는 스마트폰이나 태블릿 pc 등이 등장을 하면서 애플리케이션에서 제작되는 콘텐츠 형태인 앱북 형태의 전자책이 등장하였다(유승환, 2013). 앱북(App book: application book의 약어)은 독립된 프로그램이 스마트 기기에서 구현이 가능한 것으로, 책의 기능이 있으면서 유아의 활동을 요구하는 다양한 인터렉션 요소(시각적인 이미지, 사운드, 움직임의 버튼)들로 구성이 되어 유아가 매체와 상호작용을 할 수 있도록 하는 등 새로운 향유방식을 제공한다.

유아를 대상으로 한 앱북에는 기본적으로 책의 기능이 있으며, 독자로서 다양한 참여를 할 수 있도록 구성되어 있다. 예를 들면, 다양한 표정 사진을 찍어 올려 자신이 직접 동화 속의 주인공이 되어 보는 체험을 할 수 있으며, 게임 요소들을 포함하여 유아들에게 흥미를 유발한다. 최근에는 여러 연구에서 앱북의 효과성을 알아보았는데, 등장인물의 움직임 등의 멀티미디어 특성으로 인해 유아의 주의 집중력이 향상되며, 상상력이 유발되고, 글을 읽지 못하는 유아에게 언어발달의 향상에 긍정적인 효과가 있는 것으로 나타났으며, 자기주도적이고 능동적인 학습에 긍정적인 효과가 있는 것으로 나타났다(김지선, 2015; 문영순, 2013, 박미희, 2013; 한은경, 2016).

그러나 앱북을 유아에게 제시해 줄 때의 유의점이 있다. 첫째, 앱북의 내용과 다양한 콘텐츠가 유아의 발달과 능동적인 탐색을 지원하고 있는가를 고려해야 한다. 둘째, 유아 중심의 관점과 유아 편에서의 선택, 활용이 가능한지를 고려해야 한다. 셋째, 너무 흥미 위주의 게임이나 오락적 요소를 많이 넣게 되면 동화 내용의 몰입도가 떨어질 수 있으므로 너무 많은 인터렉션을 주지 않는지를 생각해 보아야 한다. 넷째, 종이책에서의 문학적인 내용이 앱북에서도 충분히 반영되어 있는가를 살펴보아야 한다.

정리 및 탐구

1. 다양한 매체의 동화의 종류를 설명하고, 각 종류의 동화를 들려줄 때의 유의 사항을 설명해 봅시다.
2. 매체별로 들려주기에 적합한 동화를 선정해 봅시다.
3. 그림책과 다양한 매체를 통해 동화를 들려주고 유아들의 반응을 비교해 봅시다.
4. 전자그림책을 대여해 주는 도서관을 찾아봅시다.
5. 다양한 종류의 전자그림책을 찾아보고 경험해 봅시다.

CHAPTER 5.

문학활동 계획안

그림책을 읽어준 후에 할 수 있는 문학활동은 교사가 그림책과 유아의 특성을 고려하여 미리 계획할 수도 있고, 유아에게 책을 읽어주는 동안 발현된 유아의 흥미에 기초하여 유아와 함께 선택할 수도 있다. 문학활동을 하면서 유아는 그림책을 다시 볼 기회가 생겨 그림책에 더 흥미를 갖게 되고, 그 책의 의미를 재구성하게 된다. 그렇다고 읽어주는 그림책마다 매번 문학활동을 해야 하는 것은 아니다. 오히려 그림책을 읽을 때마다 비슷한 활동을 습관적으로 하게 되면 유아는 상투적 문학활동에 부담을 느낄 수 있고 심지어 그림책 읽기조차 흥미를 잃을 수 있으므로 주의해야 한다. 문학활동을 함으로써 해당 그림책을 다시 찾아 읽으며 그림책에 더욱 흥미를 느끼면서 새로움을 더할 수 있는 의미 있는 경험이 될 수 있도록 하는 활동을 선별해서 하도록 한다. 문학활동 계획안은 다음과 같은 형식에 따라 생각해 볼 수 있으며, 예시 순서는 앞서 제시한 문학단원 또는 문학작품 교수계획안에(pp. 254–264) 초록색으로 표시된 활동명의 순서를 따랐다.

제목 바꿔 책 만들기

활동영역 창작

활동목표 그림책의 등장인물과 유아의 사진을 붙여서 그림책을 만든다.

활동자료 『잠자는 책』 그림책, 각 유아 사진을 붙인 표지, 코팅된 동물 그림

연　　령 1~2세

활동방법

〈도입〉

1. 『잠자는 책』을 보면서 내용을 회상한다.
    - 이 그림책에 어떤 동물이 나왔니?
    - 동물들이 어떻게 하고 있니?

〈전개〉

2. 그림책 속 동물 그림 재료와 그림책을 함께 보여 준다.
    - 동물 그림은 『잠자는 책』의 등장인물임을 알려 준다.
    - 동물 그림을 보며 무슨 동물인지 확인한다.
3. 각자 자기 사진이 붙은 표지가 있는 종이 꾸러미에 동물 그림을 차례로 놓아 본다.
    - 어떤 동물을 고르고 싶니?
    - 비둘기를 골랐구나.
    - 완성된 'ㅇㅇ의 잠자는 책'을 넘기며 "ㅇㅇ가 잠을 자요." 문형을 적용하여 읊어 본다.

〈마무리〉

4. 완성된 책을 유아와 함께 본다.
   - '○○의 잠자는 책'을 만들면서 어땠는지 이야기 나눈다.

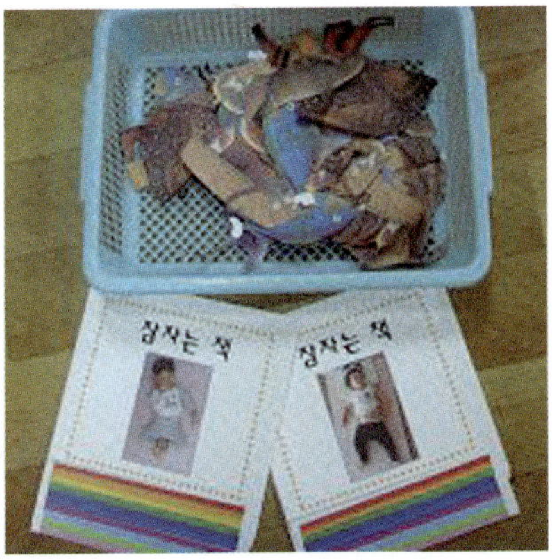

○○의 잠자는 책 만들기

다른 인물이 등장하는 동극 대본 짓기

활동영역 창작

활동목표 동물들의 입장이 되어 생각하는 경험을 한다.
자기 생각을 적절한 언어로 표현한다.
활동을 통해 작가의 입장이 되어 생각하는 경험을 한다.

활동자료 『야, 우리 기차에서 내려!』 그림책, 동극 대본 쓸 종이, 사인펜

연　　령 3~5세

활동방법

〈도입〉

1. 유아들과 그림책의 내용을 회상하며 이야기를 나눈다.
   - 여기에 나오는 동물들은 어떤 동물들이었니?
   - 기차에 어떤 동물들을 태워 주었니?
   - 동물들은 왜 기차를 태워 달라고 이야기했니?

〈전개〉

2. 유아들과 함께 그림책의 등장인물을 바꾸어 본다.
   - 그림책에 등장한 동물들 말고 또 어떤 동물들을 기차에 태워 주면 좋을까?
   - 그 동물들은 기차에 타서 어떤 말을 했을까?
   - 너희들이 말한 이야기를 가지고 동극을 해 보면 어떨까?

3. 유아들과 함께 등장인물을 바꾸어 동극 대본을 지어 본다.
  - 동극 대본에 등장하는 등장인물을 누구로 바꿔 보면 좋겠니?
  - 등장인물들은 어떤 이야기들을 했을까?
  - 이 기차는 동물들을 태우고 어디로 가면 좋겠니?
  - 너희들이 말한 내용으로 동극을 하려면 무엇이 필요할까?

〈마무리〉

4. 유아들이 지은 동극 대본을 소개한다.
  - 친구들과 함께 지은 동극 대본을 들어 보자.
  - 『야, 우리 기차에서 내려!』 그림책의 내용과 어떤 점이 다르니?
  - 어떤 부분이 재미있었니?

피터는 어떤 아이인가?

활동영역 비평

활동목표 그림책 속 주인공의 성격을 말할 수 있다.

활동자료 『눈 오는 날』, 『휘파람을 불어요』, 『피터의 의자』, 『피터의 편지』 그림책, 유아들의 생각을 적을 활동지, 색연필

연 령 4~5세

활동방법

〈도입〉

1. 유아들과 에즈라 잭 키츠의 피터가 등장하는 그림책에 관해 이야기를 나눈다.
   - 피터가 주인공으로 나온 그림책을 보면서 어떤 생각이 들었니?
   - 이 그림책을 지은 작가는 피터를 어떤 아이라고 생각했을까?

〈전개〉

2. 주인공 피터에 관해서 이야기 나눈다.
   - 그림책에 등장하는 피터는 어떤 아이인 것 같니?
   - 왜 그렇게 생각하니?
   - 피터에게 해 주고 싶은 말이 있니?
3. 피터는 어떤 아이인지에 대해 종이에 적어 본다.

〈마무리〉

4. 유아들과 나와 친구들이 생각한 피터에 대해 말해 본다.
    - 피터는 어떤 아이였니?
    - 다른 그림책의 주인공과는 어떤 점이 다르다고 생각하니?

주인공 피터의 성격 적어 보기

루이를 기쁘게 해 줄 수 있는 인형극 공연하기

활동영역 창작

활동목표 그림책의 내용을 이해한다.
책을 통해 이해하고 느낀 것을 인형극을 통해 표현하는 경험을 한다.

활동자료 『내 친구 루이』 그림책, 인형극에 필요한 소품, 인형극 틀

연　　령 4~5세

활동방법

〈도입〉

1. 『내 친구 루이』를 보면서 이야기 나눈다.
   - 그림책에 등장하는 루이를 보면 어떤 생각이 드니?
   - 루이가 인형극에 나오는 구씨를 왜 좋아했을까?
   - 루이가 보았던 인형극은 어떤 내용이었을까?
   - 너희가 그림책 속 친구들이라면 루이에게 어떤 인형극을 보여 주고 싶니?

〈전개〉

2. 인형극을 어떻게 제작하면 좋을지 이야기 나눈다.
   - 루이에게 보여 주고 싶은 인형극을 제작하려면 무엇이 필요할까?
   - 루이를 기쁘게 해 줄 수 있는 인형극의 내용은 어떤 내용이면 좋겠니?
3. 인형극 대본을 짓는다.
4. 인형을 제작한다.
5. 유아들과 인형극을 해 본다.
   - 인형극의 시작을 어떻게 알릴 수 있을까?

〈마무리〉

6. 인형극을 마친 후 평가를 한다.

- 루이를 위해서 인형극을 해 보니까 어떤 기분이 드니?
- 루이는 인형극을 보면서 어떤 마음이었을까?

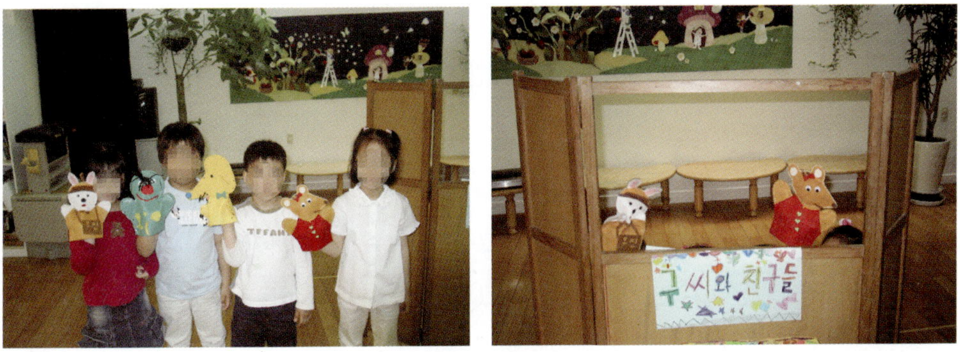

인형극 하기

신기한 그림책을 만들어요

활동영역 창작

활동목표 그림책의 특징을 이해하고 감상한다.
그림책의 특징을 서로 비교할 수 있다.
그림책을 창의적으로 만들 수 있다.

활동자료 앞뒤로 시작하는 그림책(『도깨비 방망이』, 『내가 찾던 바로 그 강아지/내가 찾던 바로 그 아이』), 똑바로 거꾸로 그림책(『휘리리후 휘리리후』, 『기묘한 왕복여행』), 숨은그림찾기 그림책(『동강의 아이들』, 『숲 속에서』, 『아슬아슬한 여행』, 『앵무새 열 마리』), 구멍 뚫린 그림책(『요셉의 작고 낡은 오버코트가…?』, 『산양을 따라갔어요』), 긴 모양 그림책(『도깨비와 범벅장수』, 『100층짜리 집』), 펼치는 그림책(『마고할미』, 『눈물바다』), 종이, 색연필, 사인펜

연령 4~5세

활동방법

〈도입〉

1. 여러 종류의 신기한 그림책을 관찰하며 이야기 나눈다.
   - 선생님이 들려준 그림책들을 가져왔는데 서로 다른 신기한 부분을 찾아보자.
   - 이 책은 어떤 점이 다르니?
   - 이 그림책들을 보면 어떤 느낌이 드니?

〈전개〉

2. 신기한 그림책의 특징에 관해 이야기 나눈다.
   - 찾기 놀이 그림책은 어떤 방법으로 그림책을 만든 걸까?
   - 그림책에 구멍을 뚫으니까 어떤 느낌이 드니?
   - 구멍 뚫린 그림책은 어떤 방법으로 만든 걸까?

3. 신기한 그림책을 만든다.
   - 여러 그림책 중에서 어떤 그림책이 재미있었니?
   - 작가처럼 신기한 그림책을 만들어 볼 수 있을까?
   - 내가 하고 싶은 것을 골라서 신기한 그림책을 만들어 보자.

4. 여러 가지 방법으로 그림책을 만든다.

〈마무리〉

5. 내가 만든 신기한 그림책을 소개한다.
   - 친구들이 만든 그림책을 보면서 어떤 느낌이 들었니?
   - 신기한 그림책을 만들면서 어떤 마음이 들었니?
   - 다음에 또 만들고 싶은 책이 있니?

앞뒤로 시작하는 그림책

접는 그림책

시리즈 그림책

글 없는 그림책

수수께끼 그림책

구멍 뚫린 그림책

걱정 인형 만들기

활동영역 이해 및 감상

활동목표 그림책을 감상하고 주인공의 마음을 이해한다.
걱정 인형을 통하여 자기 생각과 마음을 표현한다.

활동자료 『겁쟁이 빌리』 그림책, 목공용 풀, 일회용 순가락, 뽕뽕이, 털실, 색종이

연령 3~5세

활동방법

〈도입〉

1. 유아들과 그림책을 회상하며 이야기 나눈다.
   - 빌리는 왜 걱정이 많았니?
   - 빌리는 어떻게 걱정을 안 하게 되었니?
   - 만약에 내가 빌리라면 어떤 걱정거리를 인형에게 이야기해 주고 싶니?
   - 너희들도 빌리처럼 무서운 것이 있니?

〈전개〉

2. 걱정 인형을 만드는 방법에 관해 이야기를 나눈다.
   - 만약에 나에게 이런 걱정 인형이 있다면 어떨 것 같니?
   - 걱정 인형을 만들 재료를 보니 어떤 방법으로 만들고 싶니?
3. 걱정 인형을 만든다.
   - 이 재료로 인형의 어느 부분을 꾸며 주면 좋을까?
   - 나만의 걱정 인형을 만들어 보자.

〈마무리〉

4. 걱정 인형을 소개한다.
   - 걱정 인형을 만들어 보니 어떤 마음이 들었니?
   - 나만의 걱정 인형에게 무슨 이야기를 해 주면 좋을까?

걱정 인형

실베스터 부모님께 편지 쓰기

활동영역 이해 및 감상

활동목표 그림책의 내용을 이해한다.
등장인물의 마음이 되어 보는 경험을 한다.
등장인물에게 하고 싶은 말을 언어로 표현한다.

활동자료 『당나귀 실베스터와 요술 조약돌』 그림책, 편지지, 사인펜

연령 3~5세

활동방법

〈도입〉

1. 실베스터와 실베스터 부모님에 대해 생각하며 이야기를 나눈다.
   - 실베스터가 조약돌이 되었을 때 실베스터는 어떤 마음이었을까?
   - 부모님이 실베스터가 집에 돌아오지 않을 때 어떤 마음이었을까?
   - 실베스터와 가족들을 생각하면 어떤 느낌이 드니?
   - 왜 그렇게 생각하니?

〈전개〉

2. 실베스터와 실베스터 부모님에게 하고 싶은 말을 생각하며 이야기 나눈다.
   - 실베스터에게 어떤 말을 해 주고 싶니?
   - 실베스터 부모님께 어떤 말을 해 드리고 싶니?
   - 왜 그런 이야기를 해 주고 싶니?

3. 실베스터와 실베스터 부모님께 편지를 쓴다.

〈마무리〉

4. 실베스터와 실베스터 부모님께 편지를 쓰면서 느낀 점에 관해 이야기 나눈다.

- 편지 내용을 읽어 본다.
- 그림책의 등장인물이 너희들이 보낸 편지를 읽으면 어떤 마음이 들까?

도서관 놀이

활동영역 이해 및 감상

활동목표 그림책을 통해 도서관에 대해 안다.
도서관 놀이를 통해서 그림책의 종류와 그림책의 소중함을 안다.

활동자료 『도서관』, 『도서관에 간 사자』, 『도서관의 비밀』, 『도서관에서는 모두 쉿!』, 『도서관에 간 여우』

연 령 3~5세

활동방법

〈도입〉

1. 그림책에 나온 도서관은 어떤 곳인지 이야기 나눈다.
   - 그림책에 등장한 도서관은 어떤 곳이었니?
   - 그림책에 나온 도서관에는 어떤 것들이 있었니?

2. 우리 지역사회에 있는 도서관과 그림책의 도서관은 어떻게 다른지 이야기 나눈다.
   - 우리가 다녀온 도서관은 어떤 종류의 책들이 있었니?
   - 책 속의 도서관과 어떻게 달랐니?
   - 어떤 종류의 책이 있었니?
   - 어떤 분들이 도서관에 있었니?
   - 도서관에서는 어떤 점을 조심해야 했니?

〈전개〉

3. '도서관 놀이'에 필요한 것에 관해 이야기 나눈다.
   - 우리 반에 도서관을 만들면 어떤 도서관을 만들고 싶니?
   - 어떤 친구들을 초대하고 싶니?
   - 도서관 놀이에 필요한 것은 무엇이 있을까?

4. 도서관 놀이에 필요한 것을 만들고 준비한다.
   - 책의 종류를 어떻게 나누면 좋을까?
   - 책 빌리기를 어떤 식으로 할 수 있을까?

5. 도서관 놀이를 한다.

〈마무리〉

6. 도서관 놀이를 한 후 평가를 한다.
   - 도서관 놀이를 하면서 어떤 마음이 들었니?
   - 활동에서 즐거웠던 점, 아쉬웠던 점을 이야기해 보자.

도서관 견학

그림책 종류 브레인스토밍

도서관 놀이

구름 나라 뒷이야기 짓기

활동영역 창작

활동목표 그림책의 내용을 이해한다.
작가가 되어 창의적으로 작품을 만들어 본다.

활동자료 『구름 나라』 그림책, 이야기를 지을 종이, 사인펜, 색연필

연 령 3~5세

활동방법

〈도입〉

1. 『구름 나라』의 특징에 관해 이야기를 나눈다.
   - 『구름 나라』는 다른 그림책과 어떻게 다르니?
   - 그림의 배경과 그림이 어떻게 그려져 있니?

〈전개〉

2. 『구름 나라』의 뒷이야기에 관해 이야기를 나누어 본다.
   - 앨버트가 구름 나라에 갈 수 있는 주문을 알아냈을까?
   - 너희가 앨버트라면 다시 구름 나라에 가고 싶니?
   - 너희가 작가라면 구름 나라 뒷이야기를 어떻게 짓고 싶니?

3. 그룹으로 모여 구름 나라 뒷이야기를 지어 본다.
   - 구름 나라 뒷이야기를 지어 보자.
   - 그림책의 앞표지와 뒤표지는 어떻게 하면 좋을까?
   - 그림을 어떤 방법으로 그리면 좋을까?

〈마무리〉

4. 구름 나라 뒷이야기 책을 소개한다.
- 친구들이 지은 뒷이야기를 들으니까 어떤 느낌이 드니?
- 『구름 나라』하고 어떤 부분이 같고, 어떤 부분이 다르니?
- '구름 나라 2탄' 그림은 어떻게 그려졌니?

'구름 나라 2탄' 앞표지

'구름 나라 2탄' 뒤표지

콜라주 형식의 그림

파랑이와 노랑이의 표정 그려 넣기

활동영역 이해 및 감상

활동목표 그림책의 내용을 이해한다.
등장인물의 입장이 되어 마음을 표현할 수 있다.

활동자료 『파랑이와 노랑이』 그림책, 각 장면의 그림이 있는 활동지, 사인펜, OHP 필름, 유성 매직

연　령 4~5세

활동방법

〈도입〉

1. 『파랑이와 노랑이』 그림책을 회상한다.
   - 이 그림책의 내용을 기억하니?
   - 그림만 보면서 어떤 일이 일어났는지 생각해 보자.
2. 그림책의 특징에 관해 이야기 나눈다.
   - 이 그림책은 다른 그림책과 어떻게 다르니?
   - 이런 그림에 대한 느낌은 어떠니?
   - 너희들이 그림책을 만드는 작가라면 어떻게 그림을 표현해 볼 수 있을까?

〈전개〉

3. 그림책의 장면에 어울리는 표정에 관해 이야기 나눈다.
   (여러 컷의 장면을 보여 주면서)
   - 이 장면에서 파랑이는 어떤 마음이 들었을까?
   - 엄마, 아빠가 파랑이와 노랑이를 알아보지 못했을 때 어떤 마음이었을까?
   - 파랑이, 노랑이가 다시 자신의 색을 찾았을 때는 어떤 기분이었을까?
   - 너희가 이 장면의 그림에 표정을 넣어 준다면 어떻게 그리고 싶니?

4. 그림책 장면에 표정을 그려 넣는다.
   - 너희가 그림책에 나오는 등장인물이라면 어떤 표정을 짓고 싶은지 그려 보자.

5. 표정이 그려진 '파랑이와 노랑이' 이야기를 들어본다.
   - 너희들이 표정을 그린 '파랑이와 노랑이' 그림책을 감상해 보자.

〈마무리〉

6. 유아들과 활동을 마친 후 이야기 나눈다.
   - 너희들이 표정을 그려 넣어 준 그림책과 작가가 그린 그림책의 느낌이 어떻게 다르니?

괴물 나라 꾸미기

활동영역 창작

활동목표 그림책의 배경에 관심을 갖는다.
여러 가지 재료를 사용하여 상상한 것을 창의적으로 표현한다.

활동자료 『괴물들이 사는 나라』 그림책, 종이, 사인펜, 색연필, 상자, 천

연　　령 3~5세

활동방법

〈도입〉

1. 그림책의 내용을 회상하며 이야기 나눈다.
   - 맥스가 여행했던 괴물 나라는 어떤 곳이었니?
   - 괴물 나라에서 만난 괴물들은 어떤 느낌이었니?

〈전개〉

2. 유아들과 괴물 나라에 관해서 이야기 나눈다.
   - 너희들이 맥스가 되어 괴물 나라에 간다면 괴물 나라가 어떤 곳이었으면 좋겠니?
   - 괴물 나라에는 어떤 것들이 있을 것 같니?
3. 괴물 나라 꾸미기를 할 때 필요한 것에 관해 이야기 나눈다.
   - 우리 교실에 괴물 나라를 꾸미기 위해서는 무엇을 준비해야 할까?
   - 괴물들에게 필요한 것은 무엇일까?
   - 괴물들은 어떤 집에 살고 있을까?
   - 괴물들이 사는 곳을 어떻게 알릴 수 있을까?
4. 유아들과 역할을 나누어 괴물 나라에 필요한 것들을 만들어 본다.

〈마무리〉

5. 유아들과 함께 만든 괴물 나라에서 놀이해 본다.
   - 괴물 나라에서 놀이를 해 보니 어떤 기분이 들었니?
   - 어떤 역할이 가장 재미있었니?
   - 괴물 나라에서 어떤 일들이 있었니?

괴물나라 꾸미기

괴물 가면

파도야 놀자

활동영역 이해 및 감상

활동목표 그림책의 내용을 이해한다.
파도의 모습을 신체로 표현할 수 있다.

활동자료 『파도야 놀자』 그림책, 파도 소리 음원

연　　령 3~5세

활동방법

〈도입〉

1. 유아들과 『파도야 놀자』 그림책의 그림을 다시 보며 회상한다.
   - (주인공이 파도에 다가가지 못하고 바라보기만 하는 장면) 이것은 어떤 장면이었니?
   - (주인공이 파도에게 쫓기는 장면) 이 장면을 보면서 어떤 생각이 들었니?
   - (주인공이 파도처럼 큰 몸짓하는 장면) 주인공은 파도에게 어떻게 했어?
   - (주인공이 파도를 놀리는 장면) 주인공은 어떤 마음이었을까?
   - (주인공이 파도와 노는 장면) 주인공이 어떻게 파도와 즐겁게 놀 수 있었을까?

〈전개〉

2. 유아들과 주인공이 되어 그림책의 장면을 따라 해 본다.
   - 너희가 만약 주인공이라면 파도와 어떻게 놀이하고 싶니?
   - 그림책 장면 중 어떤 장면을 따라 해 볼 수 있을까?

3. 그림책 속 파도와 주인공이 되어 신체로 표현한다.
(양 팀으로 나누어 한 팀은 주인공, 한 팀은 파도가 되어 그림책 내용을 표현한다.)
- 그림책 속에 파도와 주인공이 될 팀을 정해 보자.
- 그림책 속 파도는 어떻게 움직였니?
- 그림책 속 주인공은 어떤 몸짓을 했니?
- 내가 그림책 작가라면 파도와 주인공이 어떻게 다르게 움직여 보게 할 수 있을까?

〈마무리〉

4. 유아들과 신체표현을 회상하며 이야기 나눈다.
- 어떤 장면을 표현해 보니 재미있었니?
- 파도와 주인공이 되어 보면서 어떤 느낌이 들었니?

산타 할아버지가 탄 교통기관 카드 게임 만들기

활동영역 이해 및 감상

활동목표 그림책의 내용이 담긴 게임을 만들어 즐긴다.

활동자료 『크리스마스 선물』 그림책, 하드보드지, 마닐라지, 사인펜, 색연필

연　　령 3~5세

활동방법

〈도입〉

1. 유아들과 그림책의 내용을 회상해 본다.
   - 산타 할아버지가 크리스마스 선물을 주기 위해 타고 가셨던 교통기관을 보고 게임을 만들어 보고 싶다고 했지?
   - 어떤 방법으로 게임을 만들어 보면 좋을까?
   - 또 다른 방법으로 게임을 만들 수 있을까?

〈전개〉

2. 게임을 만드는 데 필요한 것에 관해 이야기를 나눈다.
   - 너희들이 생각한 방법으로 게임을 만들려면 무엇이 필요할까?
3. 유아들과 역할을 정하여 게임을 만들어 본다.
   - 누가 그림을 그려 주면 좋겠니?
   - 종이는 어떤 친구가 잘라 주면 좋을까?
4. 유아들이 만든 게임으로 활동을 해 본다.

〈마무리〉

5. 유아들과 게임을 해 본 후 이야기 나눈다.

- 너희들이 생각한 방법으로 게임을 해 보니까 어떠니?
- 게임을 재미있게 하려면 어떤 규칙을 지켜야 할까?
- 또 다른 방법으로 게임을 할 수 있을지 생각해 보자.

교통기관 카드 뒤집기 게임

미키 빵 만들기

활동영역 요리

활동목표 빵을 직접 만들어 먹어 본다.
재료의 이름과 특성을 안다.
시각, 후각, 미각을 통해 재료를 탐색한다.

활동자료 『깊은 밤 부엌에서』 그림책, 밀가루, 설탕, 소금, 이스트, 우유, 식용유, 큰 그릇, 계량컵, 접시, 오븐, 요리사 모자, 요리 순서표

연　　령 4~5세

활동방법

〈도입〉

1. 그림책에서 관심을 보인 빵 만들기에 관해 이야기 나눈다.
   - 미키가 가져다준 우유로 빵을 만든다면 어떨 것 같니?
   - 너희들이 만든 빵을 먹는다면 어떤 느낌이 들 것 같니?
   - 아저씨들은 빵을 만들기 위해 어떤 재료를 넣었지?
   - 아저씨들 표정을 보니 어떤 마음으로 빵을 만드는 것 같니?
   - 우리는 반죽을 저으며 뭐라고 외칠까? 어떤 노래를 부르면 좋을까?

〈전개〉

2. 빵 만들기에 필요한 재료와 도구에 관해 이야기 나눈다.
   - 빵을 만들려면 무엇이 필요할까?

3. 빵 요리 재료를 탐색한다.
   - 이것은 무엇일까?
   - 어떤 냄새(맛, 촉감)가 나는 것 같니?

4. 요리 순서표에 따라 빵을 만든다.
   - 아저씨들처럼 위생 모자를 쓰고 요리사처럼 빵을 만든다.
   - 아저씨들처럼 즐겁게 박자를 맞춰 노래하며 만든다.

〈마무리〉

5. 빵을 먹어 본다.
   - 맛이 어떠니?
   - 만들면서 어떤 점이 재미있었니?

말풍선에 들어갈 말 짓기

활동영역 창작

활동목표 그림책의 내용을 이해하여 말풍선에 들어갈 등장인물의 생각을 표현할 수 있다.

장면에 새로운 인물을 덧붙여 상상한 이야기를 지어 말할 수 있다.

활동자료 『내 토끼 어딨어?』 그림책, 흑백 배경과 다양한 표정의 등장인물들 스캔 사진, 말풍선

연　령 3~5세

활동방법

〈도입〉

1. 그림책을 회상하며 유아들과 이야기 나눈다.
   - 그림책을 보면서 어떤 부분이 가장 기억에 남았니?
   - 이 그림책은 다른 그림책과 어떤 점이 다르니?
   - 이 그림책 보고 어떤 활동을 해 보고 싶었니?

〈전개〉

2. 그림책의 특징을 살려 하고 싶은 활동에 관해 이야기 나눈다.
   - 선생님이 그림책에는 없는 배경 사진들을 가져왔어.
   - 또 어떤 재료들이 있니? (흑백 배경과 다양한 표정의 등장인물 스캔 사진, 말풍선)
   - 이 재료들로 어떤 활동을 해 보면 좋겠니?

3. 말풍선에 들어갈 수 있는 말을 유아들과 함께 생각한다.
   - 왜 이 사진을 골랐니?
   - 등장인물들이 어떤 이야기를 했을까?
   - 더 붙이고 싶은 인물이 있니? 그는 무슨 말을 했을까?

〈마무리〉

4. 자신이 만든 작품을 소개한다.
   - 누가 나와서 자신의 작품을 소개해 줄 수 있겠니?
   - 친구들이 소개하는 것을 보니까 어떤 마음이 들었니?
   - 너희들이 직접 작가가 되어 꾸며 보니까 어땠니?

정리 및 탐구

1. 연령별로 적합한 그림책을 한 권 선정하고, 그것으로 할 수 있는 문학활동 계획안을 작성해 봅시다. (이해 및 감상, 비평, 창작을 위한 계획안을 각각 작성)

CHAPTER 6.

문학수업의 실제

※ 이 장은 국회 제2어린이집에서 실시한 문학수업 내용을 재구성한 것임

본 장에서는 유아교사가 문학수업을 위한 여러 교육활동 과정에서 참고할 수 있는 예시를 제시하였다. 그림책 『알사탕』을 중심으로 문학수업을 하는 전체 과정을 제시하였는데, 여기에는 그림책의 선정부터 문학단원 또는 문학작품 교수계획안 작성, 단계별 읽어주기 전략 세우기, 그림책 읽어주기, 문학활동 계획안 작성, 문학활동 실행이 포함되어 있다. 이 모든 과정이 그림책을 읽어줄 때마다, 문학활동을 할 때마다 필요한 것은 아니다. 그러나 유아의 그림책과 문학활동에 대한 반응을 이해하거나 활성화하거나 다음에 읽어줄 그림책이나 문학활동을 준비하는 데 도움이 될 수 있으므로 유아교사는 각 원의 사정과 유아에게 맞게 필요한 부분의 내용을 필요한 정도로 선택해서 사용하도록 한다.

I 그림책의 선정

2부 3장의 '정리 및 탐구'에서 제시한 포맷(p. 265)에 따라 『알사탕』 그림책을 평가하면 다음과 같다.

그림책 서지 정보		
	**제목:** 알사탕	**원제:** –
	작가(글, 그림): 백희나	**역자:** –
	출판사: 책읽는곰	**출판일자:** 2017. 3. 25.
	대상연령: 만 4~5세	
	책 소개 또는 줄거리: 동동이가 여러 색의 마법의 알사탕을 먹을 때마다 소파, 강아지 구슬이, 아빠, 할머니, 자연의 소리를 들을 수 있게 된다. 이렇게 물건과 동물, 가족, 자연의 소리를 들으며 마음이 자란 동동이는 새로이 친구도 사귀게 된다.	

그림책 선정 이유	
작품성	• 물건이나 동물, 자연의 소리나 아빠의 속마음, 돌아가신 할머니의 마음도 들을 수 있는 특별한 사탕을 소재로 한 것이 신선함. • 실물모형과 인형으로 만든 후 사진으로 찍어 유아들의 일상을 표현한 장면은 친근함과 함께 참신한 느낌을 줌. 2차원적인 평면 그림책 이야기가 입체적으로 전달되는 느낌이 듦. • 그림책 속 주인공 내레이션의 종결어미는 '~다'인 반면, 알사탕 무늬와 같은 속성을 지닌 대상들의 말은 구어체로 구분하고 있음. • 아이와 대화를 나누는 대상들의 말소리를 다른 모양, 다른 크기의 글자로 써서 마치 실제로 크거나 작은 소리로 옆에서 이야기하는 것과 같은 느낌을 줌.
대상성	• 어린 유아보다 만 4~5세 이상의 유아에게 적합한 경험 수준임. 특히, 아빠가 잔소리하는 부분이 그러함. 그러나 아빠의 잔소리 외에는 더 어린 유아들도 이해할 수 있는 경험 수준을 제공하여 유아들에게 수준을 조절하여 이야기를 들려줄 수 있음. • 혼자 놀고 싶은 마음이 왜 생기는지, 유아들은 무엇을 듣고 싶은지, 그리고 유아들에게 마법과 같은 일이 일어났을 때 어떤 표정을 지을지를 주인공 동동이를 통해서 잘 전달하고 있음. 즉, 유아들의 동심이 잘 반영된 그림책임. • '사탕을 먹고 어떤 일이 생겼을까?'의 질문을 던지며 이야기에 집중할 수 있게 만드는 그림책임. 유아들이 좋아하는 사탕을 먹으면서 환상적 경험을 하는 내용이므로 유아들에게 실제로 일어날 것 같은 호기심과 흥미를 자극함.
교육성	• 사물이나 동물, 자연 등이 말을 하고 이들의 소리를 듣는 신기한 경험을 간접적으로 해 봄으로써 유아는 문학이 주는 즐거움, 감동, 기쁨을 느낄 수 있음. • 사진 그림으로 되어있어 유아들이 기존의 그림책과는 색다른 예술적 경험을 할 수 있음. • 평소 유아가 불만하던 대상들의 진정한 마음이 무엇일지 생각해 보고, 그 안에 자신에 대한 사랑이 얼마나 크게 있는지 새롭게 인식하는 기회를 제공함. 아빠의 흘러넘치고도 남는 '사랑해, 사랑해' 속마음 이야기를 듣는 것만으로도 아이들의 마음은 정화되고, 행복감을 느낄 수 있음. • 실제로 이야기를 나눌 수 없는 사물이나 동물, 자연, 가까이 있으면서도 진심을 공유하기 어려운 가족이나 친구들과 진정한 대화를 나누는 방법을 보여 줌으로써 유아들에게 진심의 대화를 나눌 수 있는 주변의 대상들을 다시 바라볼 수 있게 도와줌. 또한, 자신을 존중하고 아끼는 마음과 더불어 주변의 가족과 친구들의 진정한 마음을 느끼고, 함께 더불어 사는 사회적 관계의 긍정적 경험을 제공해 줌. • 자기 생각을 말로 전달하는 인물들의 이야기를 들으며 듣기, 말하기에 흥미를 갖고, 다양한 글자체와 문어/구어체로 구성된 글씨를 읽는 것에 호기심을 갖게 됨.

Ⅱ 교수계획안 작성

2부 3장의 Ⅶ. 교수계획안 부분에서 제시한 방식에 따라 『알사탕』에 대해 하위 단원이 있는 문학작품 교수계획안과 하위 단원이 없는 문학작품 교수계획안을 짜면 다음과 같다.

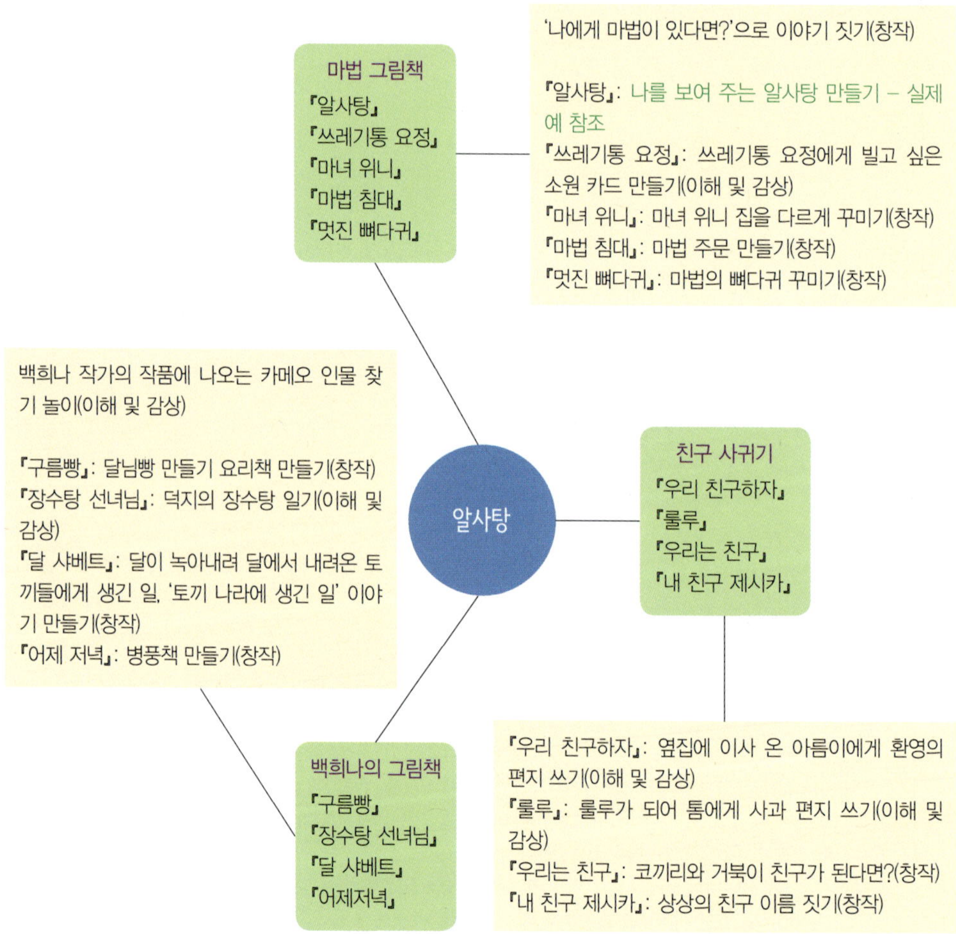

[그림 2-6-1] 『알사탕』 문학작품 교수계획안(하위 범주가 있는 경우)

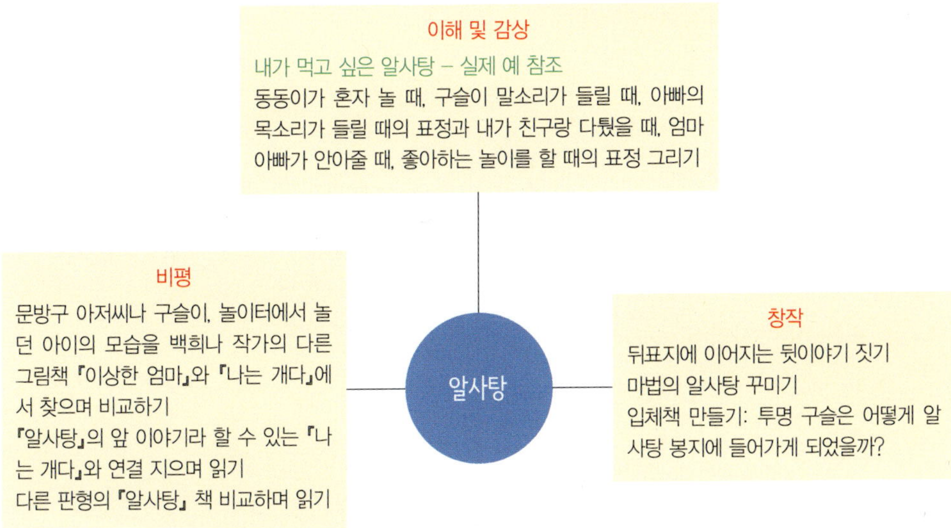

[그림 2-6-2] 『알사탕』 문학작품 교수계획안(하위 범주가 없는 경우)

Ⅲ 단계별 그림책 읽어주기 계획

2부 3장에서 단계별 읽어주기 계획의 예(pp. 249-251)로 든 『검피 아저씨의 뱃놀이』와 마찬가지로, 교사는 책을 읽어주기에 앞서 책을 어떻게 읽어주는 게 더 좋을지 생각해 본다. 유아가 책의 내용에 관심을 갖고 감상할 수 있게 적절한 질문, 상호작용 방법을 계획한다. 아래 예시에서 s는 본텍스트를 중심으로 책을 펼쳤을 때 나타나는 양쪽 펼침면을 말하며 spread의 약어이다.

A. 읽어주기 전

모두 그림책이 잘 보이는 자리에 앉을 수 있게 자리 정리를 하고 그림책을 소개한다.

① 제목을 소개한다.

- 이 책의 제목은『알사탕』이야.

② 표지의 그림을 보며 관련 경험이나 내용에 대해 예측한다.

- 너희는 어떤 사탕을 좋아해?
- 친구가 이것으로 무엇을 할까? 어떤 이야기일까?

③ 작가를 소개한다.

- 이 책은 백희나 작가가 글을 쓰고, 그림도 그리셨어. 혹시『구름빵』그림책을 아는 친구들이 있니? 그 책을 지으신 작가야.

B. 읽어주는 동안

그림책 장면이나 이야기에 대한 유아의 생각, 느낌, 질문이 자유롭게 나타나게 돕고 교사는 적절한 피드백을 한다.

① 글씨 크기에 따라, 말하는 인물 성격에 따라 다르게, 실감 나게 읽어준다.

② 새로운 사탕을 먹을 때마다 어떤 일이 생길지 기대하며 읽어준다.

- 앞면지: 여기가 어디일까? (잘 모르면 흐릿한 그림을 짚으며 놀이기구를 함께 살핀다.) 친구들은 모두 어디로 갔을까?
- 속표지: 이야기를 읽어준다.
- 3s: (이야기를 들려주기 전에 그림을 보며) 이 아이, 지금 어디 온 걸까? 장난감이랑 공이랑 구슬 같은 것이 있는 여기는 어디일까?
- 5s: (주인공 아이의 표정에 맞게, 다른 글자체로 적힌 소파의 말을 실감 나게 읽어

준다.) 친구의 이름이 동동인가? 누가 친구를 부르는 것일까?

- 6s: 주인공이 먹은 사탕과 소파의 무늬를 비교해 보고, 동동이의 놀란 표정에 맞게 이야기를 실감 나게 들려준다.
- 7s: 그렇다면…(본텍스트 글을 읽어준다.) 그렇다면 어떻게 된다는 걸까? (알사탕의 색이나 무늬랑 관련되는 대상이 있다는 걸 유아들이 동동이처럼 인지할 수 있을지 질문한다.) 이 사탕은 누구를 나타내는 무늬일까?
- 10s: 아빠 잔소리가 담긴 페이지는 아빠 말투로 유아의 경험과 관련된 부분만 선택적으로 들려준다.
- 11s: (작은 점 무늬 사탕) 이 사탕은 느낌이 어때? 사탕에 있는 까칠까칠한 것은 무엇 같니? 이 사탕을 먹으면 누구 소리가 들릴까?
- 12s: 누가 내는 소리일까? 소리가 동동이에게 가까워질수록 커지는 것 같아. (글자의 크기에 맞춰 소리의 크기를 조절하면서 읽어준다.)
- 17s: (손으로 떨어지는 낙엽의 '안녕' 소리를 짚으며 작은 목소리로 '안녕'이라고 읽는다.) 누구 목소리가 들리니? (낙엽/단풍)
- 18s: (장면 뒤쪽에 흐릿하게 그려진 친구의 모습을 유아가 인지할 수 있게 안내하며) 저기 누가 있어. 누구지? (친구)
- 뒷면지: 동동이와 친구는 이제 무엇을 할까? 어디로 갈까?
- 뒤표지: 어떤 그림이 있니? 여기는 어디일까? 여기 왜 킥보드랑 스케이트 보드가 있는 걸까?

C. 읽어준 후

책이 마음에 드는지, 어떤 부분이 마음에 드는지에 대한 감상을 나누고, 유아가 원하면 그림책을 그림 위주로 다시 살펴보며 이야기 나눈다. 읽는 동안 미처 나누지 못한 인물의 표정, 몸짓, 속마음, '나라면 어떨까', '나도 그런 적 있는가' 등에 대해 유아의 생각과 느낌, 상상 등을 나눈다.

- 동동이가 알사탕을 맛보았을 때 어떤 느낌이 들었을까? 너희도 사탕 먹는 것을 좋아하니? 가장 좋아하는 사탕은 어떤 맛과 모양을 가졌니?
- 이 책에 나오는 알사탕은 보통 사탕과 달랐지. 어떤 점이 특별했지? (다른 대상의 마음속 소리가 들리는 사탕)
- 2s: 동동이와 강아지(이 강아지 이름이 뭐였지?) 표정은 어때? 왜 이런 표정일까?
- 19s: 왜 이 투명한 사탕은 아무리 빨아도 아무 소리가 안 나는지 선생님도 모르겠는걸? 왜 그럴까?

Ⅳ 그림책 읽어주기 상호작용의 실제 예

다음은 『알사탕』을 실제 읽어주면서 교사와 유아가 나눈 상호작용의 내용과 각각에 대한 분석 내용이다. 유아의 반응은 1부 5장에서 설명한 5개의 반응(분석적, 상호텍스트적, 개인적, 동화된, 연행적 반응)에 따라 분석하였고, 교사의 반응은 2부 2장에서 설명한 교사의 8가지 역할과 2가지의 상호작용 유형(분석적, 경험적 접근에 기초한 질문)에 따라 분석하였다. 교사는 필요에 따라 유아와의 상호작용 내용을 적은 후 아래와 같은 포맷으로 스스로 분석, 평가해 봄으로써 문학활동을 할 때나 그림책을 읽어줄 때 그 내용을 반영하면 더욱 발전된 수업을 할 수 있게 될 것이다. 다음의 유아-교사 상호작용은 전사 내용의 일부이며, 처음 한 번 읽어주었을 때 나온 반응으로만 구성된 것이 아니다. 또한, 일부는 유아의 반응이나 교사의 반응에 대한 예시를 위해 유아의 반응에 기초하여 재구성하였음을 밝힌다. 그리고 기울여 쓴 글자체의 내용은 교사가 읽어주는 본문 내용이다. 여기서도 역시 s는 본텍스트의 양쪽 펼침면을 말하며, spread의 약어이다.

<table>
<tr><th colspan="2">■ 아이가 알사탕을 들고 있는 앞표지</th></tr>
<tr><th>유아-교사 상호작용</th><th>유아의 반응 분석</th></tr>
<tr><td rowspan="3">교사: (앞표지를 보여 주며) 책의 여기를 표지라고 하는데, 표지에 뭐가 보여?
유아: 사탕.
교사: 제목이 『알사탕』인데, 이 친구가 가지고 있는 게 뭘까? (알사탕) 맛있겠다. 너희들 사탕 좋아하니?
유아: 네. / 아니요. 전 사탕 싫어해요. 바삭바삭한 게 입에 막 끼어서 싫어해요. (중략)
교사: 이 책은 백희나라는 작가가 이야기도 만들고 그림도 그리셨대.
유아: 어느 나라 사람이에요?
교사: 한국 사람이야. 혹시 『구름빵』 본 사람?
유아: (모두 손을 든다.) 『구름빵』 지은 사람이랑 똑같은 사람이죠?</td><td>• 분석적 반응: 등장인물 및 주제가 되는 알사탕에 대해서 그림을 보고 인식하고 사탕, 알사탕 등 특정 단어에 대한 반응을 보임. / 저자의 출신 국가 정보 등에 대한 호기심을 보임.
• 상호텍스트적 반응: 저자의 다른 작품인 『구름빵』을 듣고 저자가 같은 사람인 것을 아는 반응을 보임.
• 개인적 반응: 주제가 되는 사탕이라는 텍스트를 “전 사탕 싫어해요. 입에 막 끼어서.” 등 자신의 삶과 관련지어 반응함.</td></tr>
<tr><th>교사의 반응 분석</th></tr>
<tr><td>• 분석적 질문: 그림책 표지에 누가, 무엇이 나왔는지 물어보는 질문을 통해 유아들이 주제와 인물 등에 관심을 갖도록 도움.
• 안내자 역할: ‘표지’라는 어휘를 알려 주며 읽어줌. 작가에 대한 안내도 덧붙임.
• 경험적 질문: 제목인 『알사탕』 및 작가가 지은 다른 책 『구름빵』 등을 본 유아의 개인적 경험에 기초한 질문을 통해 개별적인 반응을 확장함.</td></tr>
</table>

■ 흐릿하게 처리된 앞면지

<table>
<tr><th>유아-교사 상호작용</th><th>유아의 반응 분석</th></tr>
<tr><td rowspan="3">교사: (면지를 보며) 여기가 어디일까?
유아: 놀이터?!
교사: 그림이 잘 안 보이는데 어떻게 한 번에 알았어?
유아: 미끄럼틀. / 아파트 뒤나 앞에 있는 놀이터.
교사: 그런데 놀이터는 보이는데...
유아: 사람들은 안 보여요.
교사: 그래. 사람들은 모두 어디 갔을까?
유아: 몰라요. / 전부 집에 있겠죠. / 미세먼지가 많은가?
교사: 아! 미세먼지가 많은 날에는 밖에 사람이 없지? 진짜 그런가? 다 어디로 갔을까?
유아: 아니면, 저기 미끄럼틀 타려면 저 안에 들어가서 타잖아요. 거기 안에 숨어 있는 거 아니에요?
교사: 그럴 수도 있겠네.
유아: 아니면, 전부 사탕이 묻어서, 미끄럼틀인데 저게 다 사탕으로 만들어져서, 끈적끈적해서 못 들어가니까 없는 것 아니에요?
교사: 놀이터가 불편하거나 지저분하면 사람들이 없을 수도 있지.
유아: 아니면, 날씨가 너무 추워서 그런 거 아니에요?</td>
<td>• 분석적 반응: 면지의 그림이 주는 서사적 의미를 구성하는 반응으로, '빈 놀이터'라는 그림텍스트에 대한 가설 세우기, 배경에 대한 분석 등이 진행됨.
• 개인적 반응: 유아가 사는 주변 환경 및 자신의 삶과 관련지어 장소를 알아보고, 사람들이 안 보이는 이유를 '미세먼지', '추운 날씨' 등에 근거하거나 미끄럼틀 통 안에 있어서 안 보이는 것이라고 추측을 하는 등 개인 경험을 근거로 이야기에 의문 갖기처럼 텍스트에 삶을 연결 짓는 반응을 함.
• 상호텍스트적 반응: 『알사탕』이라는 책 제목과 연관 지어, 『헨젤과 그레텔』의 마녀 집과 같이 사탕으로 만들어진 미끄럼틀이라 끈적거려서 사람들이 없다고 함.</td></tr>
<tr><th>교사의 반응 분석</th></tr>
<tr><td>• 분석적 질문: "여기가 어디일까?" 등 분석적 접근법에 기초하여 질문함.
• 명료자/탐사자 역할: 그림이 잘 안 보이는데 놀이터인 줄 어떻게 알았는지 유아가 자신의 생각을 더 명료하게 답할 수 있게 질문함.
• 경험적 질문: "왜 사람들이 놀이터에 없을까?" 같이 유아의 개인 경험에 따라 다양하게 대답할 수 있는 열린 질문을 하여 유아들의 상상력과 경험과의 연계성을 높임.
• 수용자/격려자 역할: 놀이터에 왜 사람들이 없는지에 대한 유아의 생각을 수용함.</td></tr>
</table>

■ 3s: 동동이가 구슬이 필요해서 문방구에 간 장면

유아-교사 상호작용	유아의 반응 분석
교사: 혹시 여기가 어디인지 알겠어? 유아: 문구점. / 문방구. 교사: 너희들 어떻게 모두 문구점을 다 알아? 유아: 학용품 이런 거 있는 데. / 저는 문방구 가 본 적이 없어요. / 실뜨기를 사서 알아요. 교사: 그랬구나. 선생님도 문구점 또는 문방구라고 하는 여기를 엄청 좋아해. 여러 가지 예쁜 것도 많고 갖고 싶은 것도 많아서 어릴 때는 더 좋아했고. 유아: 문구점 가 본 적은 없어요. 교사: 아마 내년에 초등학교에 들어가면 가 볼 수 있을 거야. 초등학교 앞에는 꼭 문구점이 있거든.	• 개인적 반응: 문구점, 문방구를 경험해 본 유아들이 주변 배경을 통해 장소의 이미지를 연상하고, 장소 이름을 말할 수 있음. 그러나 경험이 없는 유아들은 관련 장소에 대한 경험을 밝힐 수 없는 한계를 보임. • 분석적 반응: 이야기의 시초가 되는 장소인 문구점, 문방구 등의 배경에 주목하게 됨. **교사의 반응 분석** • 분석적 질문: 배경에 대한 질문을 통해 유아들이 장소에 대해 인식하도록 도움. • 가교자 역할: 문구점에 대한 교사 자신의 추억을 연관 지으며 그림책 대화를 이어감. • 경험적 질문: 장소에 대한 경험이 있는 유아와 없는 유아가 문구점에 대해 느끼는 반응이 다름을 알고, 각기 다른 이해를 갖도록 안내함.

<table>
<tr><th colspan="2">■ 10s: 아빠의 잔소리 장면
■ 11s: 부엌의 아빠로부터 소리가 들리기 시작하는 장면
■ 12s: 부엌의 아빠로부터 소리가 더 크게 들리는 장면</th></tr>
<tr><th>유아–교사 상호작용</th><th>유아의 반응 분석</th></tr>
<tr><td rowspan="3">(10s 오른쪽 페이지의 아빠 말 읽어주기)
교사: 이 글씨는 다 뭘까? 이건 아빠가 동동이에게 하는 잔소린데 너무 기니까 조금만 읽어줄게!
유아: 아니에요. 다 듣고 싶어요. 엄청 많은 잔소리 다 해 주세요. 동동이도 듣고 싶을 거예요. / (아빠 목소리로) 동동아! 똥은 잘 치웠냐? 똥 잘 치웠냬. 하하.
교사: ○○가 정말 동동이 아빠 같다. 동동이 아빠가 오신 줄 알았는데?

(11s)
유아: (오른쪽 페이지의 ㅅㄹㅅ 글자를 보면서, 동동이에게) 잘 들어봐. 아빠 소리 들리지?
교사: 아빠가 말하는 것 같아? 아빠는 과연 뭐라고 하실까?

(12s)
교사: (아빠의 속마음, '사랑해사랑해......' 를 점점 더 큰 소리로 읽어줌.)
유아: 아! 아빠가 혼내실 줄 알았는데 하하하 '사랑해!'라고 하잖아. 깜짝 놀랐네.</td><td>• 개인적 반응: 교사의 안내에 따라 책 한 장 빼곡히 적힌 글씨가 모두 아빠의 잔소리라는 것을 안 후, 유아들은 놀라면서도 오히려 흥미롭다는 듯 내용을 기대함. 이는 부모와의 관계에서 유아들이 자주 경험하는 일이기 때문이라고 봄.
• 동화된 반응: 등장인물(아빠)이 되어 아빠처럼 동동이에게 잔소리하는 흉내를 냄. 또한, ㅅㄹㅅ 글자를 보고 동동이에게 아빠 소리가 들린다며 말을 건넴.
• 분석적 반응: 10s에서 무표정한 얼굴의 아빠로부터의 잔소리가 있었고, 11s에서 동동이가 꺼칠한 무늬의 알사탕을 입에 물고 불만을 토로했던 터라 아빠가 동동이에게 뭔가 부정적인 말을 하리라 예측했는지 '사랑해'라는 아빠의 마음속 소리에 자못 놀라는 반응을 보임.</td></tr>
<tr><th>교사의 반응 분석</th></tr>
<tr><td>• 스토리텔러 역할: 책 내용을 청자인 유아의 수준에 맞게 적절하게 끊어서 이야기를 들려주는 역할을 하고자 하였음.
• 수용자/격려자 역할: 유아가 동동이 아빠를 흉내내며 동화된 반응을 할 때 수용, 격려함.
• 분석적 질문: 동동이 아빠 소리가 들리는 것 같다는 유아의 반응에 어떤 말을 할 것 같냐며 추측해 보게 함.
• 낭독자 역할: 등장인물에 적합한 목소리로, 글자 크기에 맞는 소리로 읽어줌.</td></tr>
</table>

- 13s: 왼쪽에는 동동이가 아빠를 등 뒤에서 안는 장면, 오른쪽에는 분홍색 사탕 그림이 있는 장면
- 14s: 분홍색 사탕은 풍선껌이었고, 풍선이 터지자 할머니 목소리가 들림.
- 15s: 동동이가 풍선껌에서 할머니 목소리가 들리는 것을 알고 나서 식탁 밑에 풍선껌을 붙이는 장면

유아-교사 상호작용	유아의 반응 분석
(13s) 교사: *사탕이 몇 개 남지 않았다.* 아까 무슨 사탕이 있었지? 유아: 꺼칠꺼칠한 거. 교사: 앞으로 가서 다시 보자. 유아: 소파 사탕이랑 구슬이 사탕이랑 아빠 사탕. 교사: (4s 사탕 전체가 나온 장면을 보며) 여기 보면 소파 사탕, 구슬이 사탕, 아빠 사탕을 먹었어. 그러면 이제 사탕 3개가 남았네. (14s 오른쪽 아래 부분 읽어주기) 교사: *빵 터졌다. 그것도 내 귓가에서.* *동동아, 잘 지내지? 할머니 목소리다.* 유아: 아!! 할머니다!! (할머니 목소리로) 동동아~ 우리 강아지!! 아이고, 허리야... 우리 강아지, 할머니 언제 보러 오니? 교사: ○○는 동동이 할머니 목소리 들리니까 할머니 흉내를 냈구나! (15s 오른쪽 읽어주기) 교사: *풍선껌은 잘 뭉쳐서 식탁 밑에 붙여 두었다.* 유아: 으악! 껌을 식탁에 붙인대. 더럽게.. (동동이에게) 껌을 식탁에 붙이면 어떡해! 교사: 껌이 식탁에 그냥 붙어 버리면 어쩌지? 유아: 엄마 아빠가 청소하다가 찾을 것 같은데... 유아: 근데 풍선껌은 점점 딱딱해질 텐데. 저기 붙여 놓으면 다시 먹을 수 있어? 못 먹을걸? 저거 굳어서. 교사: 딱딱해진 풍선껌을 다시 불 수 있을까? 유아: 풍선껌이 굳으면 풍선 못 불걸요? 이제 할머니 소리도 안 들릴걸요?	• 분석적 반응: 점차 사탕이 줄어드는 가운데 새로운 사건을 만나는 이야기 구조를 이해하고 반응함. • 연행적 반응: 할머니를 소재로 창의적 연기를 행함. 내용의 흐름에 상관없이 '할머니'가 할 만한 말과 행동을 등장인물(동동이)과 친구들을 청중으로 의식하면서 상황극으로 연출함. • 동화된 반응: 등장인물(동동이)에게 말을 걺. 먹던 것을 식탁에 붙이는 행위에 대한 비난. 그리고 부모님의 반응을 예상하며 등장인물(동동이)에게 상황에 대한 경고로 말을 걺. • 분석적 반응: 책상 밑에 붙인 풍선껌은 시간이 지나면 결국 굳을 것이라는 예상, 풍선껌의 풍선이 커져야 할머니 이야기가 들릴 텐데 풍선껌이 굳으면 그렇지 못할 거라는 예상을 함. 즉, 이야기의 진행과 의미를 구성하는 반응을 보임. **교사의 반응 분석** • 분석적 질문: 이야기 소재인 사탕에 주목할 수 있게 지금까지 본 사탕에 대해 질문함. • 수용자/격려자 역할: 유아의 '할머니'를 소재로 한 연행적 반응을 수용함. • 경험적 질문: "딱딱해진 풍선껌은 커질 수 있을까?"와 같이 풍선껌을 먹어 본 유아들이 경험을 기반으로 생각해 볼 수 있는 질문을 함.

- 16s: 주황색과 노란색이 섞인 알사탕 장면
- 17s: 단풍 든 나무들이 있는 장면
- 18s: 나무들 뒤로 흐릿하게 보이는 친구가 있는 장면
- 19s: 동동이가 손에 투명 알사탕(구슬)을 들고 있는 장면
- 20s: 동동이가 친구에게 같이 놀자고 먼저 말하는 장면
- 뒷면지: 동동이가 친구랑 킥보드 타는 장면

유아-교사 상호작용	유아의 반응 분석
(16s) 교사: (단풍잎 무늬 사탕을 보여 주며) 이 사탕은 누구의 목소리를 담은 사탕일까? 유아: 그거 사과 사탕! 교사: 사과일까? 유아: 사과일 것 같은데. / 사과 아니야. 아니야. 사과는 아니야. / 단풍잎.	• 분석적 반응: 사탕 무늬를 보며 누구의 소리가 나올지 추론하며 읽을 수 있음. 특히, 19s의 투명 사탕에 대한 유아들의 반응이 큼. 암시 또는 서사 장치를 인식하고 사탕이 누군가를 보여 주는 은유적 도구임을 인식하고 이야기의 의미를 새롭게 구성하고자 함.
	교사의 반응 분석
(17s) 교사: 단풍잎? '안녕안녕안녕' 소리를 내기 시작했어. 이 부분은 선생님이 책을 너희들에게 더 가까이 보여 줄게. (책을 펴서 유아들 가까이 책을 대고 작은 글씨가 보이도록 함) *안녕안녕안녕안녕.* 유아: 뭐야? / 나뭇잎. 교사: ○○야, 여기 작은 글씨로 '안녕안녕' 하는 거 보여? 누구의 목소리일까? 유아: 나뭇잎! 교사: 응. 나뭇잎, 단풍잎들이 내는 목소리였어. (18s) 교사: (흐리게 그려진 친구의 모습에 주목하게 하며) 그런데 여기 뿌옇게 누가 보이네. 한번 봐 봐. 유아: 친구! / 다른 친구! / 아빠! 교사: 친구일까, 아빠일까? (19s) 교사: *마지막 남은 투명한 사탕은 아무리 빨아도 그냥 조용했다.* 유아: 아! 그거 혹시 구슬치기할 때 그 구슬 아니야? / 아닌데! 교사: 그런가, 구슬인가? 왜 투명한 사탕은 아무리 빨아도 소리가 안 나는 걸까, 궁금한걸?	• 분석적 질문: "누구의 목소리일까?", "누가 보이는지 봐."와 같이 그림을 보고 사탕 목소리의 주체를 추론하며 읽을 수 있게 함. • 추측자 역할: 그림책 내용(투명한 사탕에서는 소리가 안 나는 이유)에 대해 교사 자신이 궁금증을 드러내어 책에 대한 유아의 흥미와 호기심을 더욱 북돋움. • 분석적 질문: 그림만 있는 뒷면지를 보며 두 아이가 무엇을 하고 있는지 이야기를 구성하게 하는 질문을 함. • 경험적 질문: 뒷면지를 보며 "○○는 킥보드 잘 타니?"라며 유아가 그림책 내용과 자신의 경험을 관련지을 수 있게 해 줌. • 관리자/진행자 역할: 다시 책 내용으로 주의를 돌림. • 분석적 질문: 다음 이야기를 예측하며 이야기를 구성해 보게 함.

(20s) 교사: *그래서 내가 먼저 말해 버리기로 했다. 나랑 같이 놀래?* 끝일까? 유아: 아니요. 이야기가 더 있어요. (뒷면지) 교사: 친구랑 만났나 봐. 둘이 뭐 하고 있어? 유아: 둘이 놀아요. / 친구 하기로 했나 봐요. / 슝!~ 묘기를 보여 주겠다. 하하하. 교사: ○○는 킥보드 잘 타니? 유아: 네. / 우리 집에는 두 대 있어요. / 저번에 타다가 넘어졌는데. 교사: 킥보드 잘 타는 친구들이 많구나. 이제 다시 책 읽어 보자. 이제 진짜 끝일까?	

<table>
<tr><th colspan="2">뒤표지: 아파트 입구에 킥보드와 스케이트보드가 나란히 세워져 있는 장면</th></tr>
<tr><th>유아-교사 상호작용</th><th>유아의 반응 분석</th></tr>
<tr><td rowspan="3">교사: 여기 아파트 앞에 스케이트보드랑 킥보드는 누가 탄 걸까?
유아: 친구랑 동동이요.
교사: (둘이 함께 타는 뒷면지 그림과 비교하며) 그럼 친구들은 어떻게 되었을까?
유아: 같이 놀았어요. / 친구가 되었어요. / 이제 둘이 집에 들어갔나 봐요. / 집에 가서 게임 하는 거 아니에요?
교사: 그럴 수도 있겠다. 책에는 그다음 이야기는 없으니까 아무도 모르지. 이렇게 뒷표지에도 이야기가 이어져서 친구 둘이 무엇을 할까 상상하게 하는 그림책도 있어.
교사: 이 책에서 가장 재미있었거나 가장 기억에 남는 내용이 있니?
유아: 알사탕이 말하는 거랑, 투명한 목소리는 친구의 목소리를 전해 주는 거예요. 뭐에요?
교사: 선생님도 몰라. ○○가 상상하는 대로 달라질 수 있어.
유아: 아이, 뭐야!
교사: 선생님이 다 아는 게 아냐. 책 이야기에는 정해진 답이 없거든. ○○가 물어봤는데 너희들도 같이 생각해 줘. "어떻게 사탕이 이야기를 전할까?" 그리고 "투명 사탕은 누구의 목소리일까?" 두 가지 맞아?
(이하 생략)</td>
<td>• 분석적 반응: 그림을 보며 등장인물들이 어떻게 행동했을지 이야기의 진행과 의미를 구성하는 반응("같이 놀았어요", "친구가 되었어요")을 함. 또한, 다른 알사탕은 그것을 통해 누군가의 목소리를 들려주는데 투명한 알사탕(구슬)은 왜 누구의 목소리도 들려주지 않는지, 이야기의 사실성에 의구심을 나타냄.
• 개인적 반응: 알사탕에 대한 평소 경험에 기초하여, 알사탕이 어떻게 말을 할 수 있는지 신기해하는 반응, 친구를 새로 사귈 때 어떻게 하는지 자신의 경험과 관련지어 추측하는 반응(학교 끝날 때마다 말을 건 친구한테 친구가 불렀어요)을 함.</td></tr>
<tr><th>교사의 반응 분석</th></tr>
<tr><td>• 확장자 역할: 뒤표지의 그림 읽기를 같이 해 봄으로써 그림책 중에는 뒤표지에도 이야기가 담겨 있는 것도 있음을 알려 줌.
• 분석적 질문: 그림책 뒤표지에 보이는 '스케이트보드와 킥보드' 등 유아들이 특정 물체에 집중해 본 후 뒷면지의 등장인물과 연관 지어 그림책의 사후 이야기를 상상, 추론해 보도록 함.
• 경험적 질문: 등장인물이 어떤 관계를 맺을 것일지 유아들이 개인 경험을 근거로 상상해 보도록 안내함. 유아가 많은 관심을 보인 특정 장면에 대해 더 이야기를 나누고, 궁금증을 공유함. 유아가 제시한 질문에 대한 답을 찾기보다 여러 유아가 개인적 생각에 따라 다양하게 확장할 수 있도록 열린 반응을 보임.</td></tr>
</table>

유아의 반응
장소, 배경, 주제, 인물 등 다양한 소재에 대해 흥미를 갖고 적극적으로 책의 이야기에 관심을 보이고, 특히 평소에 일어나지 않는 상상을 하는 것에 대해 흥미를 보임. 이야기를 이해하고자 글텍스트와 그림텍스트에 집중하는 분석적 반응과 자신의 경험에 비추어 이야기에 반응하는 개인적 반응을 비롯하여 동화된 반응, 상호텍스트적 반응, 연행적 반응 같은 다양한 문학적 반응을 보임. 유아들이 가장 흥미를 느낀 부분은 '알사탕을 먹으면 그것과 무늬가 같은 존재의 목소리가 들린다는 것'과 '투명한 알사탕은 누구의 소리가 나는 사탕인지'였다. 이에 대한 추후 활동을 이어갈 필요가 있다.
교사의 반응
유아들이 개인적 경험과 관련지으면서 그림책의 내용에 집중할 수 있도록 함. 특히, 이야기를 읽어주는 상황에서 이야기의 내용에 빠져들면서도 관련된 질문을 통해 유아가 이야기의 독자로서 개인의 경험과 관련된 다양한 상상을 해 보도록 도움. 또한, 각 사탕과 일치하는 무늬를 갖고 있는 존재의 목소리가 누구인지 등 글 내용과 그림을 함께 보며 이야기를 이해하고 구성할 수 있게 도움. 유아의 동화된 반응과 연행적 반응에 대해서도 수용하는 태도를 보여 주어 유아의 다양한 문학적 반응을 격려함. 그리고 유아 간의 의견 교환도 장려하여 독자가 채울 부분에 대해 유아들이 함께 의미를 구성해 보도록 함.
총평
이야기가 전반적으로 쉽진 않지만, 유아들은 장면 속의 다양한 사물, 동물, 인물 등에 관심을 갖고 내용을 이해하고자 하였고, 인물들의 마음이나 입장을 헤아리고자 하였음. 『알사탕』 책에 대한 흥미와 세부 내용에 대한 호기심, 특히 '알사탕'이라는 소재에 대한 유아들의 관심이 높음. 이를 이어가기 위해 여러 버전으로 나온 다른 『알사탕』 책을 비교해 보며 책의 표지, 면지, 글자의 구성, 판형, 글자의 형태 등에 관해서도 관심을 가지고 책을 반복해서 보고자 함. 또한, 계획한 문학활동 외에 알사탕과 관련되는 문학활동을 하기로 함.

V 문학활동 계획안 및 문학활동 실행

나를 보여 주는 알사탕 만들기

활동영역 이해 및 감상

활동목표 그림책 이야기를 나의 경험과 연관 지어 표현할 수 있다.
나의 특징을 알고, 나를 표현하는 모양을 만들 수 있다.
나의 생각을 다른 사람에게 말할 수 있다.

활동자료 『알사탕』 그림책, 코팅한 OHP 필름(알사탕 모양), 매직, 다양한 색깔의 색종이, 나무젓가락, 종이테이프

연　　령 4~5세

활동방법

〈도입〉

1. 동동이가 먹은 알사탕과 알사탕을 먹으며 만났던 대상들이 무엇이었는지 각각 떠올려 본다.
   - 동동이가 먹은 알사탕의 무늬들은 무엇이었는지 기억나니?
   - 알사탕 무늬는 각각 어떤 소리와 관련 있었지? (체크 무늬-소파, 얼룩무늬-강아지, 작은 점무늬-아빠, 분홍색 무늬-할머니, 알록달록 무늬-가을 단풍, 투명-아무 소리 안 남)
   - 마법의 알사탕을 먹고 친구, 가족들을 만난 동동이는 어떤 표정을 지었니?

〈전개〉

2. 나를 보여 주는 알사탕은 어떤 무늬면 좋을지 생각해 본다.
   - 동동이가 어떤 무늬나 색깔을 가진 알사탕을 먹으면 너희들을 만날 수 있을까?
   - 너희들을 보여 주는 알사탕은 어떤 무늬를 가졌을까?
3. 활동 자료를 탐색한다. (알사탕 모양의 투명한 OHP 필름, 매직, 다양한 색깔의 색종이, 나무젓가락, 종이테이프)
   - 알사탕 모양의 투명판에 ㅇㅇ를 보여 주는 알사탕 무늬를 그려 보자.
4. 알사탕 무늬를 투명판에 그리고, 나무젓가락 손잡이를 달아 나를 보여 주는 알사탕을 완성한다.

〈마무리〉

5. 나를 보여 주는 알사탕을 친구들에게 소개한다.
   - 나를 보여 주는 알사탕이 왜 이런 모양과 색깔을 가졌는지 친구들에게 알려 줄 수 있겠니?
6. 다양한 색깔의 색종이 위에 완성된 알사탕을 놓으며 내가 그린 무늬를 살펴본다.
   - ㅇㅇ의 마음이 기쁘고, 신나고, 슬프고, 화나고 다양한 마음을 느끼는 것처럼 ㅇㅇ의 알사탕도 색종이 색깔에 따라 바뀔 수 있구나. 노란색 색종이에서는 어떤 마음이 드니?

알사탕 모양 필름

나를 보여 주는 알사탕 무늬 그리기

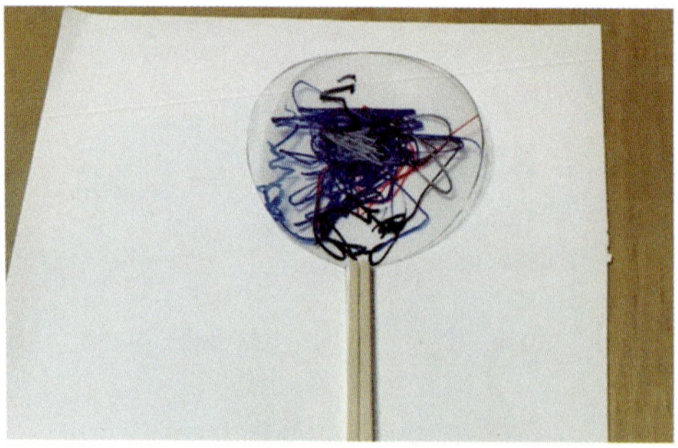

나를 보여 주는 알사탕 완성하기

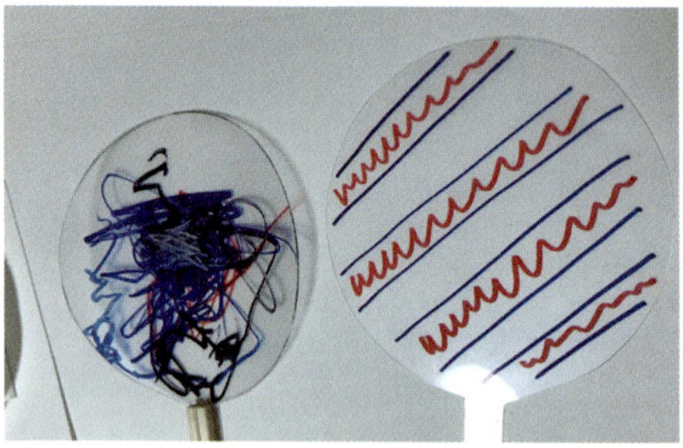

친구들에게 내 알사탕 소개하기

Ⅵ 연계 활동

유아들에게 그림책을 읽어준 후 유아들이 관심을 보이는 장면이나 소재가 무엇인지, 그것을 중심으로 하고 싶어 하는 활동을 해 볼 수 있다. 다음은 교사가 미리 계획하지 않고 유아들이 하고 싶어 하는 활동에 필요한 것을 교사가 준비 · 지원하여 나온 문학활동 결과물이다.

[내가 먹고 싶은 알사탕]

– 누구의 소리가 들리는 알사탕을 먹고 싶은지 그리고 표현하기

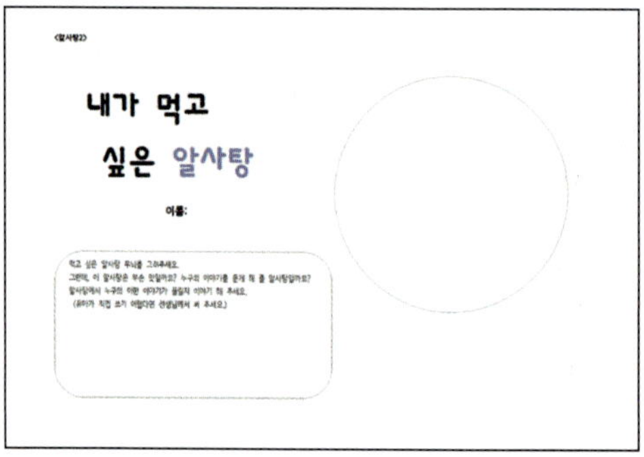

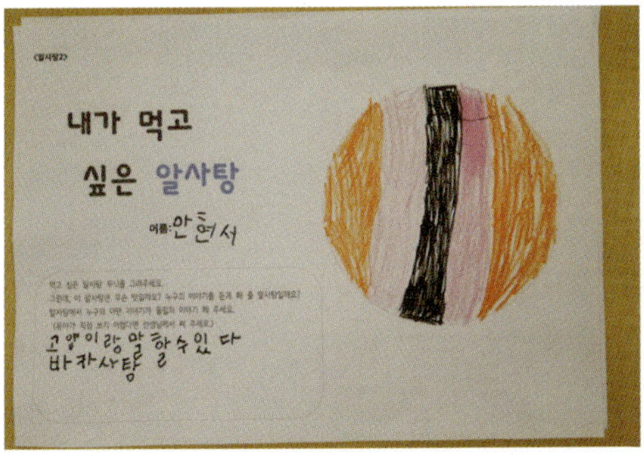

바자사탕

이 사탕은 고양이 줄무늬 모양이에요.
고양이랑 말할 수 있게 해 줘요.

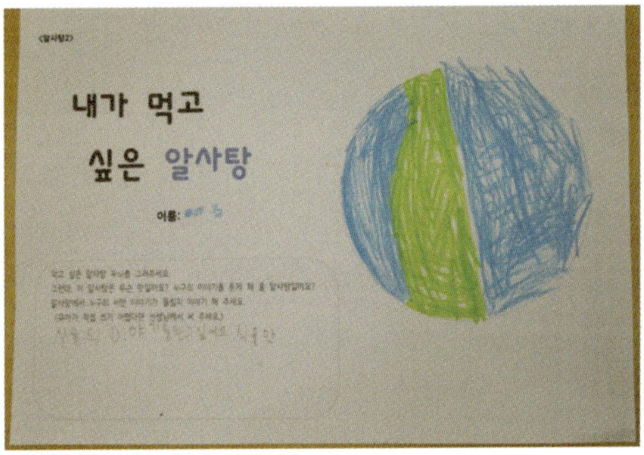

식물맛 사탕

식물의 이야기를 들려주는 사탕!

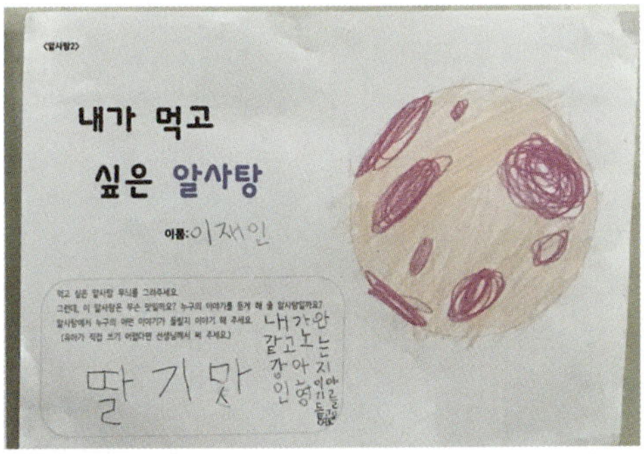

딸기 맛, 내가 갖고 노는 강아지 인형 모양 사탕

내가 가끔 갖고 노는 강아지 인형이 나랑 언제 놀고 싶은지 알려 주는 사탕이에요. 내가 요즘 책을 많이 보는데 강아지 인형에게 이야기를 들려주며 같이 놀 거에요.

시원한 사탕

내가 갖고 싶은 선물을 산타 할아버지에게 전해 줘서
산타 할아버지의 마음을 흔들어 줘요.

[내가 먹고 싶은 알사탕 팝업책 만들기]

- 유아가 먹고 싶은 알사탕을 먹었을 때의 느낌을 동작으로 표현한 사진과 맛보고 싶은 알사탕 그림을 함께 붙여 팝업책으로 구성함

아빠 사탕

자주 못 보는 아빠의 이야기를 작은 소리까지 전해 주어서 아빠와 자주 이야기 나눌 수 있게 해 줘요.

엄마 사탕

예쁜 엄마의 이야기를 항상 들으며 엄마와 함께 할 수 있는 사탕이에요.

맛있는 음식을 맛보게 하는 사탕

좋아하는 음식은 무엇이든 맛보게 해 주는 사탕이에요. 옆에는 여러 가지 신기한 알사탕을 뽑는 기계도 있어요.

공주 사탕

내가 가장 좋아하는 공주님 사탕을 맛보면 원하는 것 모두 할 수 있게 해 줘요. 가운데 그려진 공주가 마법을 부리거든요. 그래서 마법의 알사탕이에요.

잔소리 사탕

엄마, 아빠 잔소리를 미리 들려주어서 잔소리를 안 듣게 도와줘요. 엄마, 아빠 잔소리는 시끄럽지만 싫진 않아요. 그래서 예쁘게 색칠한 거예요.

솜사탕 사탕

솜사탕이 먹고 싶어서 솜사탕 맛 사탕을 그렸어요.
솜사탕이 나보고 먹어 달라고 하기도 하고,
원래는 구름이라서 구름처럼 날고 싶다고도 해요.

[동동이의 기분이 어땠을까?]

– 그림책 속 동동이의 마음에 공감하는 활동

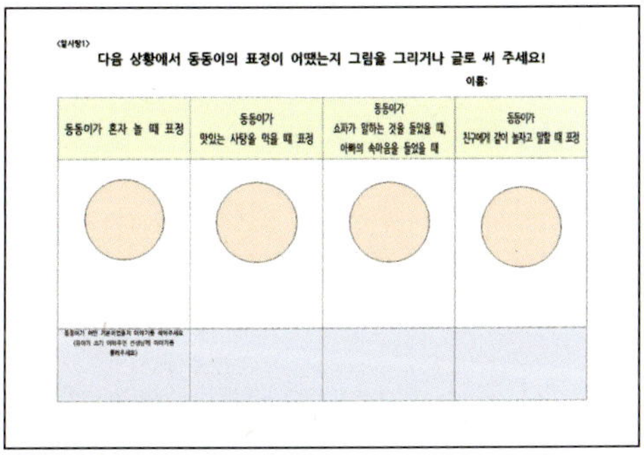

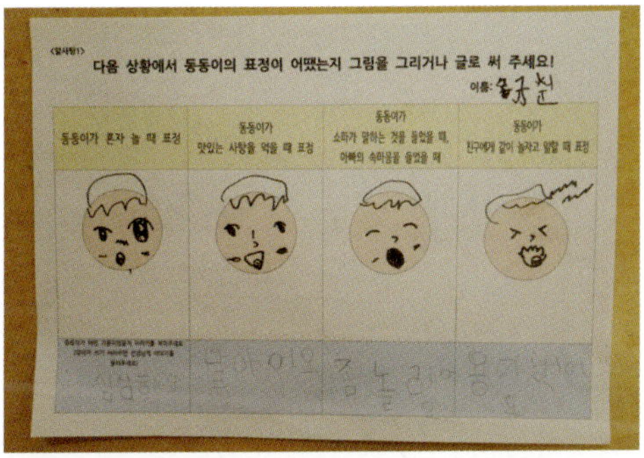

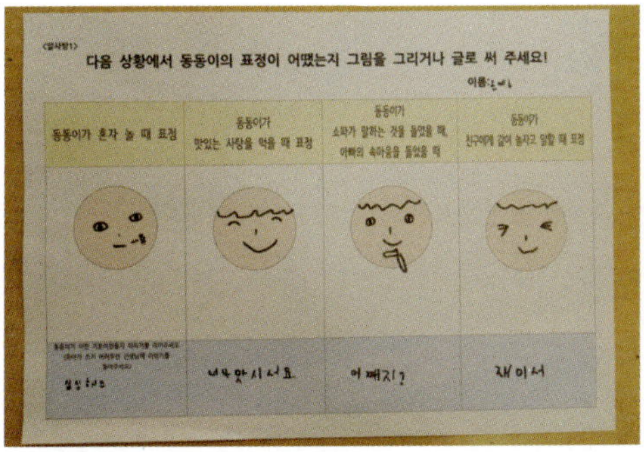

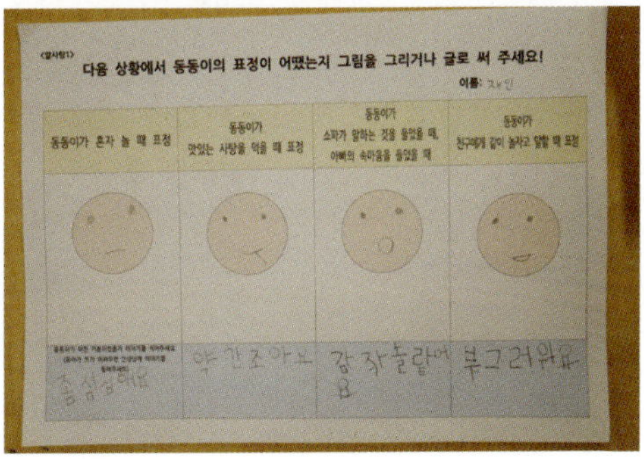

활동지에 적힌 네 가지 경우와 이에 대해 유아들이 답한 내용은 대체로 다음과 같다.

① 동동이가 혼자 놀 때 표정: 좀 심심해요, 동동이가 혼자 놀 때는 심심하고 좀 외로워서 기분이 조금 좋지 않았을 거예요, 나도 혼자 놀 때 기분이 좋지 않아요 등

② 동동이가 맛있는 사탕을 먹을 때 표정: 약간 좋아요, 막대사탕을 먹고 있는 거예요, 막대사탕은 달콤해서 먹으면 기분이 좋아요, 근데 사탕은 몸에 좋진 않아서 많이 좋진 않아요 등

③ 동동이가 소파가 말하는 것을 들었을 때, 아빠의 속마음을 들었을 때: 깜짝 놀랐어요, 말을 하지 못하는 소파가 말을 하고, 아빠의 사랑한다는 이야기가 들리니까 놀랐을 거예요. 그리고 좋았을 것 같아요 등

④ 동동이가 친구에게 같이 놀자고 말할 때 표정: 부끄러워요, 부끄럽고 부끄러워요. 친구가 있으니까 조금 좋기도 해요 등

참고문헌

강순재 (1992). 동물전래동화의 주제 및 모티브 분석. 이화여자대학교 교육대학원 석사학위논문.
강미희 (2003). 아동 그림책으로서 삼강행실도의 특성과 가치 연구. 유아교육연구, 23(4). 105-137.
경규진 (1993). 반응 중심 문학교육의 방법 연구. 서울대학교 대학원 박사학위논문.
교육부, 보건복지부 (2019). 2019 개정 누리과정 해설서.
구인환, 박대호, 박인기, 우한용, 최병우 (1998). 문학교육론(3판). 서울: 삼지원.
권민균, 석미경 (2004). 친사회적 동화를 활용한 소그룹 토의 활동이 유아의 친사회적 행동에 미치는 효과. 미래유아교육학회지, 11(4), 359-378.
권혁준 (1997). 문학 이론과 시 교육. 서울: 박이정.
김상욱 (2009). 아동문학의 장르와 용어. 아동청소년문학연구, 4호. 7-29.
김서정 (2002). 멋진 판타지. 서울: 굴렁쇠.
김세희 (2000). 유아문학교육. 서울: 양서원.
김세희, 임영심 (1999). 환상 동화의 유형과 평가 준거. 환상 그림책으로의 여행 (pp. 57-103). 한국어린이 문학교육 연구회. 서울: 다음세대.
김재숙 (2002). 독자반응이론에 의한 동시 지도가 유아의 동시 감상 및 짓기에 미치는 영향.덕성여자대학교 대학원 박사학위논문.
김지선 (2015). 전자책 상호작용 특성 및 전략 연구. 한양대학교 대학원 석사학위논문.
김현희, 박상희 (2016). 유아문학: 이론과 적용. 서울: 학지사.
김환희 (2009). 옛이야기와 어린이책. 서울: 창비.
남아름, 이시자 (2018). 면지 탐색활동을 포함한 그림책 읽기가 유아의 이야기 이해력과 읽기 태도에 미치는 영향. 어린이문학교육연구, 19(3), 111-135.
동서문화편집부 (1991). 동서세계대백과사전. 서울: 동서문화사.
류재수 (1985). 우리나라 어린이도서 일러스트레이션의 현황 및 근본문제: 그림책 일러스트레이션을 중심으로. 디자인, 1985년 5월호, 38-44.
문덕수 (1991). 현대의 문학이론과 비평. 서울: 시문학사.
문영순 (2013). 전자그림책의 효과적인 문학표현을 위한 상호작용 요소와 참여적인 구조 연구. 이화여자대학교 대학원 박사학위논문.
문혜련 (2011). 만 5세 유아들의 우정의 질과 자기조절능력 간의 관계. 이화여자대학교 대학원 박사학위논문.
박대호 (1990). 소설의 세계관 이해와 그 문학 교육적 적용 연구. 서울대학교 대학원 박사학위 논문.
박미희 (2013). 아동용 앱북의 상호작용 양상 연구, 인문콘텐츠, 28호, 167-188.
박선희 (2015). 번역문의 곁텍스트: 주변텍스트와 바깥텍스트에 대한 정의. 번역학연구. 16(1). 7-33.
박찬기 (1992). 수용미학. 서울: 고려원.
박혜경, 김영실, 김진영, 김소양 (1999). 유아언어교육-이론과 실제-. 서울: 양서원.
변윤희, 현은자 (2002). 기호학적 관점에서 본 그림책의 글과 그림 읽기. 유아교육연구, 22(2). 339-362.

보건복지부 육아정책연구소 보도자료(2020. 3. 12.). "잘 놀아야 잘 자란다". 놀이 중심 표준보육과정 개정.

보건복지부 (2020). 제4차 어린이집 표준보육과정 해설서.

보건복지부 (2013). 제3차 어린이집 표준보육과정 해설서. 보건복지부 · 육아정책연구소.

서정숙 (2001). 유아 문학교육내용과 교수계획에 대한 논의. 어린이문학교육연구, 2(2), 21-38.

서정숙 (2004). '유기체로서의 그림책' 분석을 위한 기준 연구. 어린이문학교육연구, 5(1), 1-36.

서정숙, 김정원, 남규(2006). 그림책 중심의 문학교육 프로그램이 유아의 문학적 능력과 흥미에 미치는 영향. 유아교육연구, 26(6), 103-127.

서정숙, 김정원, 남규 (2008). 그림책 단원 중심 문학교육 프로그램의 실시 과정에서 나타난 유아의 문학적 반응에 대한 질적 탐구. 어린이문학교육연구, 9(1), 1-29.

서정숙, 남규 (2005). 그림책으로 하는 유아문학교육. 서울: 창지사.

서정숙, 남규 (2010). (개정) 유아문학교육. 서울: 창지사.

서정숙, 박경자, 현정희 (2010). 그림책 면지 탐색 활동이 유아의 읽기흥미도와 언어표현력에 미치는 영향. 유아교육연구, 30(10), 75-93.

서정숙, 전효훈 (2012). 패러디 그림책의 유형 분석. 어린이문학교육연구, 13(3), 285-306.

서정숙, 최현주 (2014). 그림책 장르별 만 3세 유아의 반응 분석. 어린이문학교육연구, 15(1), 1-23.

서정오 (1995). 옛이야기 들려주기. 서울: 보리.

석용원 (1982). 아동문학원론. 서울: 학연사.

신명호 (1994). 그림책의 세계: 시각표현의 변천과 가능성. 서울: 계몽사.

신명호 (2009). 그림책의 세계. 서울: 주니어 김영사.

신헌재, 권혁준, 곽춘옥 (2007). 아동문학과 교육. 서울: 박이정.

심성경, 이선경, 김경의, 이효숙, 김나림, 허은주 (2013). 유아문학의 이론과 실제. 서울: 학지사.

우한용 (1997a). 문학교육과정론. 서울: 삼지사.

우한용 (1997b). 문학교육과 문화론. 서울대학교 출판부.

원종찬 (2001). 아동문학과 비평정신. 서울: 창작과 비평사.

유승환 (2013). 전자책 콘텐츠 가치사슬 상의 집단지성 활용에 관한 연구. 건국대학교 대학원 석사학위논문.

윤민희 (2008). 새로운 조형예술의 이해. 서울: 예경.

이경우 (1998). 좋은 그림책을 활용한 창의력 개발: 글 없는 그림책을 중심으로. 서울: 한국교육정보.

이기숙, 김영실, 현은자 (1993). 유아의 문자언어교육을 위한 통합적 접근법에 관한 연구. 서울: 창지사.

이상금, 장영희 (2001). 유아문학론. 서울: 교문사.

이상옥 (1992). 문학교육의 문제점에 대하여. 현대비평과 이론. 서울: 한신문화사.

이상현 (1987). 아동문학강의. 서울: 일지사.

이성엽 (2014). 그림책, 해석의 공간. 서울: 마루벌.

이숙재, 이봉선 (2000). 영유아의 발달과 교육. 서울: 창지사.

이연규 (1999). 글 없는 그림책과 교사와의 상호작용이 시각적 문해, 추론, 구두 언어 및 확산적 사고에 미치는 영향. 이화여자대학교 대학원 박사학위 논문.

이영 (2017). 영유아발달. 서울: 학지사.

이원수 (2001). 아동문학 입문. 서울: 한길사.

이재복 (2001). 판타지 동화 세계. 서울: 사계절.

이재철 (1983). 아동문학의 이론. 형설출판사.

이재철 (1989). 세계아동문학사전. 서울: 계몽사.

이종숙, 신은수, 박은혜, 김영태, 유영의, 최일선, 유홍옥 (2009). 영유아 언어, 인지, 사회정서 발달 평가도구 문항 개발을 위한 예비연구. 교육과학연구, 40(3), 117-148

이지현, 마송희, 김수영, 정정희 (2015). 영유아를 위한 언어교육. 서울: 공동체.

임춘금 (2007). 그림책을 활용한 이야기 나누기가 유아의 언어능력 및 마음이론 발달에 미치는 영향. 덕성여자대학교 대학원 박사학위논문.

정옥분 (2003). 아동발달의 이해. 서울: 학지사.

정진 (2002). 유아에게 적절한 구비설화의 특성 및 교육적 가치에 관한 연구. 이화여자대학교 대학원 박사학위 논문.

정혜연 (2011). 그림책의 주변텍스트(peritext) 탐색활동이 유아의 읽기 태도 및 이야기 이해력에 미치는 영향. 성균관대학교 대학원 석사학위논문.

조승민 (2006). 그림책 표지탐색 활동이 유아의 읽기 흥미도와 언어표현력에 미치는 영향. 성균관대학교 교육대학원 석사학위논문.

조은숙 (2006). 한국의 그림책 발전. 어린이문학교육연구, 7(2), 113-151.

조해연, 서정숙, 최은영 (2018). 글 없는 그림책의 글텍스트 분석. 어린이 문학교육연구, 19(3). 87-109.

조형숙, 박은주, 강현경, 김태인, 배정호 (2013). 유아발달. 서울: 학지사

주영희 (2001). 유아언어발달과 교육. 서울: 교문사.

차봉희 (1988). 수용미학. 서울: 문학과 지성사.

편해문 (2002). 옛 아이들의 노래와 놀이 읽기. 서울: 박이정.

한국 어린이 문학교육연구회 (1999). 환상 그림책으로의 여행. 서울: 다음세대.

한유미, 김혜선, 권희경, 양연숙, 박수진 (2006). 영유아 언어교육의 이해. 서울 학지사.

한은경 (2016). 유아용 동화 앱북의 상호작용성이 유아의 독서 능력에 미치는 영향. 경기대학교 대학원 전자출판콘텐츠학과 석사학위논문.

현은자, 서정숙 (1999). 환상동화의 본질과 역사. 환상 그림책으로의 여행 (pp. 11-56). 서울: 다음세대.

홍경은 (2000). 글 없는 그림책 읽기 활동이 유아의 이야기 구성능력에 미치는 영향. 연세대 학교 교육대학원 석사학위논문.

홍문표 (2003). 현대문학비평이론. 서울: 창조문학사.

홍지명 (2014). 그림책을 활용한 나눔교육활동이 유아의 사회적 능력 및 행복감에 미치는 영향. 어린이미디어연구, 13(3), 29-50.

Agosto, D. E. (1999). One and inseparable: interdependent storytelling in picture storybooks. *Children's Literature in Education, 30*(4), 267-280.

Bang, Molly (2000). *Picture this: how pictures work*. New York: Seastar books.

Bentley, R. J., & Nissan, L. (1996). *The roots of giving and serving: a literature review studying how school-age children learn the philanthropic tradition*. IN: Indiana University Centeron Philanthropy.

Benton, M. (1992). *Secondary worlds: literature teaching and the visual arts*. Buckingham. UK: Open University Press.

Berk, L. (2014). 아동발달 (9판) (이종숙, 신은수, 안선희, 이경옥 역). 서울: 시그마프레스.

Bettelheim, B. (1998). 옛이야기의 매력. [The uses of enchantment]. (김옥순, 주옥 역). 서울: 시공주니어. (원본발간일 1975년)

Bosch, E. (2014). Texts and peritexts in wordless and almost wordless picturebooks. In Kummerling-Meibauer, B. (Ed.), *Picturebooks, representation and narration* (pp. 71-90). New York: Routledge.

Bosch, E. (2018). Wordless picturebooks. In B. Kummerling-Meibauer (Ed.), *The routhledge companion to picturebooks* (pp. 191-200). London and New York: Routledge.

Bromley, K. D. (1991). *Webbing with literature: creating story maps with children's books*. Boston: Allyn and Bacon.

Burns & Roe (1976). *Teaching reading in today's elementary schools*. Chicago: Rand McNally College Publishing Company.

Cullinan, B. E., & Galda, L. (1998). *Literature and the child* (4th ed.). Florida: Harcourt Brace & Company.

Cullinan, B. E., & Galda, L. (2002). *Literature and the child* (5th ed.). California: Wadsworth/Thomson Learning.

D'angelo, K. (1981). Wordless picture books and the young language-disabled child. *Teaching Exceptional Children, 14*(1), 34-37.

Degler, L. S. (1979). Putting words into wordless books. *The Reading Teacher, 32*(2), 339-402.

Eeds, M. , & Wells, D. (1989). Grand conversations: an exploration of meaning construction in literature study groups. *Research in the Teaching of English, 23*, 4-29.

Egoff, S. A. (1988). *Worlds within*. Chicago and London: American Library Association.

Erikson, E. H. (1963). *Childhood and society*. NY: Norton.

Fish, S. (1980). *Is there a text in this class? The authority of interpretive communities*. Cambridge, MA: Harvard University Press.

Glazer, J. I. (1997). *Introduction to children's literature*. N.J.: Prentice-Hall, Inc.

Gressnich, E., & Meibauer, J. (2010). First-person narratives in picturebooks: an inquiry into the acquisition of picturebook competence. In T. Colomer, B. Kummerling-Meibauer, & C. Silva-Diaz (Eds.), *New directions in picturebook research* (pp. 191-203). NY.: Routledge.

Hearn, M. P. (1996). Discover, explore, enjoy. In M. P. Hearn, T. Clark & H. N. Clark (Eds.), *Myth, magic, and mystery*. (pp. 3–44). Colorado: Roberts Rinehart publishers.

Herman. G. (1976). Books without words. *Wisconsin Library Journal*, *72*(4), 151–152.

Higonnet, M. R. (1990). The playground of the peritext. *Children's Literature Association Quarterly*, *15*(2), 47–49.

Holdaway, D. (1979). *The foundation of literature*. New York: Ashton Scholastic.

Hopkins, L. B. (1979). Look! No words!. *Teacher*, *96*(6), 28, 30–31.

Huck, C. S., Hepler, S., & Hickman, J. (1987). Children's literature in the elementary school (4th ed.). Orlando, FL.: Hartourt Brace Jovonovich, Inc.

Iser, W. (1978). *The act of reading a theory of aesthetic response*. Baltimore, Maryland: The Johns Hopkins University Press.

Jalongo, M. R. (2013). *Early childhood language arts* (6th ed.). MA.: Allyn and Bacon.

Knowles, M. & Malmkjar, K. (1996). *Language and control in children's literature*. NY.: Routledge.

Knudsen–Lindauer, S. L. (1988). Wordless books: an approach to visual literacy. *Children's Literature in Education*, *19*(3), 136–141.

Kummerling–Meibauer, B. & Meibauer, J. (2015). Picturebooks and early literacy: how do picturebooks support early conceptual and narrative development?. In B. Kummerling–Meibauer, J. Meibauer, K. Nachtigaller & K. J. Rohlfing (Eds.), *Learning from picturebooks* (pp. 13–32). New York, NY.: Routledge.

Kummerling–Meibauer, B. & Meibauer, J. (2018a). Early–concept books and concept books. In B. Kummerling–Meibauer (Ed.), *The routhledge companion to picturebooks* (pp. 149–156). London and New York: Routledge.

Kummerling–Meibauer, B. & Meibauer, J. (2018b). Picturebooks and cognitive studies. In B. Kummerling–Meibauer (Ed.), *The routhledge companion to picturebooks* (pp. 391–400). London and New York: Routledge.

Larrick, N. (1976). Wordless picture books and the teaching of reading. *The Reading Teacher*, 29(8), 743–746.

Many, J. E. and Wiseman, D. L. (1992). The effect of teaching approach on third–grade students' response to literature. *Journal of Reading Behavior*, *24*(3), 265–287.

Marantz, K. (1977). The picturebook as art object: a call for balanced reviewing. *The Wilson Library Bulletin*, 148–151.

Martinez, M., Stier, C., & Falcon, L. (2016). Judging a book by its cover: an investigation of peritextual features in Caldecott award books. *Chidren's literature in education*, *47*(3). 225–241.

Mason, J. M., Peterman, C. L., & Kerr, B. M. (1989). Reading to Kindergarten Children. In D. S. Strickland & L. M. Morrow (Eds.), *Emerging literacy: young children learn to read and write*. (pp.

52–62). Delaware: International Reading Association.

Nikolajeva, M. (1998). 용의 아이들: 아동문학 이론의 새로운 지평. [*Children's literature comes of age*]. (김서정 역). 서울: 문학과 지성사. (원본발간일 1996년).

Nikolajeva, M. (2005). *Aesthetic approaches to children's literature*. Maryland: Scarecrow press, Inc.

Nikolajeva, M. & Scott, C. (2000). The dynamic of picturebook communication. *Children's Literature in Education*, *31*(4), 225–239.

Nikolajeva, M. & Scott, C. (2011). 그림책을 보는 눈. [*How picturebooks work*]. (서정숙 외 역). 서울: 마루벌. (원본발간일 2001년).

Nodelman, P. (2011). 그림책론. [*Words about pictures*]. (김상욱 역). 서울: 보림. (원본발간일 1988년).

Pantaleo, S. (2018). Paratexts in picturebooks. In B. Kummerling–Meibauer (Eds.), *The routhledge companion to picturebook*. (pp. 38–48). London and New York: Routledge.

Pulaski, M. A. (1982). 어린이를 위한 피아제 이해. [Understanding Piaget]. (이기숙, 주영희 역). 서울: 창지사.

Prudhoe, C. M. (2003). Picture books and the art of collage. *Childhood Education*, *80*(1), 6–11.

Raines, S. & Isbell, R. (1994). *Stories: children's literature in early education*. New York: Delmar Publishers Inc.

Rosenblatt, L. M. (1964). The poem as event. *College English*, *26*(2). 123–128.

Rosenblatt, L. M. (1978). *The reader, the text, the poem: the transactional theory of the literary work*. Carbondale, Il: Southern Illinois University Press.

Rosenblatt, L. M. (1982). The literary transaction: evocation and response. *Theory in to Practice*, *21*(4), 268–277.

Rosenblatt, L. M. (1985). The transactional theory of the literary work: implications for Research. In C. R. Cooper (Ed.), *Researching response to literature and the teaching of literature: points of departure* (pp. 33–53). New Jersey: Ablex Publishing Corporation.

Rosenblatt, L. M. (1986). The aesthetic transaction. *Journal of aesthetic education*, *20*(4), 122–128.

Rosenblatt, L. M. (1996). *Literature as exploration* (5th ed.). New York: Modern Language Association of America.

Russell, D. L. (1991). *Literature for children: a short instruction*. NY.: Longman Publishing Group.

Schwarcz, J. H. (1982). *Ways of the illustrator: visual communication in children's literature*. Illinois: American Library Association.

Shaffer, D. (1994). *Social and personality development* (3rd ed.). California: Brooks/Cole.

Shulevitz, Uri (1985). *Writing with Pictures: How to Write and Illustrate Children's Books*. NY: Watson–Guptill publications.

Sipe, L. R. (2011). 유아교사의 그림책 읽어주기. [*Storytime: young children's literary understanding in the classroom*]. (서정숙 역). 서울: 창지사. (원본발간일 2008년).

Sipe, L. R. (2012). Revisiting the relationships between text and pictures. *Children's literature in education, 43*(1), 4–21.

Stewig, J. W. (1995). *Looking at picture books.* Wisconsin: Highsmith Press.

Sutherland, Z. & Arbuthnot, M. (1986). *Children and books.* IL.: Scott, Foresman and Company.

Sutherland, Z. (1997). *Children and books* (9th ed.). New York: Addison–Wesley Educational Publishers Inc.

Timmerman, J. H. (1983). *Other worlds: The fantasy genre.* OH.: Bowling Green Univ. Popular Press.

Topping, K. J. (1997). Faculty–wide accredited cross–year student supported learning. *Higher Education Review, 29*(3), 41–64.

Townsend, J. R. (1996). 어린이 책의 역사. [Written for children: an outline of English–language children's literature]. (강무홍 역). 서울: 시공사. (원본발간일 1990년).

Tuten–Puckett, K. & Richey, V. (1993). *Using wordless picture books: authors and activities.* Teacher ideas press.

Veith, J. G. E. (1990). *Reading between the lines: a Christian guide to literature.* Wheaton, IL: Crossway Books.

Walton, K. D. (1993). Stephen W. Hawking: a cross–generational hero, *Physics Teacher, 31*(3), 148–152.

Wesseling, E. (2004). Visual narrativity in the picture book: Heinrich Hoffmann's Der Struwwelpeter. *Children's Literature in Education, 35*(4), 319–345.

Williams, R. P., & Davis, J. K. (1994). Lead sprightly into literacy. *Young Children, 49*(4), 37–41.

Wiseman, D. L., Many, J., & Altieri, J. (1992). Enabling complex aesthetic responses: an examination of three literary discussion approaches. In C. K. Kinzer & D. J. Leu (Eds.), *Literacy research, theory, and practice: views from many perspectives* (pp. 283–289). Chicago, IL: National Reading Conference.

Zdaniak, S. (1984). Big books: resource centers for skills and activities. *The Reading Teacher, 37*(7), 665–667.

http://cafe.daum.net/picturebookedu

찾아보기

주제어

ㄱ

ㄴ

ㅈ

인명

ㄱ

ㄴ

ㄷ

ㄹ

ㅁ

작품명

ㄱ

ㄴ

ㄷ

ㄹ

ㅁ

ㅂ

ㅅ

ㅇ

ㅈ

저자소개

서정숙

이화여자대학교 대학원 교육학과 유아교육 전공(학사, 석사, 박사)
현) 그림책과 어린이교육 연구소 소장, 이화여자대학교 유아교육과 출강
전) 한국어린이문학교육학회 회장, 한국간행물윤리위원회 좋은 책 선정위원

대표 저서 및 역서

그림책에게 배웠어(공저)(2016), 그림책 읽어주기의 실제(공저)(2016), 그림책 작가의 이해(공저)(2013), 유아교사의 그림책 읽어주기(역서)(2011), 영아문학교육 프로그램(공저)(2011), 그림책을 보는 눈(공역)(2011), 유아문학교육 프로그램(공저)(2008), 독서치료(공저)(2004), 환상그림책으로의 여행(공저)(1999)

대표 논문

글 없는 그림책의 한국 번역판 변형 연구(2019), 글 없는 그림책의 글텍스트 분석(2018), 그림책 장르별 만 3세 유아의 반응 분석(2014), 패러디 그림책의 유형 분석(2012), 그림책 면지 탐색 활동이 유아의 읽기 흥미도와 언어표현력에 미치는 영향(2010), 메타픽션 그림책의 기법 분석과 그에 대한 유아의 이해(2009), 그림책 단원중심 문학교육 프로그램의 실시 과정에서 나타난 유아의 문학적 반응에 대한 질적 탐구(2008), 한국 그림책에 나타난 조부모의 특성 분석(2007), 그림책 중심의 문학교육 프로그램이 유아의 문학적 능력과 흥미에 미치는 영향(2006), '유기체로서의 그림책' 분석을 위한 기준 연구(2004)

연구소 연수 및 강연 활동

현장 교사 대상 연수: "그림책과 유아문학교육", "그림책 도슨트" 등의 과정을 대한어린이교육협회, 어린이집 연합회, 지역별 교육지원청, 육아종합지원센터, 한솔교육재단, 개별 유치원 및 어린이집, 한국출판문화산업진흥원에서 유아교사 및 초등교사 대상 연수
부모 대상 강연: "부모의 그림책 읽어주기" 관련 내용으로 이화여자대학교 부속 유치원, 이화어린이연구원, 동덕여자대학교 부속 유치원 등 대학 부속 기관과 아이코리아 유치원 등 다수의 유치원 및 어린이집에서 부모 대상 강연
사서 및 일반인 대상 강연: "그림책의 이해" 관련 내용으로 국립어린이청소년 도서관, 국립중앙도서관, 지역별 도서관과 교육청에서 실시하는 사서, 자원봉사자(두두샘) 대상 강연

남 규

건국대학교 교육대학원 유아교육 전공 석사
건국대학교 대학원 유아교육 전공 박사
현) 대전보건대학교 유아교육과 교수

대표 저서

균형적 접근에 기초한 영유아언어지도(공저)(2018), 그림책 작가의 이해(공저)(2013), 유아논리논술교육(공저)(2012), 영아문학교육 프로그램(공저)(2011)

대표 논문

다문화 교사 교육 이후 그림책으로 하는 다문화 교육의 실시 과정에서 나타난 유아교사의 다문화교육에 대한 인식의 변화(2013), 그림책 중심 아동문학 수업과정에서 도출된 예비 유아교사의 문학교육에 대한 인식 변화(2012), 그림책을 활용한 문학교육프로그램이 만 1, 2세 영아의 문학적 태도와 언어발달에 미치는 영향(2010), 교사의 그림책 읽기 상호작용 유형에 따른 영아의 언어발달 비교(2009), 그림책 단원중심 문학교육 프로그램의 실시 과정에서 나타난 유아의 문학적 반응에 대한 질적 탐구(2008)

제4판

유아문학교육

초판 1쇄 발행 2005년 3월 22일
초판 4쇄 발행 2008년 12월 13일
개정 4쇄 발행 2012년 11월 23일
개정증보 9쇄 발행 2019년 8월 23일
제3판 1쇄 발행 2020년 3월 6일
제4판 5쇄 발행 2024년 7월 16일

지 은 이 | 서정숙 · 남규
펴 낸 이 | 김기섭
편 집 인 | 이혜란
펴 낸 곳 | 창지사 www.changjisa.com
08589 서울시 금천구 가산디지털 1로 83 파트너스타워 1차 9층
전화 (02)719-2211~3
팩스 (02)701-9386
등 록 | 1977년 4월 28일 · 제1-421호

ISBN 978-89-426-1391-5 (93370)

값 25,000원